国际货运代理实务

主　编　杨丽香　潘　安
副主编　陈林海　刘秋华　邓莹莹　黄炳宏
参　编　吴健富　韦英琴　张晓玲　姜爱月
　　　　梁帝焱　叶洪强　蒋健博　李计伟
　　　　吕燕平

北京理工大学出版社
BEIJING INSTITUTE OF TECHNOLOGY PRESS

内 容 简 介

本书遵循职业教育改革的原则，基于国际货运代理企业真实业务素材，融合世界技能大赛货运代理赛项，以项目为纽带，以任务为载体，以工作过程为导向，落实以学生为主体，以教师为主导的教学理念与模式，将内容分为国际货运代理认知、国际货运代理基础知识、国际海运货运代理业务、国际空运货运代理业务、国际多式联运货运代理业务等5大项目，共25个学习任务。

本书突出"岗课赛证"融合，深度对接国际货运代理行业企业标准，将实际解决方案、岗位能力要求、标准等有机融入教材内容；同时，还对标世界技能大赛货运代理赛项标准，将货运代理赛项考核的知识点与技能点融入各学习任务中，提升学生的职业技能；而且本书内置有二维码可链接微课、视频等教学资源，还能让学生在线完成任务测试。本书满足了"互联网+"背景下教与学的新需求，让学生可以"时时学、处处学"。

本书可作为现代物流管理、港口物流管理、国际货运与报关、国际经济与贸易等相关专业教材，也可作为货运代理职业技能大赛训练用书，还可作为货代物流等行业从业人员的培训教材及参考用书。

图书在版编目（C I P）数据

国际货运代理实务 / 杨丽香，潘安主编. --北京：
北京理工大学出版社，2024.4
ISBN 978-7-5763-3819-5

Ⅰ.①国…　Ⅱ.①杨…　②潘…　Ⅲ.①国际货运-货
运代理　Ⅳ.①F511.41

中国国家版本馆 CIP 数据核字（2024）第 080133 号

责任编辑：王梦春	文案编辑：邓　洁
责任校对：刘亚男	责任印制：施胜娟

出版发行 / 北京理工大学出版社有限责任公司
社　　　址 / 北京市丰台区四合庄路 6 号
邮　　　编 / 100070
电　　　话 / （010）68914026（教材售后服务热线）
　　　　　　（010）63726648（课件资源服务热线）
网　　　址 / http：//www.bitpress.com.cn

版 印 次 / 2024 年 4 月第 1 版第 1 次印刷
印　　刷 / 三河市天利华印刷装订有限公司
开　　本 / 787 mm×1092 mm　1/16
印　　张 / 16.25
字　　数 / 382 千字
定　　价 / 82.00 元

前言

国际货运代理是物流管理专业、货运代理专业的专业核心课程，在物流行业、货运代理行业中占据着重要地位；货运代理于 2017 年纳入世界技能大赛项目。

鉴于行业需求，立足现下新发展阶段、贯彻新职教理念，落实教育部"岗课赛融合"和"倡导开发活页式、工作手册式新形态教材"的文件精神，编者依据国内物流、货代行业发展对货运代理人才的需求，对接世界技能大赛技术标准要求，结合国际货运代理的课程现状，在市场调研和专家论证的基础上，组建了校企联合的编写团队，在行业专家的指导下完成本书的编写。

本教材有以下五方面特点：

1. 具有双元性，强调企业参与开发

本书由校企合作"双元"开发，引入企业真实项目案例，以工作过程为导向，通过项目与任务的设定，集"教学做"于一体。教材以项目细分任务来诠释国际货运代理的理论与技能，每个项目以真实工作业务作为背景，引出若干典型工作任务，每个任务通过理论知识的学习和技能操作的训练来实现学生对货运代理基本知识、职业技能、职业素养的了解和把握。

2. 具有创新性，"岗课赛证"融合

根据国际货运代理岗位职业能力需求、职业技能大赛货运代理赛项标准、物流管理"1+X"证书要求，课岗赛证融合，尤其是货运代理赛项，认真研读近 3 年国赛规程及比赛真题，提炼出 M1～M4 四个比赛模块的知识点与技能点，融入各学习任务中，提升学生职业技能，扩大受益面，并为参赛选手奠定基础。

3. 具有科学性，强调实践与操作

教材设计按照循序渐进、逐步深入的原则，从国际货运代理的认知和基础知识出发，通过不同运输方式下的货代业务来讲授货运代理的理论知识与技能操作，理论与实践结合；编写时重点突出对职业技能的培养，详细地阐述几种运输方式下货运代理业务的操作流程及相关业务单据的作用、内容、填制和异常情况处理等，并附有丰富的训练内容。

4. 具有先进性，有机融入党的二十大精神

教材以项目为纽带，以任务为载体，25 个学习任务目标明确。每个项目均由"思政园地+项目背景+学习任务（每个任务设置：学习目标+任务描述+任务分析+任务学习+任务实

施+任务测试+任务评价）"组成，有机融入二十大精神和社会主义核心价值观、家国情怀、中国优秀传统文化、工匠精神等思政元素，推动教材和学习者之间的深层次互动，实现"教学做"一体化，并进一步提升教材铸魂育人价值。

5. 坚持信息革命，适应数字化时代变革

本书是精品在线开放课程"国际货运代理实务"的配套教材，教材编写与课程建设、配套资源开发、信息技术应用统筹推进，是一本能较好地满足线上线下混合式教学的新形态一体化教材。学生通过扫描本页二维码，可进入在线开放课程学习。

本书旨在普及国际货运代理的基本知识，重在传授货运代理核心职业技能、逻辑思维能力、时间管理能力和基本的职业素养，并提倡学生在实践中学习、在研究与应用中学习，让学生在学会知识、掌握技能的同时学会工作。

本书由广西工业职业技术学院杨丽香设计整体框架。本书的编写分工如下：项目一由广西工业职业技术学院陈林海、梁帝焱编写，项目二由广西经贸职业技术学院刘秋华、广西工业职业技术学院张晓玲编写，项目三由广西工业职业技术学院杨丽香、邓莹莹、姜爱月、深圳森大国际货运代理李计伟编写，项目四由广西工业职业技术学院韦英琴、广西水利电力职业技术学院蒋健博、深圳森大国际货运代理吕燕平编写；项目五由广西工业职业技术学院吴健富、叶洪强编写。

在本书的编写过程中，深圳森大国际货运代理潘安总经理、深圳中诺思股份有限公司黄炳宏总经理提供的技术指导和素材、案例等。此外，本书还得到了广西工业职业技术学院各级领导的大力支持，在此一并表示深深的谢意。

编者在本书的编写过程中参考了许多资料，已尽量在参考文献中列出，在此对所引资料的作者表示衷心的感谢。

由于编者水平有限，书中疏漏之处在所难免，恳请广大读者批评指正。

编　者

目 录

项目一

国际货运代理认知

素质拓展

货通全球的货代使命
——坚守使命，助力百年目标

党的二十大报告指出："从现在起，中国共产党的中心任务就是团结带领全国各族人民全面建成社会主义现代化强国、实现第二个百年奋斗目标，以中国式现代化全面推进中华民族伟大复兴。"党的二十大报告同时指出："肩负起新的使命任务，这份中国式深情离不开立场的坚守，离不开理论的清醒，离不开精神的传承。一个时期有一个时期的使命任务，一代人有一代人的责任担当。"

在这一伟大的历史事业面前，货运代理（以下简称"货代"）人的职业使命是通过提供传统的货物运输和清关服务，以及一系列的增值服务，如仓储管理、集装箱装卸、供应链管理等实现货通全球，助力第二个百年奋斗目标和中华民族伟大复兴，促进全面建设社会主义现代化强国。

近年来，随着中国"一带一路"倡议的实施，RCEP（区域全面经济伙伴关系协定）的签订及国际贸易相关利好政策不断出台，我国国际货代行业相关企业营收大幅增长。2022年，我国进出口总额共计42.07万亿元，同比增长7.6%。其中进口总额达到23.97万亿元，出口总额为18.10万亿元，分别同比增长4.3%、10.3%。国内进出口需求带动国际货代行业市场活跃度，据统计，2022年中国国际货代行业市场规模约为29 476.3亿元，同比增长11.42%；远洋货运量为41.51亿吨，远洋货物周转量为101 977亿吨公里，分别同比增长2.48%、4.23%；国际货代百强企业营收从2014年的3 476.6亿元，增长至2022年的8 671.3亿元。

从全球货代行业竞争情况来看，中国国际货代行业也表现不俗。德迅（KUEHNE + NAGEL）货运公司在海运及空运货代市场分别以438.6万TEU、223.2万吨运量排名第一，其次中国外运在海运市场以389万TEU排名第二；就市场份额来看，在2023全球海运50强榜单中，共有9家中国企业上榜，除了排名第二的中国外运和排名第九的嘉里物流外，还包括：环世物流排名第13位，年货量86.3万TEU；华贸物流排名第14位，年货量80.6万TEU；东方海外物流排名第19位，年货量72.0万TEU；嘉宏货运排名第26位，年货量60.0万TEU；鸿安船务排名第30位，年货量41.9万TEU；欧华国际排名第38位，年货量

1

25.5万TEU；中菲行排名第41位。空运方面，中国外运排名第8位，年货量78.1万吨；嘉里物流排名第13位，年货量51.5万吨；欧华国际排名第14位，年货量49.5万吨；华贸物流排名第16位，年货量37.3万吨；中菲行排名第23位，年货量23.8万吨；环世物流排名第30位，年货量13.3万吨；嘉宏货运排名第41位。

未来，国际产业链供应链布局将深刻调整，受益于中国在全球制造领域的整体实力，叠加跨境电商等新业态蓬勃发展，行业内相关企业营收有望持续提升，其发展呈现出三个明显趋势。

1. 趋向数字化和智能化发展

货代公司将更广泛地应用物联网、大数据分析和云计算等数字技术，提高物流运作的透明度和效率，优化运输计划和资源配置；引入自动化仓储和搬运系统，使用自动驾驶车辆和机器人来提高操作效率，降低人工成本；推动区块链技术在供应链的应用，以确保交易的安全性和数据的真实性，从而简化金融流程。

2. 趋向可持续发展与环保

提倡使用更环保的运输方式，如绿色航运、电动交通工具等，以减少碳排放和环境污染；推动环保包装材料的使用，促进货物包装的再利用，减少包装废弃物对环境的影响。

3. 趋向跨境电商和全球化合作

为跨境电商客户提供定制化、高效的物流解决方案，满足快速增长的跨境电商需求；整合不同运输方式，优化跨境物流，提高运输效率和降低成本；与海外货代公司和物流合作伙伴建立紧密联系，扩大国际物流网络，提供全球性的货代服务。

中国国际货代行业满足了客户多样化的需求，不仅提高了国际物流的效率，而且降低了国际贸易的时间成本和经济成本，创造了巨大的经济价值和社会价值。

项目背景：森大国际货运有限公司 SDA Logistics CO. LTL（http://www.sdaline.com/cn/）

一、公司基本概况

（一）公司简介

森大国际货运有限公司是一家经国家商务部批准，政府工商局注册的专业化国际货运运输企业。

该公司主要从事国际海运、空运、FBA物流、进口清关、进口拆柜等物流运输服务，包括订舱、中转、仓储、集装箱拆装、拼装、报关、保险、拖车等多式联运服务及代理进出口业务。

近年来，公司更致力于推动保税仓、监管仓物流管理及在澳大利亚欧美等国的DDP、DDU服务公司已与国内外数家知名企业建立了物流战略伙伴合作关系。

该公司的主要优势航线有美加、欧洲、中南美洲、中东、非洲、东南亚等。该公司在中国各主要港口均设有分支机构为客户提供方便、快捷的一站式服务。

（二）会员单位

（1）WIFFA（国际货代联合会）。

（2）WCA（世界货运联盟）。

（3）FMC（美国联邦海事委员会）。

（三）组织框架

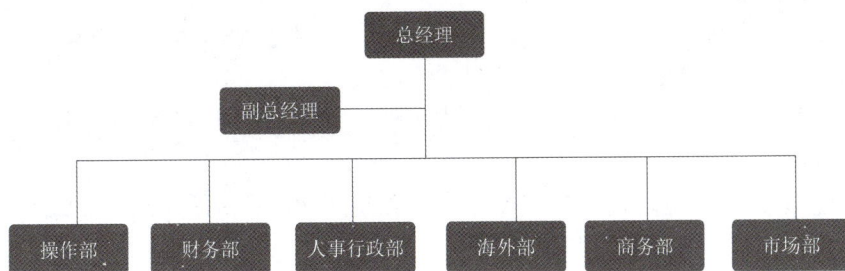

（四）企业文化

（1）经营理念：铸造优秀的团队，强化专业的服务。

（2）公司文化：专业高效、突破自我、以人为本、共享成功。

（3）企业精神：只有淡季思想，没有淡季市场。企业的未来，就是我们的明天。

（4）工作态度：礼貌、忠诚、协作、诚信、承担、突破。

二、公司业务介绍

（一）业务类型

1. 海运

运价优势；拥有庞大的海外代理网络；单证服务快而准；可接收冷冻柜；完善的配套服务。

2. 铁路运输

其服务已触伸到一带一路的每一个角落。

3. 空运

以国际空运为主。为客户提供空运进口及出口到机场、门到机场、门到门全程运输服务。

4. 陆运

拥有签约合作的车队，其服务已触伸到国内的每一个角落。

5. 仓储

低廉的费用和配备现代化的信息管理系统，实现物流成本在仓储环节的真正降低。

6. 报关

在全国主要口岸设有专业的报关行，提供进出口代理报关和代办。

（二）服务内容

1. 海运服务

（1）价格优势：拥有 COSCO、MAERSK、MATSON、MSC、CMA、EMC、ZIM 等船公司的直接签约代理，有明显的价格优势。

（2）庞大的海外代理网络：为进口及出口提供门到门服务，服务航线已遍及澳大利亚、美加、欧洲、中南美、韩日、东南亚、印巴、中东、非洲等地。

（3）单证服务快而准：公司配备专业的操作系统，与各大船公司直接联网，有力地保障了客户对单证速度和准确度的要求水准。

（4）跨境电商物流：从深圳、上海、宁波出发，提供快船服务，还有整箱和拼箱目的港清关后的海外仓派送服务。

公司的主要优势航线有美加、欧洲、中南美洲、中东、非洲、东南亚等航线。

2. 空运服务

（1）服务优势：现已成为国航（CA）、博立航空（PO）、深航（ZH）、汉莎（LH）、东航（MU）、南航（CZ）、海航（HU）、美国联合包裹（UPS）、土耳其航空（TK）、马航（MH）、川航（3U）、中华航空（CI）、长荣航空（BR）、亚航（AK）、大韩航空（KE）、卡塔尔航空（QR）、国泰航空公司（CX）、阿联酋航空（EY）等20多家航空公司的核心销售代理。

（2）地理优势：公司不仅充分发挥深圳/广州/北京/上海的空港优势，也充分利用紧邻香港的优势，及时将货物分流。

3. 陆运服务

拥有签约合作的车队，其服务已触伸到国内的每个角落。自有的车队使森大国际在门到门的运输服务中具有无可比拟的优越性，货主可以放心地在仓库或工厂门口交货，并能完成异地转关服务，可以确保客户付运的货物安全，准点。

4. 仓储服务

仓储服务宗旨：低廉的费用和配备现代化的信息管理系统，实现物流成本在仓储环节的真正降低。

仓储业务范围：进口集拼、出口分拨、退运返修、提供分类和交叉站台的物流服务仓储作业、提供加工/延期的物流服务仓储作业、提供堆存的物流服务仓储作业。

5. 报关服务

森大国际在全国主要口岸设有自己专业的报关行，提供进出口代理报关和代办动植物检疫、卫生检疫、商检、熏蒸、海关备案等服务，能够迅捷地为客户办理各类货物的所有清关手续，保证货物的进出口流程畅通无阻。公司专门为各贸易商或生产厂家提供代理货物进出口报关、单证、商检、植检、熏蒸及办理产地证（CO）、普惠证（F/A）等相关业务。

任务一　国际货运代理

知识目标

（1）了解什么是国际货运代理。
（2）掌握国际货运代理的业务范围与责任。

能力目标

能认清识别国际货运代理的业务范围与责任。

素质目标

学习国际货运代理知识，可以培养学生对国际货运代理的兴趣和好奇心，提升对国际货运代理的认识和关注程度。

任务描述

森大国际货运有限公司于 2017 年成立了深圳森大国际货运代理公司，同年成立香港森大国际货运代理公司，2021 年成立深圳森大国际货运代理公司佛山分公司，是一家经国家商务部批准，政府工商局注册的专业化国际货运运输企业，国家一级货运代理。公司主要从事国际海运、空运、FBA 物流、进口清关、进口拆柜等物流运输服务，包括订舱、中转、仓储、集装箱拆装、拼装、报关、保险、拖车等多式联运服务及代理进出口业务。

请思考：国家一级货运代理是什么？其是否有订舱的权利？

任务分析

要完成该任务，必须知晓掌握国际货运代理的身份与责任。

任务学习

《中华人民共和国国际货运代理业管理规定》中明确国际货运代理的定义：国际货运代理（International Freight Forwarding Agent）简称国际货代、货运代理、货代，是指国际货运代理组织接受进出口货物收货人、发货人的委托，以委托人或自己的名义，为委托人办理国际货物运输及相关业务，并收取劳务报酬的行业。

一、性质

随着国际贸易、运输方式的发展，国际货运代理已渗透到国际贸易的每一领域，为国际贸易中不可缺少的重要组成部分。市场经济的迅速发展使社

走进货代

会分工更加趋于明确，单一的贸易经营者或者单一的运输经营者都没有足够的力量亲自经营处理每项具体业务，他们需要委托代理人为其办理一系列商务手续，从而实现各自的目标。

国际货运代理的基本特点是受委托人委托或授权，代办各种国际贸易、运输所需要服务的业务，并收取一定报酬，或作为独立的经营人完成并组织货物运输、保管等业务，因此被认为是国际运输的组织者，国际运输的设计师，被誉为"国际贸易的桥梁"。

二、分类

（一）按运输方式分类

国际货运代理按照运输方式可以分为水运代理、空运代理、陆运代理、多式联运代理。

1. 水运代理

水运代理是指提供水上货物运输服务及相关服务的国际货运代理，包括海运代理、河运代理。

2. 空运代理

空运代理是指提供航空货物运输及相关服务的国际货运代理。

3. 陆运代理

陆运代理是指提供公路、铁路、管道运输等货物运输服务及相关服务的货运代理。

4. 多式联运代理

多式联运代理是指连续提供水上、航空、公路、铁路、管道运输等货物运输服务及相关服务的国际货运代理，可以进一步划分海空联运代理、海铁联运代理、空铁联运代理等类型。

（二）按企业等级分类

在我国，国际货运代理按照物流行业的市场等级可以分为一级货运代理、二级货运代理。一般情况下，货主订舱必须通过货代向船公司、航空公司、铁路公司订舱。一级货运代理、二级货运代理在订舱环节会有所区别。

一级货代在国家商务部注册，具有直接订舱权的货运代理有限公司，可以向航空公司或者船公司、铁路公司直接订舱。

二级货代在工商局注册，没有直接订舱权的货运代理有限公司，必须通过/挂靠一级货代订舱。

一级货代与二级货代的区别：

（1）一般来说一级货代的资信程度最高，运费最低，提供的服务也最及时到位。

（2）一代货代比二代货代要多一个美金账号，具体业务操作是一样的。

（3）一级货代可直接向船公司订舱，但不一定有资格订舱，因为许多船公司只指定了几个少数的货代作为订舱口，大部分的一级货代也只能局限于几个船公司有订舱权。

（4）一般情况下，一级货代拿不到某船公司的订舱权，一级货代反而要向其他的货代（一级或者二级）拿价格与舱位。

（5）一级货代与二级货代既是合作关系又是竞争关系。

三、业务范围

从国际货运代理人的定义看，货代主要是接受委托方的委托，安排货物运输、报关、转运、仓储、装卸等事宜。国际货代主要从事以下业务。

（一）为发货人服务

货代代替发货人承担货物在运输过程中的任何一项手续。

（1）以最快最省的运输方式，安排合适的货物包装，选择货物的运输路线。

（2）向客户建议货物仓储与分拨。

（3）选择可靠、效率高的承运人，并负责缔结运输合同。

（4）安排货物的计重和计量，办理货物保险。

（5）安排货物集港配送运输，办理海关和有关单证的手续，并把货物交给承运人/收货人。

（6）代表托运人/进口商承付运费、关税税收。

（7）从承运人那里取得各种签署的提单并交给发货人。

（8）监督货物运输进程，并使托运人知道货物去向。

（二）为承运人服务

货运代理向承运人（船公司、航空公司、公路运输、铁路运输等部门）及时定舱，议定对发货人、承运人都公平合理的费用，安排适当时间交货，以及以发货人的名义解决和承运人的运费账目等问题。

（三）提供集运拼箱服务

随着国际贸易的发展，引进集运拼箱的服务。集运拼箱服务：出运地货代把一个出运地若干发货人发往另一个目的地的若干收货人的小件货物集中起来，作为整件运输的货物发往目的地的货代，目的地货代再把货物交付各个收货人。在集运拼箱服务中，对于承运人来说，出运地货代是发货人，目的地货代是收货人。承运人给出口货代签发主提单，出运地货代给货主签发分提单，目的地货代凭分提单交货给收货人。另外，目的地货代也可以在出运地和目的地从事提货和交付的服务，提供门到门的服务。

四、责任分类

（一）以纯粹代理人的身份出现时的责任划分

货代公司作为代理人，在货主和承运人之间做牵线搭桥的作用，由货主和承运人直接签运输合同。货代公司收取的是佣金，责任小。当货物发生灭失或损坏的时候，货主可以直接向承运人索赔。

（二）以当事人的身份出现时的责任划分

（1）货代公司以自己的名义与第三人（承运人）签订合同。
（2）在安排储运时使用自己的仓库或者运输工具。
（3）安排运输、拼箱集运时收取差价。
出现以上这三种情况后，对于货主而言，货运代理是作为承运人，应承担承运人的责任。

（三）以"混合"身份出现时的责任划分

货运代理，从事的业务范围较为广泛，可以代委托人报关、报检、安排运输外，也可以用自己的雇员、自己的车辆、船舶、飞机、仓库及装卸工具等来提供服务，或者陆运阶段为代理人，海运阶段为承运人。对于货运代理的法律地位的确认，不能简单化，而应视具体的情况具体分析。在一般情况下，在交易条件/货运单中，会详细订明货运代理的法律地位与责任。

五、作用

（一）组织协调

帮助委托人进行运输活动的组织，具体内容有：涉及运输路线，选择运输方式和承运人，协调货主、承运人及其仓储保管人、保险人、港口、机场、车站、堆场经营人、海关（商检，卫检，动植检）、进出口管制等相关部门的关系。

（二）专业服务

提供货物的承揽、交运、拼装、集运、接卸和交付等服务；办理保险、海关、卫检、动植检、进出口管制等手续；代理委托人支付和收取运费，垫付税金和政府规费。

（三）沟通控制

保持货物运输关系人之间、货物运输关系人与其他有关企业和部门之间能够有效沟通。

（四）咨询顾问

国际货运代理向委托人提出明确的咨询意见，协助委托人设计、选择适当的处理方案，减少不必要的风险和浪费。

（五）降低成本

可以为货物选择最佳运输路线和运输方式，合适的仓储保管人、装卸作业人和保险人，这样可以使运费尽量公平合理。国际货运代理还可以通过集运效应使所有相关的各方受益，从而降低货物运输人的业务成本。

（六）资金融通

代替收货人、发货人支付相关的费用税金等，提前和承运人、仓储保管人、装卸作业人结算有关费用，凭着信誉和实力向他们提供费用担保等。

六、相关组织

（一）国际货运代理协会联合会

国际货运代理协会联合会（International Federation of Forwarders Associations，FIATA），简称"菲亚塔"，是一个非营利性的国际货运代理行业组织，其目的是保障和提高国际货运代理在全球的利益。1926年5月31日在奥地利维也纳成立，总部设在瑞士苏黎世。

（二）世界货物运输联盟

世界货物运输联盟（World Cargo Alliance，WCA）始创于1998年，目前1117个成员。WCA致力于资源共享，让世界所有货代公司在一个平台上互帮互助，旨在为一流的国际货运代理人提供切实有效的沟通渠道，建立和维持业务合作伙伴关系，使世界各地的发货人和买家获益。

（三）中国国际货运代理协会

中国国际货运代理协会（China Internationnal Freight Forwarders Assocition，CIFA），是经国务院批准，在民政部登记注册的社团法人，是FIATA的国家会员，是具有法人资格的全国性行业组织。该协会于2000年9月6日在北京成立，旨在架起政府与企业沟通的桥梁，反映企业的意愿和要求，制定、推进行业自律准则，维护货代行业正常经营秩序。

（四）国际货代联合会

国际货代联合会（World International Freight Forwarder Alllance，WIFFA），简称"联合会"，是由中国国际海运网和国内外行业组织共同发起的非营利联盟组织，注册地在香港。目前WIFFA在世界150个国家发展组织成员，旨在通过庞大的网络平台开拓市场，与国际高端组织对话，争取更大权益。WIFFA是中国首个民间国际货代组织，将引领中国货代企业走向国际；同时，把国际资源与中国市场相融会，创造新的商业模式和市场价值。

任务实施

国家一级货运代理，是指具有直接订舱权的货运代理有限公司，可以向航空公司或者船公司直接订舱。一级货代可以直接向船公司订舱。

任务测试 　　**参考答案**

任务评价

任务评价见表1-1-1。

表 1-1-1　国际货运代理任务评价

序号	考核项目	考核内容	分值	自我评价	小组评价	教师评价	得分
1	知识测试	选择题	20				
		简答题	20				
2	技能训练	能正确识别提单签发人	10				
		能正确识别货代身份责任	30				
3	职业素养	沟通交流	10				
		展示表达	10				

备注：得分=自我评价20%+小组评价40%+教师评价40%。

任务二　国际货运代理企业

知识目标

（1）知晓国际货运代理企业。
（2）了解国际货运代理企业的机构设置及部门岗位。

能力目标

能描述国际货运代理企业主要部门岗位职责。

素质目标

在学习国际货运代理企业认知中，培养学生爱岗敬业和集体主义精神，增强学生的岗位责任感。

任务描述

请阅读项目背景或者浏览森大国际货运代理公司官网，回答下列问题。
请思考：森大国际货运代理公司设立哪些部门？主要有哪些岗位？

任务分析

要完成该任务，必须知晓了解国际货运代理企业。

任务学习

国际货运代理企业（International Cargo Agent Enterprises）是指接受进出口货物收货人、发货人的委托，以委托人的名义或者以自己的名义，为委托人办理国际货物运输及相关业务并收取服务报酬的法人企业。

一、经营范围

从国际货运代理企业的定义看，国际货运代理企业可作为代理人或者独立经营人从事经营活动，经营范围包括：

（1）揽货、订舱（含租船、包机、包舱）、托运、仓储、包装。

（2）货物的监装、监卸、集装箱装拆箱、分拨、中转及相关的短途运输服务。

（3）报关、报检、报验、保险。

（4）缮制签发有关单证、交付运费、结算及交付杂费。

（5）国际展品、私人物品及过境货物运输代理。

（6）国际多式联运、集运（含集装箱拼箱）。

（7）国际快递（不含私人信函）。

（8）咨询及其他国际货运代理业务。

二、企业的分类

国际货运代理企业可以从不同的角度分类，以企业的成立背景和经营特点为标准，可以分为以下各类型（表1-2-1）。

表1-2-1　企业分类

序号	类型	代表企业	经营特点
1	以对外贸易运输企业为背景	中国对外贸易运输公司	一业为主，多种经营；经营范围较宽、业务网络发达、实力雄厚、人力资源丰富、综合市场竞争能力较强
2	以实际承运人企业为背景	中国铁路对外服务总公司、中国外轮代理总公司、中远国际货运有限公司等	专业化经营，与实际承运人关系密切，运价优势明显，运输信息灵通，方便货主办事，在特定的运输方式下市场竞争力较强
3	以外贸、工贸公司为背景	五矿国际货运公司、中化国际仓储运输公司、中粮国际仓储运输公司等	货源相对稳定，处理货物、单据经验丰富，对某些类型货物的运输代理竞争优势较强，但多数规模不大，服务功能不够全面，服务网络欠发达
4	以仓储、包装企业为背景	天津宏达国际货运代理有限公司、中储国际货运代理公司等	凭借仓储优势揽取货源，深得货主信任，对于特种物品的运输代理经验丰富，但多数规模较小，服务网点较少，综合服务能力不强

序号	类型	代表企业	经营特点
5	以港口、航道、机场企业为背景	上海集装箱码头有限公司、天津振华国际货运有限公司等	与港口、机场企业关系密切，港口、场站作业经验丰富，对集装箱货物运输代理具有竞争优势，人员素质、管理水平较高，但是服务内容较为单一，缺乏服务网络
6	以境外国际运输、运输代理企业为背景	华迅国际运输有限公司、天津国际货运代理有限公司等	国际业务网络较为发达，信息化程度、人员素质、管理水平高，服务质量好
7	其他背景	天津大田航空服务代理公司、北京市外国企业服务总公司等	规模较小，服务内容单一，人员素质、管理水平不高，服务质量一般

三、组织架构

国际货运代理企业一般实行总经理负责制，由总经理负责日常经营与管理。每家国际货运代理企业组织架构、部门设置会有所不同，一般按照市场部（业务部）、操作部、信息部等部门设置。某主营海运货代业务的国际货运代理企业的组织框架（图1-2-1）。

图1-2-1　某主营海运货代业务的国际货运代理企业的组织框架

四、部门主要职能

（一）市场部

（1）负责海运出口航线的报价，客户的开发，维护和协助催收应收账款。

（2）分析市场发展动态，了解客户详情。

（3）了解并向航线部反馈竞争对手的价格、舱位等竞争信息。

（4）协助操作部门，完善海运操作系统。

（5）定期向领导汇报业务状况。

（6）掌握客户动态，定期分析原因，并负责组织拜访活动。

（7）负责签订合作合同。

（8）开发新客户，寻找新的货量增长点。

（二）航线部

（1）与船公司商讨报价。

（2）及时更新运价。

（3）能够很好地把握船公司优势航线和要货点。

（4）负责公司运价制定和审核。

（5）协调客总需求和船司舱位，以保证供需平衡。

（三）操作部

（1）衔接市场部客户订舱信息，及时准确传递到船公司。
（2）根据客户的要求对订舱、放舱和签单改单等业务进行处理。
（3）进行提单费用的确认和传递。
（4）进行各类订舱文件的签发。
（5）为客户订舱做好后端服务。

（四）空运部

（1）负责空运进出口航线的报价，代理订舱，以及客户的开发和维护。
（2）分析空运市场的发展动态，主动了解客户情况，制订年度计划。
（3）时刻掌握客户情况，分析客户并拜访客户，加强对客户的了解。
（4）了解竞争对手情况，并拿出准确及时的应对方案。
（5）开发新的客户，保持货量的持续增长。
（6）定期向主管领导汇报部门情况。
（7）协助财务部催收应收款项。
（8）协助行政部签订和客户的合作合同。
（9）协助公司对业务和操作的培训。

（五）财务部

（1）制定财务管理的各项规则制度并监督执行。
（2）配合协助公司年度任务目标的制定和分解，编制并下达公司的财务计划，编制上报公司年度财务预算，指导公司的经营活动。
（3）负责公司的债权债务业务稽核和账务管理。进行应收账款的管理和跟催，确保应收账款回收；负责应付账务核对校正，并根据应付周期制定资金支付计划和退款跟催。
（4）负责资金筹集、调拨和融通，根据公司资金运作情况，制定资金管理办法，合理调配并控制使用资金，确保公司资金正常运转。
（5）负责公司的日常财务核算、参与公司的经营管理。
（6）负责全公司各项资产的核对、抽查，参与公司的各项投资管理。
（7）负责公司的纳税管理，运用税收政策，依法纳税，合理避税。
（8）负责公司的财务决算工作，编制、审核财务报表，并进行综合分析，为公司管理决策提供数据依据。

（六）人事部

负责公司日常行政后勤事务和物资管理、公司文化建设、人力资源管理的规划与计划，以及员工招聘、员工培训、薪酬福利管理、对外事务管理和办理相关事务。

（七）信息部

日常 IT 维护，设备及网络管理维护，数据中心管理维护，软件开发管理。

任务实施

森大国际货运是一家经国家商务部批准，政府工商局注册的专业化国际货运运输企业，国家一级货运代理企业。公司主要从事国际海运、空运、FBA 物流、进口清关、进口拆柜等物流运输服务，包括订舱、中转、仓储、集装箱拆装、拼装、报关、保险、拖车等多式联运服务及代理进出口业务。

其组织机构上增加副总经理职位，按其重点业务增设了海外部和商务部，如图 1-2-2 所示。

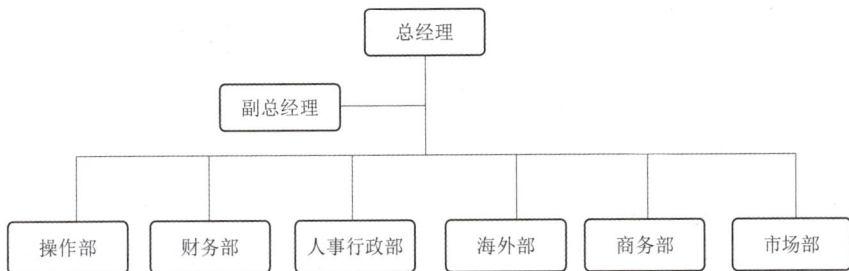

图 1-2-2　森大国际货运组织机构

　任务测试　　参考答案

任务评价

任务评价见表 1-2-2。

表 1-2-2　国际货运代理企业任务评价

序号	考核项目	考核内容	分值	自我评价	小组评价	教师评价	得分
1	知识测试	单选题	20				
		多选题	20				
2	技能训练	能积极参与货代公司的设立	30				
		能正确描述货代岗位工作职责	10				
3	职业素养	沟通交流	10				
		展示表达	10				

备注：得分 = 自我评价 20%+ 小组评价 40%+ 教师评价 40%。

任务三　一带一路、 RCEP 与国际货运代理

知识目标

了解"一带一路"、RCEP 倡议。

能力目标

能正确认识"一带一路"、RCEP及其与国际货运代理的关系。

素质目标

在学习"一带一路"、RCEP中，通过国家倡议发展，了解中国的伟大成就，增强民族自豪感。

任务描述

森大国际货运有限公司的业务类型：

（1）海运：运价优势；拥有庞大的海外代理网络；单证服务快而准；可接收冷冻柜；完善的配套服务。

（2）铁路运输：其服务已触伸到"一带一路"沿线的每个角落。

（3）空运：以国际空运为主。为客户提供空运进口及出口到机场、门到机场、门到门全程运输服务。

（4）陆运：拥有签约合作的车队，其服务已触伸到国内的每一个角落。

（5）仓储：低廉的费用和配备现代化的信息管理系统，实现物流成本在仓储环节的真正降低。

（6）报关：在全国主要口岸设有自己专业报关行，提供进出口代理报关和代办。

请思考："一带一路"是什么？与国际货运代理有什么关系？

任务分析

要完成该任务，必须知晓了解"一带一路"、RCEP等国家倡议。

任务学习

近年来，国家不断推进"一带一路"、RCEP等国家倡议的建设与发展。

一、一带一路

"一带一路"（全称"丝绸之路经济带"和"21世纪海上丝绸之路"，Belt and Road）是中国国家主席习近平于2013年9月和10月分别提出的合作倡议。

一带一路

（一）倡议背景

多年来，中国改革开放事业取得了巨大的成就，但也存在缺乏顶层设计、产能过剩、外汇资产过剩、油气矿产资源对国外的依存度高、工业和基础设施过于集中在沿海、容易失去核心设施等问题。

中国需要继续坚持对外开放，需要构建新的全方位开放新格局，需要深度融入世界经济体系。而当前中国边境地区整体状况处于历史最好时期，邻国与中国加强合作的意愿普遍上升。中国顺应提出了"一带一路"建设。

"一带一路"建设既是中国扩大和深化对外开放的需要，也是加强和亚欧非及世界各国互利合作的需要，中国愿意在力所能及的范围内承担更多责任义务，为人类和平发展作出更大的贡献。

（二）框架路线

"一带一路"共有四大线路（表1-3-1），贯穿亚欧非大陆，在陆上依托国际大通道，在海上以重点港口为节点。

表1-3-1

线路	所经城市/国家
北线A	北美洲（美国、加拿大）—北太平洋—日本、韩国—日本海—海参崴（扎鲁比诺港，斯拉夫扬卡等）—珲春—延吉—吉林—长春（即长吉图开发开放先导区）—蒙古国—俄罗斯—欧洲（北欧、中欧、东欧、西欧、南欧）
北线B	北京—俄罗斯—德国—北欧
中线	北京—郑州—西安—乌鲁木齐—阿富汗—哈萨克斯坦—匈牙利—巴黎
南线	泉州—福州—广州—海口—北海—河内—吉隆坡—雅加达—科伦坡—加尔各答—内罗毕—雅典—威尼斯
中心线	连云港—郑州—西安—兰州—新疆—中亚—欧洲

"一带一路"共涵盖中国18个省/直辖市/自治区，其中21世纪海上丝绸之路涵盖：广东、上海、海南、浙江、福建5个省/直辖市。丝绸之路经济带涵盖：广西、西藏、新疆、宁夏、青海、内蒙古、吉林、重庆、黑龙江、陕西、甘肃、云南、辽宁13个省/直辖市/自治区。

（三）建设重点

中国积极推进"一带一路"建设，不断推动与沿线国家的务实合作，不断加强与沿线国家的沟通磋商，不断实施一系列政策措施，重点在政策沟通、设施联通、贸易畅通、资金融通、民心相通五方面加强合作。贸易畅通是"一带一路"建设的重点内容，主要建设解决以下问题。

（1）解决投资贸易便利化问题，消除投资和贸易壁垒，与沿线国家和地区共建自由贸易区。

（2）降低非关税壁垒，共同提高技术性贸易措施透明度，提高贸易自由化便利化水平。

（3）拓宽贸易领域，优化贸易结构，创新贸易方式，发展跨境电子商务等新的商业业态。

（4）建立健全服务贸易促进体系，巩固扩大传统贸易，大力发展现代服务贸易。

二、RCEP

RCEP是2020年11月15日，东盟10国（新加坡、马来西亚、印度尼西亚、泰国、菲律宾、文莱、越南、老挝、缅甸和柬埔寨）与中国、新西兰、澳大利亚、韩国、日本5国正式签署的区域全面经济伙伴关系协定，是全球规模最大的自由贸易协定。

（一）加入背景

中国需要继续坚持对外开放，需要深度融入世界经济体系，所以中国愿意加入RCEP，而且 RCEP 符合中国主张的在地区合作中东盟发挥主导作用的政策，同时 RCEP 有利于提高国家的经济一体化程度，这种一体化的发展有利于国家的繁荣与稳定。

（二）协定内容

2022 年 1 月 1 日，RCEP 正式实施。RCEP 由序言、正文和协定附件三大篇章构成，其中正文有 20 章，包括货物贸易、原产地规则、海关程序和贸易便利化、投资、贸易救济、电子商务等内容；其中协定附件有 4 个，包括关税承诺表、服务具体承诺表、服务和投资保留及不符措施承诺表、自然人临时移动具体承诺表。

RCEP 在货物贸易、关税、电子商务等方面重点支持，旨在促进成员国的共同发展，促进区域的一体化，提升区域的竞争力。

（1）货物贸易方面：取消降低区域内关税和非关税壁垒，促进海关程序、检验检疫、技术标准等推行统一的规则，提高货物贸易自由化程度。

（2）关税方面：简化各成员国之间的海关程序，放宽报税政策，降低运输成本，促进电商物流高效发展。

（3）电子商务方面：专门设立电子商务条款，破除贸易壁垒，推进各成员国之间跨境电子商务的规划范和标准化。

三、"一带一路"、RCEP 与国际货运代理

（一）"一带一路"与国际货运代理

"一带一路"在贸易畅通方面制定了消除降低贸易壁垒、拓宽贸易领域、创新贸易方式、健全贸易体系等一系列的政策，促进中国与沿线国家生产要素和商品的流动，促进了国际贸易发展，促进国际贸易中不可缺少的国际货运代理发展。

（二）RCEP 与国际货运代理

RCEP 在货物贸易、关税、电子商务等方面制定了简化海关程序、降低关税、统一认证等一系列的规则，促进了区域内生产要素和商品的自由流动，促进了国际贸易发展，也促进了国际贸易中不可缺少的国际货运代理的发展。

任务实施

（1）"一带一路"主要在政策沟通、设施联通、贸易畅通、资金融通、民心相通五方面加强与沿线国家的合作，重点在贸易畅通。"一带"——丝绸之路经济带重点畅通中国经中亚、俄罗斯至欧洲（波罗的海）；中国经中亚、西亚至波斯湾、地中海；中国至东南亚、南亚、印度洋；"一路"——21 世纪海上丝绸之路重点方向是从中国沿海港口过南海到印度洋，延伸至欧洲；从中国沿海港口过南海到南太平洋。

（2）"一带一路"在贸易畅通方面制定了消除降低贸易壁垒、拓宽贸易领域、创新贸易方式、健全贸易体系等一系列的政策，促进中国与沿线国家生产要素和商品的流动，促进了国际贸易发展，也促进了国际货运代理的发展。

任务测试 　　　　**参考答案**

任务评价

任务评价见表1-3-2。

表1-3-2　"一带一路"、RCEP与国际货运代理任务评价

序号	考核项目	考核内容	分值	自我评价	小组评价	教师评价	得分
1	知识测试	选择题	20				
		填空题	20				
2	技能训练	能正确回答"一带一路"的问题	20				
		能正确回答RCEP的问题	20				
3	职业素养	沟通交流	10				
		展示表达	10				

备注：得分＝自我评价20%＋小组评价40%＋教师评价40%。

项目二

国际货运代理基础知识

素质拓展

以诚信为底色的货代情怀
——将诚信写在古今和中外

党的二十大报告指出："弘扬诚信文化，健全诚信建设长效机制。"诚信是经商的道德基础，也是做人的最基本道理。中华民族自古便推崇诚信，把"信"与"仁""义""礼""智"并称为"五常"，即做人做事的五种常道、基本规范。

孔子在《论语》中与学生子张有一段对话：子张问孔子怎样才能提高一个人的道德修养水平，孔子回答："主忠信，徙义，崇德也。"意思是说，做人要以忠诚信义为根本，按照合乎正义、道义的标准要求去做，这样就能提高道德修养水平了。南宋大儒朱熹在《四书章句集注》中点评说："主忠信则本立，徙义则日新。"忠诚信义是做人的根本，一个人若是没有忠诚，再大的能力也是一文不值；一个人若是没有信义，再高的名气也是不堪一击。我们的先人在日常生活实践中，也总结出许多关于诚信的俗语谚语、名言警句，至今仍被有远见的商家奉为经商宝典，作为企业的核心价值观，如"不信不立，不诚不行""小信诚则大信立""马先驯而后求良，人先信而后求能""言必信，行必果""天道酬勤，人道酬善，商道酬信，业道酬精"等。

诚信是做人的根本，更是商道的核心，是商人共同遵循的立身之法，是基业长青的保障。明清以来，中国商人便形成了一种习俗，即在自家的店铺里供奉关公像，因为关公是"仁义"和"诚信"的象征。不仅中国人如此，世界各地的历代商人也都遵循诚信的原则，在数千年的商业史上写下了一个个感人至深的故事，其中，荷兰探险家巴伦支和他的水手们的故事更是广为人知。

1594—1597 年，荷兰探险家巴伦支曾 3 次穿越北冰洋，以探索一条从北方通往中国与印度的航线。在一次航行中，巴伦支路过北极圈内的新地岛，被冰封的海面困住了，不能继续航行。无奈之下，巴伦支船长只能与 17 名荷兰水手在北极圈内一起度过漫长的冬季，等来来年冰面融化。为了在严酷的环境中生存下来，巴伦支与水手们与酷寒进行了艰苦的斗争，他们搭起木棚，为了能在零下 40°的严寒中保持体温，他们把甲板拆下来做燃料。

然而，星星之火根本无法抵挡北极的严寒，他们衣服的后背都被冻住了，只能把手指伸进嘴里取暖，但手指一伸出来，立刻就被冻成了冰棍。更可怕的是，他们的食物储备很快就消耗完毕，他们必须设法杀死北极熊和海象，以此来充饥。然而，当一群饥肠辘辘的人想要猎杀这些野兽的时候，反而会被野兽攻击，狩猎成功的概率很小。在这样恶劣的环境下，8个人很快倒下了。但是这些荷兰商人却做了一件不可思议的事，他们对委托给他们的货物一丝一毫也没动。虽然这些货物里就有可以挽救他们生命的衣服和药品。我们无法想象他们是怎么熬过这个冬天的，但是北极的春天还是来了。尽管天气依然寒冷，但船员们的体力已经恢复了不少，为了逃命，他们修好了两艘救生艇。

1597年6月，这些幸存者在抵达新地岛南端时与俄罗斯人相遇，得到了俄罗斯人的帮助并从他们手中拿到了补给，幸免于难。回到荷兰后，货物被完好无损地送到了客户手上，巴伦支却在返回荷兰的途中不幸去世。1871年，挪威渔夫在巴伦支死去将近3个世纪之后，在新地岛发现了他居住的窝棚。棚屋早已被北极的暴风雨摧毁，只剩下罐子、锅、乐器。同时，他们也发现了巴伦支的日记中的一部分。日记描述了探险家们在冬天的艰难处境，与那些返回荷兰的幸存者说得完全一致。就这样，荷兰人用自己的生命捍卫了诚信，坚守着这条传世的商业法则。

今天，货代人作为商业物流中的一环，要践行"弘扬诚信文化，健全诚信建设长效机制"的二十大精神，实现把货物运输到世界的每个地方的职业使命，更要坚守诚信的原则。

任务一 贸易术语

知识目标

（1）掌握国际贸易术语。
（2）掌握不同贸易术语下买卖双方的责任与义务。

能力目标

（1）能正确选用贸易术语。
（2）能划分不同贸易术语下买卖双方所承担的责任、风险和费用。

素质目标

培养学生行为规范和成本控制意识。

任务描述

近年来，森大国际货运有限公司致力于推动保税仓、监管仓物流管理及在澳大利亚、欧美等国的DDP、DDU服务，已与国内外数家知名企业建立了物流战略伙伴合作关系。

请思考：什么是DDP？什么是DDU？

任务分析

要完成该任务，必须知晓掌握国际贸易术语。

任务学习

2019 年，国际商会修订《国际贸易术语解释通则》，于 2020 年 1 月 1 日实行，形成了最新版本的《Incoterms2020》。此次修订的《国际贸易术语解释通则》共有 2 类、4 组、11 种贸易术语。

2 类：适用于任何运输方式（EXW、FCA、CPT、CIP、DAP、DPU、DDP）；仅适用水运（FOB、FAS、CFR、CIF）。

4 组：C 组、D 组、E 组、F 组。

11 种术语：EXW、FOB、FAS、FCA、CFR、CIF、CPT、CIP、DAP、DPU、DDP 等。

一、FAS、FOB、CFR、CIF

此类贸易术语仅适用于水运。

（一）FAS

Free Alongside Ship（...named port of shipment）：装运港船边交货（指定装运港）。

交货地点：装运港船边。风险的转移：货物在装运港船边时。FAS 责任与费用的划分见表 2-1-1。

表 2-1-1　FAS 责任与费用的划分

出口清关	运输费用	保险费用	进口清关
卖方	买方	买方	买方

FAS 只适用于水路运输，如海运和河运。承运人由买方指定。

案例 2-1-1：某木材商向国外客户出口一批木材，贸易条款为 FAS，请思考：

（1）从江门码头到大船的驳船费用由谁负责？

（2）若驳船在途中沉没，木材的损失由谁承担？

案例 2-1-1 分析：驳船费用由卖方负责，若驳船中途沉没，货物损失由卖方承担，因为 FAS 装运港船边交货指的是大船船边，只有当货物到达大船船边时，才完成交货责任，并发生风险转移。

（二）FOB

Free on Board（...named port of shipment）：装运港船上交货（指定装运港）。

交货地点：装运港船上。风险的转移：货物装载到船上时。FOB 责任与费用的划分见表 2-1-2。

表 2-1-2　FOB 责任与费用的划分

出口清关	运输费用	保险费用	进口清关
卖方	买方	买方	买方

FOB 只适用于水路运输，如海运和河运。承运人由 Buyer 指定。

案例 2-1-2：某年 1 月初，中远海运公司一艘集装箱大船"COSCO PACIFIC"从马来西亚驶往印度，发生集装箱起火事件，起火的原因是瞒报的锂电池引发自燃的。请问，在 FOB 术语下，由于集装箱在船上起火而导致的货物损失属于买方的损失还是卖方的？

案例 2-1-2 分析：属于买方损失，在 FOB 术语下，货物已上船（on Board），风险已发生转移，由买方承担损失。

（三）CFR

Cost and Freight（... named port of destination）：成本加运费（指定目的港）。

交货地点：装运港船上。风险的转移：货物装载到船上时。CFR 责任与费用的划分见表 2-1-3。

表 2-1-3 CFR 责任与费用的划分

出口清关	运输费用	保险费用	进口清关
卖方	卖方	买方	买方

CFR 又名 C&F，可理解为 CFR＝FOB Cost+Ocean Freight（以海运为例）。CFR 只适用于水路运输，如海运和河运。承运人由 Seller 指定。

（四）CIF

Cost, Insurance and Freight（... named port of destination）：成本加运费保险费（指定目的港）。

交货地点：装运港船上。风险的转移：货物装载到船上时。CIF 责任与费用的划分见表 2-1-4。

CIF，所谓的"到岸价"

表 2-1-4 CIF 责任与费用的划分

出口清关	运输费用	保险费用	进口清关
卖方	卖方	卖方	买方

可理解为 CIF＝FOB Cost+Insurance+Ocean Freight（以海运为例）CIF 只适用于水路运输，如海运和河运。承运人由卖方指定。

注意：出口尽量选择 CFR 或者 CIF，原因有二：一是在 FOB 术语及 L/C 付款方式下，买方由于某些市场原因如价格下跌或需求减少等，刻意拖延订船，卖方无法如期完成交货，导致 L/C 出现不符点甚至 L/C 过期失效，此风险由卖方承担。但如果是 CFR 或 CIF 术语下，由卖方自行找货代，卖方履行好合同上的义务并如期出货后，即可通过 L/C 收汇。二是在 FOB 术语下，货代由买方指定，卖方对于不熟悉的货代难以调查清楚其信誉状况，容易造成"无单放货"甚至骗子与货代串通诈骗卖方货物，而在 CFR 或 CIF 下，卖方可以选择自己熟悉的信誉良好的货代出货。

二、EXW、FCA、CPT、CIP、DAP、DPU、DDP

此类贸易术语适用于任何运输方式。

（一）EXW

EX Works（...named place）：工厂交货（指定地点）。

交货地点：卖方指定地方，如工厂、仓库等。风险的转移：买方收货时。EXW 责任与费用的划分见表 2-1-5。

表 2-1-5　EXW 责任与费用的划分

出口清关	运输费用	保险费用	进口清关
买方	买方	买方	买方

在 EXW 术语下，卖方承担的责任最小，费用也最低。

出口清关由买方负责，因此，没有实际出口权的厂家比较常用 EXW。

案例 2-1-3：买方在 EXW（seller's warehouse）条款下，向工厂 A 订购了一批货物，货物完成后，买方将货物运至另一供应商工厂 B 暂时存放准备装柜，但由于不可抗力的原因（例如台风暴雨）导致货物损坏，请问：此批货物的损失由谁承担？

案例 2-1-3 分析：买方承担，因为在 EXW 下，买方在卖方工厂收货后，风险已转移，由买方承担损失。

案例 2-1-4：买方在 EXW（seller's warehouse）条款下，向工厂 A 订购了一批货物，货物完成后，但天气预报报道将有台风暴雨，由于工厂 A 容易渗水，于是工厂 A 将货物运至朋友的工厂 B 暂时存放，没想到暴雨导致工厂 B 也水浸，货物损坏，请问：此批货物的损失由谁承担？

案例 2-1-4 分析：卖方（工厂 A）承担，因为在 EXW 下，买方未收货，风险不发生转移，由卖方承担损失。

（二）FCA

Free Carrier（...named place of delivery）：货交承运人（指定交货地点）。

交货地点：买方或承运人指定的装运地点。风险的转移：货交承运人时。FCA 责任与费用的划分见表 2-1-6。

表 2-1-6　FCA 责任与费用的划分

出口清关	运输费用	保险费用	进口清关
卖方	买方	买方	买方

FCA 适用于任何运输方式。承运人由 Buyer 指定。

案例 2-1-5：某印度客户在 FCA（Guangzhou Airport）术语下，向某手表商订购了一批电子表，卖方如期将货物交至广州白云机场，由航空公司收货并出具航空运单，卖方通知买方付款，但此时手表市场价格下跌，买方说自己还没有正式收货，叫卖方将货拿回，拒绝付款，双方僵持不下。请问：买方的说法是否合理？

案例 2-1-5 分析：不合理，因为在 FCA 术语下，货交承运人，卖方已完成交货责任。

（三）CPT

Carriage Paid to（...named place of destination）：运费付至（指定目的地）。

交货地点：指定装运地点。风险的转移：货交承运人。CPT 责任与费用的划分见表 2-1-7。

表 2-1-7　CPT 责任与费用的划分

出口清关	运输费用	保险费用	进口清关
卖方	卖方	买方	买方

可理解为 CPT＝FCA Cost＋Carriage（运输费用）适用于任何运输方式，承运人由卖方指定。

（四）CIP

Carriage & Insurance Paid to（...named place of destination）：运费保险费付至（指定目的地）。

交货地点：指定装运地点。风险的转移：货交承运人。CIP 责任与费用的划分见表 2-1-8。

表 2-1-8　CIP 责任与费用的划分

出口清关	运输费用	保险费用	进口清关
卖方	卖方	卖方	买方

可理解为 CIP＝FCA Cost＋Carriage＋Insurance 适用于任何运输方式，承运人由卖方指定。

（五）DAP

Delivered at Place（...named place of destination）：所在地交货（指定目的地）。

交货地点：买方所在地的指定地点。风险的转移：装在运输工具上的货物（不用卸载）交给买方。DAP 责任与费用的划分见表 2-1-9。

表 2-1-9　DAP 责任与费用的划分

出口清关	运输费用	保险费用	进口清关
卖方	卖方	卖方	买方

适用于任何运输方式或联运，如海运＋铁路运输/内陆货运，通常铁路运输中货物到达目的地，或者将运输工具如货车交由买方后（卖方不用负责卸货），即完成交货并发生风险转移。

（六）DPU

Delivered at Place Unloaded（...named place of destination）：卸货地交货（指定目的地）。

交货地点：买方所在地的指定地点。风险的转移：装在运输工具上的货物（卸载后）交给买方。DPU 责任与费用的划分见表 2-1-10。

表 2-1-10　DPU 责任与费用的划分

出口清关	运输费用	保险费用	进口清关
卖方	卖方	卖方	买方

适用于任何运输方式或联运，如海运＋铁路运输/内陆货运，通常铁路或货运将货物到达目的地且 Seller 完成卸货后，即完成交货并发生风险转移。

（七）DDP

Delivered Duty Paid（...named place of destination）：完税后交货（指定目的地）。

交货地点：买方所在地的指定地点。风险的转移：卖方完成进口清关，将装在运输工具上的货物（不用卸载）交给买方。DDP 责任与费用的划分见表 2-1-11。

表 2-1-11　DDP 责任与费用的划分

出口清关	运输费用	保险费用	进口清关
卖方	卖方	卖方	卖方

适用于任何运输方式或联运，与 DAP 一样，货物运输到指定目的地后（卖方不用卸货），即完成交货并发生风险转移，但卖方需要负责进口清关，DDP 是国际贸易中对卖方责任和风险最高的条款。

案例 2-1-6：某俄罗斯客户向东北地区某出口商订购一批产品，在 DAP 术语下走铁路运输到俄罗斯某地，货物到站并卸下后，买方发现卖方未支付卸货费用，且出现货物数量短装的情况，买方便通知卖方，要求在货款中扣除卸货费用和短装金额，卖方出示一系列单据证明自己按量交货，怀疑是运输途中货物被盗窃，拒绝买方扣钱的要求，并让买方自行向运输公司索赔。

案例 2-1-6 分析：

（1）买方要求卖方支付卸货费，是否合理？

不合理，因为在 DAP 术语下，卖方没有卸货的责任，由买方承担卸货费用。

（2）运输途中的货物盗窃应该由谁向运输公司索赔？

应由卖方向运输公司索赔，因为在 DAP 术语下，只有当货物到达指定目的地时，才发生风险转移，货物在运输途中的损失，仍然属于卖方的风险。

（3）延伸问题，如果在 CIF 术语下，海运过程中的货物损失，由谁索赔？

CIF 中的保险是卖方帮买方代买的，但海运风险还是买方的，如果在海运中货物损失是由买方索赔。

（4）如果是 DPU 或 DDP 术语下呢？

在 DPU 下，卖方要卸货；在 DDP 下，卖方不需要卸货；在 D 组术语（DAP、DPU、DDP）下，运输途中的风险都由卖方承担。

三、各贸易术语风险及费用划分（图 2-1-1）

案例 2-1-7：We have a new shipment from Nansha to Japan by sea. what is CIP？If the tradeterm is CIP Sapporo，which of the following expenses shall be covered by us？我们有一批新的货物从南沙出口到日本通过海运。什么是 CIP？如果贸易术语是 CIP 札幌，以下哪些费用应由我们承担？

—The inland freight to the port of loading 到装载港的内陆货运费

—Export customs clearance fee 出口清关费

—Charges at port of loading 装载港费用

—Ocean freight to Japan 到日本的运费

—Insurance 保险费

—Charges at port of discharge 卸货港费用

—Import customs clearance fee 进口清关费

—Import taxes 进口税

—Delivery fee to designated location 指定地点的送货费

OEC GROUP Incoterms 2020 Rules	Any Transport Mode		Sea/Inland Water Way Transport				Any Transport Mode				
	EXW	FCA	FAS	FOB	CFR	CIF	CPT	CIP	DAP	DPU	DDP
	Ex Works	Free Carrier	Free Alongside Ship	Free On Board	Cost & Freight	Cost Insurance & Freight	Carriage Paid to	Carriage Insurance Paid to	Delivered at Place	Delivered at Place Unloaded	Delivered Duty Paid
Packaging	Buyer or Seller	Seller	Seller	Seller	Seller	Seller	Seller	Seller	Seller	Seller	Seller
Loading Charges	Buyer	*Seller	Seller	Seller	Seller	Seller	Seller	Seller	Seller	Seller	Seller
Delivery to Port/Place	Buyer	Seller	Seller	Seller	Seller	Seller	Seller	Seller	Seller	Seller	Seller
Export Duty & Taxes	Buyer	Seller	Seller	Seller	Seller	Seller	Seller	Seller	Seller	Seller	Seller
Origin Terminal Charges	Buyer	Buyer	Seller	Seller	Seller	Seller	Seller	Seller	Seller	Seller	Seller
Loading on Carriage	Buyer	Buyer	Buyer	Seller	Seller	Seller	Seller	Seller	Seller	Seller	Seller
Carriage Charges	Buyer	Buyer	Buyer	Buyer	Seller	Seller	Seller	Seller	Seller	Seller	Seller
Insurance						Seller "Free of Particular Average"		Seller "All Risks"			
Destination terminal Charges	Buyer	Buyer	Buyer	Buyer	Buyer	Buyer	Seller	Seller	Seller	Seller	Seller
Delivery to Destination	Buyer	Buyer	Buyer	Buyer	Buyer	Buyer	Buyer	Buyer	Seller	Seller	Seller
Unloading at Destination	Buyer	Buyer	Buyer	Buyer	Buyer	Buyer	Buyer	Buyer	Buyer	* Seller	Buyer
Import Duty& Taxes	Buyer	Buyer	Buyer	Buyer	Buyer	Buyer	Buyer	Buyer	Buyer	Buyer	Seller

图 2-1-1　各贸易术语风险及费用划分

案例 2-1-7 分析：

（1）贸易术语 CIP：Carriage，Insurance Paid to named place of destination 运费保险费付至指定目的地。

（2）本案例中的 CIP Sapporo，Sapporo 为内陆城市，所以货物到达卸货港后，还要负责卸货港费用，并承担送到指定的目的地送货费。本案例中卖方承担的费用如下：

—The inland freight to the port of loading 到装载港的内陆货运费

—Export customs clearance fee 出口清关费

—Charges at port of loading 装载港费用

—Ocean freight to Japan 到日本的运费

—Insurance 保险费

—Charges at port of discharge 卸货港费用

—Delivery fee to designated location 指定地点的送货费

任务实施

什么是 DDP？什么是 DPU？

（1）DDP = Delivered Duty Paid（. . . named place of destination）完税后交货（指定目的地）。该术语适用于任何运输方式，也适用于多式联运。

该术语由卖方完成进口清关，将装在运输工具上的货物（不用卸载）在指定地点（买方所在地的指定地点）交给买方，即完成交货并发生风险转移。

DDP 是国际贸易中对卖方责任和风险最高的条款。

（2）DPU＝Delivered at Place Unloaded （… named place of destination）卸货地交货（指定目的地）。该术语适用于任何运输方式，也适用于多式联运。

该术语由买方完成进口清关，卖方将装在运输工具上的货物（卸载后）在指定地点（买方所在地的指定地点）交给买方，即完成交货并发生风险转移。

（3）DDP 与 DPU 的区别。

①均适用于任何运输方式，也适用于多种运输方式联运。

②交货地点均在买方所在地的指定地点。

③DDP 由卖方负责进口清关，卖方不卸货；DPU 由买方负责进口清关，卖方卸货。

任务测试　　参考答案

任务评价

任务评价见表 2-1-12。

表 2-1-12　贸易术语任务评价

序号	考核项目	考核内容	分值	自我评价	小组评价	教师评价	得分
1	知识测试	单选题	10				
		多选题	10				
		填空题	20				
2	技能训练	能正确解释贸易术语	20				
		能正确划分贸易术语的责任、风险与费用	20				
3	职业素养	沟通交流	10				
		展示表达	10				

备注：得分＝自我评价 20%＋小组评价 40%＋教师评价 40%。

任务二　运输方式

知识目标

（1）知晓海运、空运运输及其特点、优劣势等。

（2）熟悉海运、空运运输的货物种类。

能力目标

能选用恰当的运输方式。

素质目标

（1）培养学生的服务意识与沟通能力。

（2）在学习中欧班列过程中，通过中国路桥建设，了解中国的伟大成就，增强民族自豪感。

任务描述

森大国际货运公司主要从事国际海运、空运、FBA物流、进口清关、进口拆箱等物流运输服务，包括订舱、中转、仓储、集装箱拆装、拼装、报关、保险、拖车等多式联运服务及代理进出口业务。

客户有一批玩具，计划从中国广州运到德国法兰克福，请问有哪些运输方式可以选择？每种运输方式的优劣势是什么？

任务分析

要完成该任务，必须知晓掌握海运、空运运输的特点、优劣势及适用的货物。

任务学习

国际贸易中常用的运输方式有海运、空运、铁路、公路和多式联运。

运输方式的
选择

一、国际海洋运输（海运）

国际海洋运输是指以船舶作为运载工具，将货物经海路由一国港口运送至另一国港口的一种运输方式（图2-2-1）。

优势：运量大、费用低、航道四通八达。

劣势：速度慢，航行风险大、航行日期不易确定。

适用：低附加值、对时效要求比较低、重量比较大的货物。

图2-2-1　国际海洋运输（海运）

（一）经营方式

国际海洋运输常见的经营方式有班轮运输与租船运输。

1. 班轮运输

船舶沿固定的航线，经固定的港口，按事先公布的固定船期运输货物，按事先公布的费率收取运费的船舶运输方式（图2-2-2）。

主要运输小额贸易货物，现在多以集装箱作为运输单元，提单是主要的运输单证。

图 2-2-2　班轮运输

2. 租船运输

租船运输没有预定的船期表、航线、港口，船舶按租船人和船东双方签订的租船合同规定的条款完成运输服务（图 2-2-3）。根据协议，船东将船舶出租给租船人使用，完成特定的货运任务，并按商定运价收取运费。

主要运输低价值的大宗货物，如煤炭、矿砂、粮食、化肥、水泥、木材、石油等。

图 2-2-3　租船运输

（二）货物

海运适合运输大批量的货物，一艘船就可以装几万吨甚至几十万吨，绝大多数货物主要通过海运运输，海运运输占了全球贸易量的 80% 以上。海运主要运输的货物品种包括原材料、矿产、钢铁、粮食、原油等。

二、国际航空运输（空运）

国际航空运输是指在具有航空线路和飞机场的条件下，利用飞机作为运输工具进行货物运输的一种运输方式（图 2-2-4）。

（一）经营方式

国际航空运输的经营方式有班机运输、包机运输、集中托运、航空快递业务。

（1）班机运输（Scheduled Airline）是指具有固定开航时间、航线和停靠航站的飞机（图 2-2-5）。通常为客货混合型飞机，货舱容量较小，运价较贵，由于航期固定，不利于客户安排鲜活商品或急需商品的运送。

（2）包机运输（Chartered Carrier）是指航空公司按照约定的条件和费率，将整架飞机租给一个或若干个包机人（包机人指发货人或航空货运代理公司），从一个或几个航空站装运货物至指定目的地（图2-2-6）。包机运输适用于大宗货物运输，费率低于班机，但运输时间比班机运输长一些。

优势：速度快（空运是所有运输方式中速度最快的一种）、安全性高。
劣势：价格昂贵（与它的速度一样，在国际贸易中价格最高）、飞行受气候条件限制。

图 2-2-4 国际航空运输（空运）

图 2-2-5 班机运输

图 2-2-6 包机运输

（3）集中托运（Consolidation）可以采用班机运输或包机运输方式，是指航空货运代理公司将若干批单独发往同一方向的货物集中成一批向航空公司办理托运，填写一份总运单送至同一目的地，然后由其委托当地的代理人负责分发给各个实际收货人（图2-2-7）。这种托运方式，可降低运费，是航空货运代理的主要业务之一。

（4）航空快递业务（Air Express Service）是由快递公司与航空公司合作向货主提供的快递服务，其业务包括由快速公司派专人从发货人处提取货物后以最快航班将货物出运，飞抵目的地后，由专人接机，办妥进关手续后直接送达收货人，被称为"桌到桌运输"（Desk to Desk Serice）（图2-2-8）。这是一种最为快捷的运输方式，特别适用于各种迫切需要的物品。

图 2-2-7 集中托运

图 2-2-8 航空快递

（二）货物

航空运输的货物主要是高附加值、深加工、技术密集型、急需的物品和鲜活食品等。航空运输中的货品，根据其运输性质可分为以下三类。

1. 禁止运输的物品（图 2-2-9）

图 2-2-9　禁止运输的物品（示例）

由于空运对安全性要求极高，因此世界各国相继出台各项法律法规，规定了相关的空运禁运物品，主要目的是为了确保飞行器的运输安全。

禁止运输的物品一部分主要是国家规定的禁运品（表 2-2-1），如中国禁止出境的物品。另一部分禁止运输的物品还包括承运人规定不予运输的货物（表 2-2-2），如中国国内航班不予载运的危险品和带有传染性的物品等。

表 2-2-1　中国禁止出境的物品

序号	中国禁止出境的物品分类
1	各种烈性毒药
2	伪造的货币及伪造的有价证券
3	珍贵文物及其他禁止出境的文物
4	各种武器、仿真武器、弹药及爆炸物品
5	带有危险性病菌、害虫及其他有害生物的动物、植物及其产品
6	濒危的和珍贵的动物、植物（均含标本）及其种子和繁殖材料
7	鸦片、吗啡、海洛因、大麻以及其他能使人成瘾的麻醉品、精神药物
8	有碍人畜健康的、来自疫区的以及其他能传播疾病的食品、药品或其他物品
9	内容涉及国家秘密的手稿、印刷品、胶卷、照片、唱片、影片、录音带、录像带、激光视盘、计算机存储介质及其他物品

表 2-2-2　航空运输违法禁寄物品

序号	航空运输违法禁寄物品分类
1	爆炸品：如雷管、炸药、火药、鞭炮、烟花爆竹、起爆引信等
2	氧化剂和有机过氧化物：如高锰酸钾
3	毒性和传染性物品：如农药、锂电池、催泪弹等
4	放射性物质：如铀、钴、镭、钚等
5	腐蚀品：如蓄电池、火硫酸、盐酸、有机溶剂、农药、双氧水、危险化学品和碱性的电池液等

序号	航空运输违法禁寄物品分类
6	气体：如压缩气体、灭火器、蓄气筒（无排放装置，不能再充气的）、救生器（可自动膨胀的）等
7	易燃液体：如油漆、汽油、酒精类、机油、樟脑油、发动机起动液、天拿水（香蕉水）、胶水、香水等
8	易燃固体：自燃物质，遇水释放易燃气体的物质，如活性炭、钛粉、椰肉干、蓖麻制品、橡胶碎屑、安全火柴（盒擦的或片擦的）、干燥的白磷、干燥的黄磷、镁粉等
9	未加消磁防护包装的磁铁、磁钢等含强磁的制品等
10	任何药品，有些特殊的药品如粉末药品等
11	包装不妥，可能危害人身安全、污染或者损毁其他寄递件、设备的物品等
12	各种妨害公共卫生的物品：如尸骨、动物器官、肢体、未经硝制的兽皮、未经药制的兽骨等

表 2-2-1 和表 2-2-2 中的物品是国家法律禁止的空运禁运物品、航空公司禁止的禁运物品，一旦被海关查出，将一律予以处罚没收。

2. 限制运输的物品（特种货物）（图 2-2-10）

限制运输的物品，也称特种货物，即政府法律、法令规定只有符合限制条件才准许运输的货物。

限制运输物品中包含了我们常见的：麻醉药品、各种电池、电子产品、食品、药品、土特产、液体、护肤品、日化产品、宠物、骨灰、灵柩、生鲜产品、贵重物品等。运输这类货物的利润空间较大，因此，越来越受航空公司的重视。

鲜活易腐物
货代业务

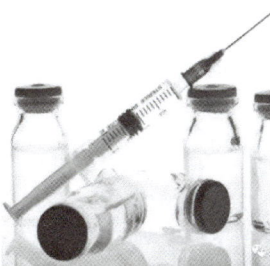

这些货品在办理空运时就要注意根据相关规定，提前申报并办理特定的手续，包装也要按照相关规定进行特殊处理，运输也要严格遵守每一类特种货物（分为鲜活易腐物、活动物、危险品、贵重物品、超大超重货物）的规定。符合规定才准许运输。通常需要查询有关国家对特种货物的特殊规定和承运人对特殊货物的特殊规定，可查询 TACT（The Air Cargo Tariff，空运货物运价表）规则。

图 2-2-10　限制运输的货物（示例）

3. 可以运输的物品（普通货物）（图 2-2-11）

可以运输的物品，就是除了上述危险品、违禁品、限制运输物品之外的其他货物，统称普通货物。普货运输，基本不受限制，只要包装符合标准即可运输。空运中最常见的货物，业务量也是最大的。常见的衣服、鞋子等衣物用品，窗帘、地毯等纺织品，手机壳、水杯、书籍、文具等。

图 2-2-11 可以运输的货物（示例）

（1）普通货物运输要求：符合国家法律、法规和有关规定运输的物品，货物规格不超过（长 147 cm×宽 114 cm×高 86 cm），单件不超过 120 kg 的货物。

（2）普通货物包装要求：货物包装坚固、完好、轻便。在一般运输过程中能防止包装破裂，内件漏出散失；不因堆码、磨擦、震荡或因气压、气温变化而引起货物损坏或变质、损伤人员或污染飞机、设备及其他物品，包装的形状除应适合货物的性质、状态和重量外，还要便于搬运、装卸和堆放，便于计算数量；包装外部不能突出的棱角及钉、钩、刺等；包装要清洁、干燥，没有异味、油腻和污染等。

三、国际铁路运输（铁路）

国际铁路运输是利用铁路运输的方式进行的进出口货物或物品运输，包括铁路集装箱/罐运输、铁路散杂货运输等（整车、零担、集装箱）（图 2-2-12）。国际铁路运输是在国际贸易中仅次于海运的一种主要运输方式，其安全系数较高，速度较海运要快，比空运速度慢，运输成本性价比高。

目前，我国已经建有多条跨国铁路，对于周边国家进出口贸易来说，我国铁路运输的优势明显。

优势：运送能力强、不受气候影响、能保证运行的经常性和持续性、安全，准时。

劣势：投入、维护成本比较高；存在轨距差异。

图 2-2-12 国际铁路运输（铁路）

（一）经营方式

我国的国际铁路运输大致上分为两种，第一种是国际铁路联运；另一种是对港澳地区的铁路运输。

1. 国际铁路联运

国际铁路联运是指发货人由始发站托运，使用一份铁路运单，铁路方面便根据运单将货物运往终点站交给收货人的运输方式。在由一国铁路向另一国铁路移交货物时，不需要收、发货人参加，且途经各国按国际条约承担国际铁路联运的义务。

案例 2-2-1：中欧班列

中欧班列（英文名称：CHINA RAILWAY Express，缩写：CR Express）是由中国铁路总公司组织，按照固定车次、线路、班期和全程运行时刻开行，运行于中国与欧洲，以及"一带一路"沿线国家间的集装箱等铁路国际联运列车，也是深化我国与沿线各国经贸合作的重要载体和推进"一带一路"建设的重要抓手。

中欧班列

目前，中欧班列有西、中、东三条通道：

（1）西通道。第一条是由新疆阿拉山口（霍尔果斯）口岸出境，经哈萨克斯坦与俄罗斯西伯利亚铁路相连，途经白俄罗斯、波兰、德国等，通达欧洲其他各国。第二条是由霍尔果斯（阿拉山口）口岸出境，经哈萨克斯坦、土库曼斯坦、伊朗、土耳其等国，通达欧洲各国；或经哈萨克斯坦跨里海，进入阿塞拜疆、格鲁吉亚、保加利亚等国，通达欧洲各国。第三条是由吐尔尕特（伊尔克什坦）与中吉铁路等相连，通向吉尔吉斯斯坦、乌兹别克斯坦、土库曼斯坦、伊朗、土耳其等国，通达欧洲各国。

（2）中通道。由内蒙古二连浩特口岸出境，途经蒙古国与俄罗斯西伯利亚铁路相连，通达欧洲各国。

（3）东通道。由内蒙古满洲里（黑龙江绥芬河）口岸出境，接入俄罗斯西伯利亚铁路，通达欧洲各国。

中欧班列是中国开往欧洲的快速货物班列，适合装运集装箱的货运编组列车。目前中欧班列部分线路见表 2-2-3。

表 2-2-3　目前中欧班列部分线路

序号	线路	始发站—途径地—终点站	里程	时间
1	重庆—杜伊斯堡	重庆团结村站始发，由阿拉山口出境，途经哈萨克、俄罗斯、白俄罗斯、波兰至德国杜伊斯堡站	约 11 000 km	约 15 天
2	成都—罗兹	成都城厢站始发，由阿拉山口出境，途经哈萨克斯坦、俄罗斯、白俄罗斯，至波兰罗兹站	约 9 965 km	约 14 天
3	郑州—汉堡	郑州圃田站始发，由阿拉山口出境，途经哈萨克斯坦、俄罗斯、白俄罗斯、波兰至德国汉堡站	约 10 245 km	约 15 天
4	苏州—华沙	苏州始发，由满洲里出境，途经俄罗斯、白俄罗斯至波兰华沙站	约 11 200 km	约 15 天
5	武汉—捷克、波兰	武汉吴家山站始发，经由阿拉山口出境，途经哈萨克斯坦、俄罗斯、白俄罗斯到达波兰、捷克	约 10 700 km	约 15 天
6	长沙—杜伊斯堡	长沙站出发，经新疆阿拉山口出境，途经哈萨克斯坦、俄罗斯、白俄罗斯、波兰至德国杜伊斯堡站	约 11 808 km	约 18 天

续表

序号	线路	始发站—途径地—终点站	里程	时间
7	义乌—马德里	义乌铁路西站始发，经新疆阿拉山口口岸出境，途经哈萨克斯坦、俄罗斯、白俄罗斯、波兰、德国、法国至西班牙马德里站	全程 13 052 km	约 21 天
8	哈尔滨—汉堡	哈尔滨始发，经满洲里、俄罗斯贝加尔到赤塔，转入西伯利亚大铁路，经俄罗斯的叶卡捷琳堡和莫斯科到波兰的马拉舍维奇至终点德国汉堡	约 9 820 km	约 13 天
9	兰州—汉堡	兰州始发，经新疆阿拉山口出境，途经哈萨克斯坦、俄罗斯、白俄罗斯和波兰后到达德国汉堡	约 8 027 km	约 15 天
10	保定—明斯克	保定始发，满洲里出境，途经俄罗斯，最后抵达白俄罗斯明斯克	约 9 500 km	约 13 天
11	广州—莫斯科	广州大朗站始发，由经满洲里出境，直达俄罗斯莫斯科	约 11 500 km	约 15 天
12	青岛—莫斯科	青岛多式联运海关监管中心出发，经满洲里口岸出境，直达俄罗斯莫斯科	约 7 900 km	约 22 天
13	长春—汉堡	长春国际港始发，经满洲里出境发往德国汉堡，途经俄罗斯、白俄罗斯、波兰、比利时、德国汉堡	约 9 000 km	约 14 天
14	唐山—比利时	唐山港京唐港区始发，经北京、呼和浩特、包头、哈密、乌鲁木齐，由阿拉山口出境，途经哈萨克斯坦、俄罗斯、白俄罗斯、波兰、德国，到达比利时安特卫普	约 11 000 km	约 16 天
15	武汉—德国汉堡	湖北襄阳北站始发，在武汉临空港加挂汉欧班列，经阿拉山口出关，驶往德国汉堡	约 12 000 km	约 18 天
16	合肥—德国汉堡	合肥北站始发，自新疆阿拉山口出境，途经哈萨克斯坦、俄罗斯、白俄罗斯、波兰到达德国汉堡	约 11 000 km	约 15 天
17	义乌—列日	义乌始发，途经哈萨克斯坦、俄罗斯、白俄罗斯、波兰和德国，最后到达比利时列日，运行 17 天。	约 10 000 km	约 17 天
18	西安—华沙	西安始发，从阿拉山口出境，途经哈萨克斯坦、俄罗斯、白俄罗斯，最终抵达波兰华沙	约 9 048 km	约 12 天
19	上海—德国汉堡	上海始发，从阿拉山口出境，途经波兰，最终抵达德国汉堡	约 11 000 km	约 15 天

2. 对港澳地区的铁路运输

对港澳地区的铁路运输按国内运输办理，但又不同于一般的国内运输。货物由内地装车至深圳中转和香港卸车交货，为两票联运，由货运公司签发"货物承运收据"。京九铁路和沪港直达通车后，内地至香港的运输更为快捷，由于香港特别行政区系自由港，货物在内地和香港间进出时，需办理进出口报关手续。对于澳门地区的铁路运输，则是先将货物运抵广州南站再转船运至澳门。

（二）货物

铁路运输一般适合大宗的价格比较便宜的货物的运输。随着经济的发展，铁路运输的产品也在不断扩张，常见的有以下几类。

（1）运费的负担力比较小、货物的批量比较大、运输距离比较长的货物。

（2）大量的货物，需要一次高效率运输的货物。

（3）大宗而价值又低的货物，运输距离属于中、长途的货物。

（4）散装、罐装的货物。

四、公路运输（图2-2-13）

公路运输是指在公路运送货物的运输方式，是交通运输系统的组成部分之一。

图 2-2-13　公路运输

1. 优势

（1）公路运输可以将两种或多种运输方式衔接起来，实现多种运输方式联合运输，实现"门到门"服务。尤其是集装箱货物，由交货点通过公路运到港口装船，或者由船运到港口卸货后，由公路运输到指定地点交货。

（2）公路运输也可以独立完成进出口货物运输的全过程。公路运输是欧洲大陆国家之间进出口货物运输最重要的方式之一。我国的边境贸易运输、港澳货物运输中有相当一部分是靠公路运输独立完成的。

2. 劣势

适合短途运输，运量小，运输成本较高。

（一）经营方式

公路运输常见的方式有整车货物运输、零担货物运输、集装箱货物运输。

1. 整车货物运输

整车货物运输指托运人租用一台或若干台汽车来运输整车货物（Full Truck Load，FTL）的运输方式，是一种最为常用的运输方式。整车货物运输是国际货物公路运输的主要方式之一。

2. 零担货物运输

零担货物（Less than Truck Load，LTL）是指托运人托运的货物数量不足一辆车，需要与其他托运人拼一辆车托运货物。零担货物运输最为简便和灵活，是货物集散运输的主要方式之一，已经成为集港和疏港中必不可少的环节。

3. 集装箱货物运输

集装箱货物运输是指以标准集装箱为运输对象的货物运输，一般采用标准集装箱拖车进行运输。通过标准集装箱的使用，将铁路、航空、海洋和公路运输有效地联合起来，实现了国际货物运输的快速、便捷和高效。集装箱货物运输是国际多式联运中必不可少的环节。

案例 2-2-2：TIR（图 2-2-14）

TIR 即为《国际公路运输公约》，TIR 系统是建立在联合国公约基础上的国际跨境货物运输领域的全球性海关便利通关系统，目前在全球有 73 个缔约国，其中大多数位于丝绸之路经济带沿线重要地区。

为了推进"一带一路"建设，我国于 2016 年 7 月 5 日正式加入 TIR（应用此公约的跨境公路运输称为 TIR 运输），2018 年 5 月公约正式在中国落地实施。

2019 年 5 月，我国海关总署宣布将全面实施《TIR 公约》。获得 TIR 运输资质的企业，可以凭一张单据就在同样实施 TIR 公约的 60 多个国家间畅通无阻，只需要接受始发地和目的地国家的海关检查，途经国一般情况下不再开箱查验。

TIR公约提高了我国与"一带一路"沿线各国海关的监管互认、执法互助水平，促进我国与"一带一路"沿线国家的贸易往来。

图 2-2-14　TIR 公约

（二）货物

公路运输一般适合量小、短程短的货物。从货物性质分类，可以分为普通货物和特种货物。

1. 普通货物

普通货物是对运输过程和方式没有特殊要求的货物，是公路运输货物中的主要货物。

2. 特种货物

特种货物是对运输过程和方式有特殊要求的货物运输，如冷藏、恒温、通风等。常见特种货物主要包括以下四类。

危险品
货代业务

（1）危险物品：具有易燃、易爆、易污染环境、易腐蚀和具有放射性的特殊货物，这类货物只能采取相应的特种车辆运输。

（2）大件货物：超长或超重的货物，这类货物只能采用相应的特种板车运输。

（3）鲜活货物：例如冷冻品、鲜花或鲜活水产品等，这类货物一般采用冷藏车或保温车运输。

（4）贵重物品：指稀有矿产品、关键设备等，这种货物也需要使用相应的特种车辆进行运输，以保证安全。

五、国际多式联运

国际多式联运是指按照国际多式联运合同，以两种或两种以上的运输方式衔接、转运，由多式联运经营人将货物从一国境内的接管地点运至另一国境内指定交付地点的货物运输。

（一）国际多式联运特点

（1）根据多式联运的合同进行操作，运输全程中至少使用两种运输方式，而且是不同方式的连续运输。

（2）多式联运的货物主要是集装箱货物，具有集装箱运输的特点。

（3）多式联运一票到底，实行单一运费率。发货人只要订立一份合同，一次付费，一次保险，通过一张单证即可完成全程运输。

（4）多式联运是不同方式的综合组织，全程运输均是由多式联运经营人组织完成的。无论涉及几种运输方式，分为几个运输区段，由多式联运经营人对货运全程负责。

（二）国际多式联运优劣势

（1）优势：简化托运、结算和理赔手续，节省人力、物力和相关费用，以及提高货运质量、节约各种开销、提高运送管理水平，实现合理化运送。

（2）劣势：管理模式混乱，全程单一运价，必须由一个多式联运经营人对全程运输负总责。

任务实施

中国广州是港口城市，公路、铁路干线发达，有机场；德国法兰克福是内陆城市，公路、铁路干线发达，也有机场；广州到法兰克福距离约为 8 600 公里，路途较远，可选择三种运输方式（表 2-2-4）。

表 2-2-4　广州到法兰克福运输方式比较

运输方式	路线	时间	费用	优缺点
海洋运输	广州港出发，途经苏伊士运河、地中海，在德国汉堡港卸货，内陆运输到法兰克福	29~30 天	低	费用低，速度慢
航空运输	广州直飞法兰克福	3~4 天	高	费用高，速度快
铁路运输	广州内陆运输到郑州，郑州走中欧班列铁路运输到德国汉堡，再由汉堡内陆运输到法兰克福	20 天左右	中	费用适中，时间适中，通关手续较烦琐

任务测试  　参考答案

任务评价

任务评价见表2-2-5。

表 2-2-5　运输方式任务评价

序号	考核项目	考核内容	分值	自我评价	小组评价	教师评价	得分
1	知识测试	单选题	15				
		多选题	15				
		简答题	10				
2	技能训练	能选用合适运输方式	30				
		能正确表述各运输方式优劣势	10				
3	职业素养	能沟通交流	10				
		能展示表达	10				

备注：得分=自我评价20%+小组评价40%+教师评价40%。

任务三　航线港口

知识目标

知晓全球主要航线、船公司和基本港。

能力目标

能标出并绘制主要航线港口。

素质目标

在学习航线、港口过程中，通过中国路桥建设、港口建设，了解中国的伟大成就，增强民族自信心和民族自豪感。

任务描述

森大国际货运公司的主要优势航线有美加、欧洲、中南美洲、中东、非洲、东南亚等。该公司在中国各主要港口均设有分支机构为客户提供方便、快捷的一站式服务。

请思考：欧洲的基本港口有哪些？东南亚的基本港口有哪些？

任务分析

要完成该任务，必须熟悉全球基本港口。

任务学习

海运货运代理业务中，货代应做到知线、知港、知船。

一、航线知识

（一）世界主要海运航线

1. 太平洋航线

（1）远东—北美西海岸航线。

该航线包括从中国、朝鲜、日本、俄罗斯远东海港到加拿大，从美国，墨西哥等北美西海岸各港的贸易运输线。从我国的沿海地各港出发，偏南的经大隅海峡出东海；偏北的经马海峡穿日本海，或经清津海峡进入太平洋，或经宗谷海峡，穿过鄂霍茨克海进入北太平洋。

常见国际
海运航线

（2）远东—加勒比，北美东海岸航线。

该航线常经夏威夷群岛南北至巴拿马运河后到达。从我国北方沿海港口出发的船只多半经大隅海峡或经琉球奄美大岛出东海。

（3）远东—南美西海岸航线。

从我国北方沿海各港出发的船只多经琉球奄美大岛、硫黄列岛、威克岛、夏威夷群岛之南的莱恩群岛穿越赤道进入南太平洋，到达南美西海岸各港。

（4）远东—东南亚航线。

该航线是中，朝日货船去往东南亚各港，以及经马六甲海峡去印度洋，大西洋沿岸各港的主要航线。东海、台湾海峡、巴士海峡、南海是该航线船只的必经之路，航线十分繁忙。

2. 大西洋航线

（1）西北欧，北美东海岸—加勒比航线。

西北欧—加勒比航线多半出英吉利海峡后横渡北大西洋。它同北美东海岸各港出发的船舶一起，一般都经莫纳，向风海峡进入加勒比海。除去加勒比海沿岸各港外，还可经巴拿马运河到达美洲太平洋岸港口。

（2）西北欧，北美东海岸—地中海，苏伊士运河—亚太航线。

西北欧，北美东—地中海—苏伊士航线属世界最繁忙的航段，它是北美，西北欧与亚太海湾地区间贸易往来的捷径。该航线一般途经亚速尔群岛，马德拉群岛上的航站。

（3）西北欧，地中海—南美东海岸航线。

该航线一般经西非大西洋岛屿—加纳利，佛得角群岛上的航站。

（4）西北欧，北美东海—好望角，远东航线。

该航线一般是巨型油轮的油航线。佛得角群岛，加拿利群岛是过往船只停靠的主要航站。

（5）南美东海—好望角—远东航线。

这是一条以石油，矿石为主的运输线。该航线处在西风漂流海域，风浪较大。一般西航偏北行，东航偏南行。除了以上三条油运线之外印度洋其他航线还有：远东—东南亚—东非航线；远东—东南亚，地中海—西北欧航线；远东—东南亚—好望角—西非，南美航线；澳

新—地中海—西北欧航线；印度洋北部地区—欧洲航线。

3. 印度洋航线

印度洋航线以石油运输线为主，也有不少是大宗货物的过境运输。

（1）波斯湾—好望角—西欧，北美航线。

该航线主要由超级油轮经营，是世界上最主要的海上石油运输线。

（2）波斯湾—东南亚—日本航线。

该航线东经马六甲海峡（20万吨①载重吨以下船舶可行）或龙目、望加锡海峡（20万载重吨以上超级油轮可行）至日本。

（3）波斯湾—苏伊士运河—地中海—西欧，北美运输线。

该航线目前可通行载重大于30万吨级的超级油轮。

（二）中国主要海运航线

1. 近洋航线

（1）港澳线——到香港、澳门地区。

（2）新马线——到新加坡、马来西亚的巴生港（PORT KELANG）、槟城（PENANG）和马六甲（MALACCA）等港。

（3）暹罗湾线，又可称为越南、柬埔寨、泰国线——到越南海防、柬埔寨的磅逊和泰国的曼谷等港。

（4）科伦坡，孟加拉湾线——到斯里兰卡的科伦坡和缅甸的仰光、孟加拉的吉大港和印度东海岸的加尔各答等港。

（5）菲律宾线——到菲律宾的马尼拉港。

（6）印度尼西亚线——到爪哇岛的雅加达、三宝垄等。

（7）澳大利亚新西兰线——到澳大利亚的悉尼、墨尔本、布里斯班和新西兰的奥克兰、惠灵顿。

（8）巴布亚新几内亚线——到巴布亚新几内亚的莱城、莫尔兹比港等。

（9）日本线——到日本九州岛的门司和本州岛神户、大阪、名古屋、横滨和川崎等港口。

（10）韩国线——到釜山、仁川等港口。

（11）波斯湾线（又称阿拉伯湾线）——到巴基斯坦的卡拉奇、伊朗的阿巴斯、霍拉姆沙赫尔；伊拉克的巴士拉；科威特的科威特港；沙特阿拉伯的达曼。

2. 远洋航线

（1）地中海线——到地中海东部黎巴嫩的贝鲁特、的黎波里；以色列的海法、阿什杜德；叙利亚的拉塔基亚；地中海南部埃及的塞得港、亚历山大；突尼斯的突尼斯；阿尔及利亚的阿尔及尔、奥兰；地中海北部意大利的热那亚；法国的马赛；西班牙的巴塞罗那和塞浦路斯的利马索尔等港。

（2）西北欧线——到比利时的安特卫普；荷兰的鹿特丹；德国的汉堡、不来梅、法国的勒弗尔；英国的伦敦、利物浦；丹麦的哥本哈根；挪威的奥斯陆；瑞典的斯德哥尔摩和哥德堡；芬兰的赫尔辛基等。

---

① 1吨＝1 000千克。

（3）美国加拿大线——包括加拿大西海岸港口温哥华；美国西岸港口西雅图、波特兰、旧金山、洛杉矶；加拿大东岸港口蒙特利尔、多伦多；美国东岸港口纽约、波士顿、费城、巴尔的摩、波特兰和美国墨西哥湾港口的莫比尔、新奥尔良、休斯敦等港口。美国墨西哥湾各港也属美国东海岸航线。

（4）南美洲西岸线——到秘鲁的卡亚俄；智利的阿里卡、伊基克、瓦尔帕莱索、安托法加斯塔等港。

二、基本港

基本港大多数为位于中心的较大口岸，港口设备条件比较好，货载多而稳定。凡基本港口以外的港口，都称为非基本港口。

运往基本港口的货物一般均为直达运输，不用中途转船。但有时也因货量太少，船方决定中途转运，由船方自行安排，承担转船费用。按基本港口运费率收取运费，不得加收转船附加费或直航附加费，并签发直达提单。非基本港口一般除按基本港口收费外，还需另加收转船附加费；达到一定货量可以直航到达，则改为加收直航附加费。

三、全球主要船公司

1. 马士基（MSK）

全称：MAERSK SHIPPING CO.，LTD，马士基航运公司

公司总部：丹麦哥本哈根

成立时间：1904 年

优势航线：FOB 货为主，CIF 主要集中在东南亚、非洲、中南美洲，以及东欧。

中国及全球主要集装箱公司

2. 地中海航运（MSC）

全称：Mediterranean Shipping Company，地中海航运公司

公司总部：瑞士日内瓦

成立时间：1970 年

优势航线：航线遍布全球，目前地中海航线走的不错，美线以及中南美走的比较多。

3. 法国达飞轮船（CMA-CGM）

全称：CMA CGM Shipping Co.，Ltd.，法国达飞轮船有限公司

公司总部：法国马赛

成立时间：1978 年

优势航线：欧地、西北非及澳洲美国线，其中相对突出的有法国线、西北非航线，特别是黑海航线，欧洲的内陆点转运费较好。

4. 中远集运（COSCO）

全称：COSCO Shipping Lines Co.，Ltd.，中远海运集装箱运输有限公司
公司总部：中国上海
成立时间：1961 年
优势航线：欧地、美线、中南美、东南亚、澳新、日本等航线都较为活跃。

5. 长荣海运（EVERGREEN）

全称：Evergreen Marine Corporation，长荣海运股份有限公司
公司总部：中国台湾
成立时间：1968 年
优势航线：欧地、美国、中南美均有优势。

6. 太平船务（PIL）

公司全称：Pacific International Lines，太平船务有限公司
公司总部：新加坡
成立时间：1967 年
优势航线：欧洲、中东、印巴、澳新、东南亚。

7. 阳明海运（YML）

全称：Yang Ming Marine Transport Corporation，台湾阳明海运集团
公司总部：中国台湾基隆
成立时间：1972 年
优势航线：欧地、美国线、中东，以及近洋线。

8. 万海航运（WHL）

公司全称：WAN HAI LINES LTD.，万海航运股份有限公司
公司总部：中国台湾
成立时间：1965 年
优势航线：欧洲基港、日本、东南亚、中东印巴。

9. 美国总统（APL）

全称：AMERICAN PRESIDENT LINES，美国总统轮船
公司总部：美国纽约
成立时间：1848 年
优势航线：中东印巴、红海、美国中南美航线。

10. 东方海外（OOCL）

公司全称：Orient Overseas Container Line，东方海外货柜运输公司

公司总部：中国香港

成立时间：1947 年

优势航线：亚洲 、欧洲、北美、地中海、印度次大陆、中东及澳洲/新西兰等地。

全球班轮公司运力 100 强排名（数据截至 2023 年 5 月 10 日）如图 2-3-1 所示。

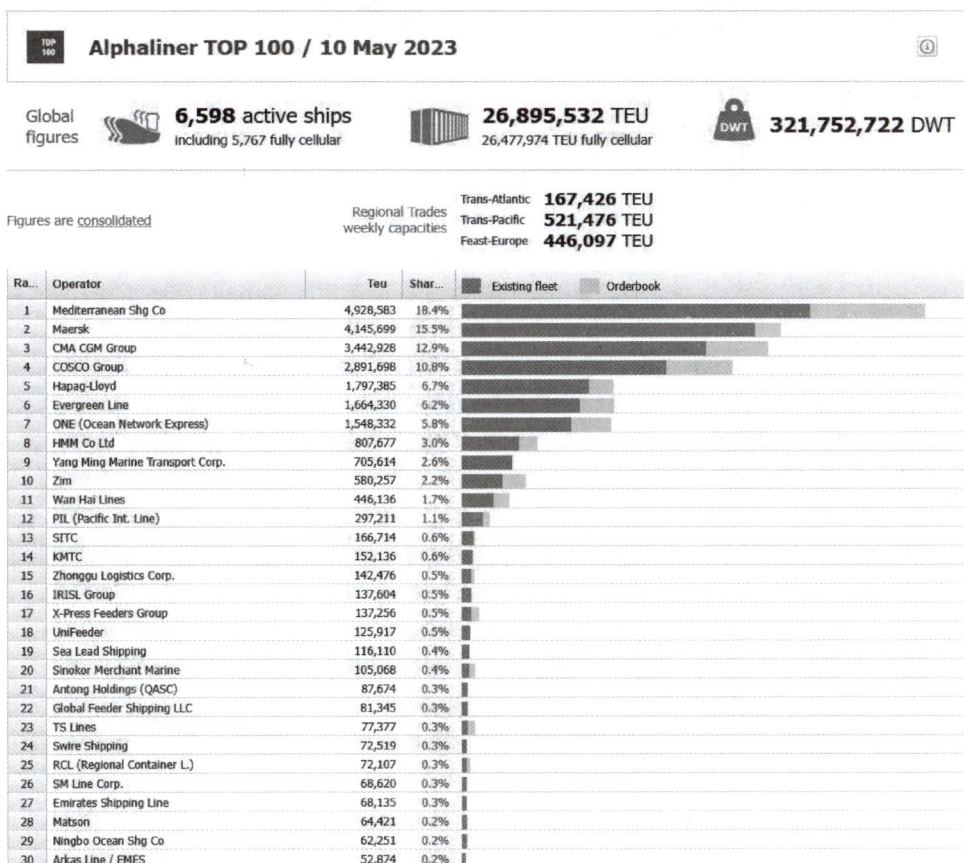

图 2-3-1　全球班轮公司运力 100 强排名

🎯 任务实施

欧洲基本港有哪些？东南亚基本港有哪些？

（1）欧洲基本港：ANTWERP（安特卫普）、HAMBURG（汉堡）、BREMEN（不来梅）、ROTTERDAM（鹿特丹）、AMSTERDAM（阿姆斯特丹）、LEHAVRE（勒阿弗尔）、FELIXSTOWE（费利克斯托）、SOUTHAMPTON（南安普顿）、LONDON（伦敦）、MANCHESTER（曼彻斯特）等。

（2）东南亚基本港：SHANGHAI（上海）、NINGBO（宁波）、SHENZHEN（深圳）、XIAMEN（厦门）、YOKOHAMA（横滨）、NAGOYA（名古屋）、OSAKA（大阪）、KOBE（神

户）TOKYO（东京）、BUSAN（釜山）、INCHON（仁川）、SEOUL（首尔）、HONGKONG（香港）、SINGAPORE（新加坡）、KEELUNG（基隆）、KAOHSIUNG（高雄）、TAICHUNG（台中）、SURABAYA（泗水）、JAKARTA（雅加达）、BELAWAN（勿拉湾）、SEMARANG（三宝垄）、HOCHIMINH（胡志明）、HAIPONG（海防）、PORTKELANG（巴生）、PENANG（槟城）、BANGKOK（曼谷）、LAEMCHABANG（林查班）等。

任务测试 　　**参考答案**

任务评价

任务评价见表2-3-1。

表2-3-1　航线港口任务评价

序号	考核项目	考核内容	分值	自我评价	小组评价	教师评价	得分
1	知识测试	简答题	10				
2	技能训练	能正确标识基本港	60				
		能正确绘制航线	10				
3	职业素养	能沟通交流	10				
		能展示表达	10				

备注：得分＝自我评价20%＋小组评价40%＋教师评价40%。

项目三

国际海运货运代理业务

素质拓展

敢为天下先的货代人物
——货代风云人物许振超

党的二十大报告把"务必敢于斗争、善于斗争"作为"三个务必"中的一个重要内容提出来，就是要激励全党、全社会发扬斗争精神，增强斗争本领，依靠顽强斗争，开创事业发展新局面。

2017 年岁末，习近平总书记在接见驻外使节工作会议上发表讲话，提出"中国特色社会主义进入了新时代。做好新时代外交工作，首先要深刻领会党的十九大精神，正确认识当今时代潮流和国际大势。放眼世界，我们面对的是百年未有之大变局"。百年未有之大变局这一新形势不仅代表着机遇，更代表着变化、未知和困难，为我党事业和每个行业的新发展提出了新要求、新任务和新挑战，除非拥有坚忍不拔的毅力、攻坚克难的决心，则不能面对。而今，无数党员、群众在本职岗位上践行不怕困难，敢于斗争，争创事业发展新局面的担当，货代人许振超是其中的优秀代表之一。

许振超，男，汉族，中共党员，1950 年 1 月出生，山东荣成人，青岛前湾集装箱码头有限责任公司固机高级经理，中华全国总工会原副主席（兼职），第十一届、十二届全国人大常委。先后荣获"全国劳动模范""全国优秀共产党员""改革先锋""最美奋斗者"等称号，入选 100 名改革开放杰出贡献对象、青岛市劳动模范等。

许振超本人是一名只有初中文化程度的普通码头工人，没有接受过系统地学校教育，也没有接受过专业的知识学习和技能训练。初中毕业后来到青岛港，他操作的是当时最先进的起重机械"门机"，凭借勤学苦练，7 天就学会操作，而且在一起学习的工人中第一个可以独立操作。在漫长的职业生涯中，他凭着勤奋好学、刻苦钻研，先后掌握了高压变配电、电力拖动、计算机、数字控制技术、网络通信等多学科的专业知识，创造了一系列大型机械维修、装卸工艺流程领域的成功经验，完成技术革新百余项，从一名普通的门机司机逐步成长为全国一流的港口桥吊技术能手。

他立足本职，干一行、爱一行、精一行，练就了"一钩准""一钩净""无声响操作"等绝活，模范地带出了"王啸飞燕""显新穿针""刘洋神绳"等一大批具有社会影响的工作品牌。在担任集装箱桥吊队队长时，主持编写了国内第一本港口桥吊作业手册，并被众多专业院校选为教材。

他带领团队按照"泊位、船时、单机"三大效率的标准要求，深入开展比安全质量、比效率、比管理、比作风的"四比"活动，不断提升作业效率。2003年4月27日，在"地中海法米娅"轮的装卸作业中，许振超团队创造了每小时单机效率70.3自然箱和单船效率339自然箱的世界集装箱装卸纪录。此后，他们又先后9次刷新集装箱装卸世界纪录，使"振超效率"成为港航界的一块"金字招牌"，使"10小时保班"服务品牌享誉世界航运市场，也成为中国港口领先世界的生动例证。

近年来，许振超积极响应国家节能减排的号召，组织实施了轮胎吊"油改电"技术改造，填补了这一技术的国际空白，年节约资金3 000万元以上，噪声和尾气污染降低近零。

许振超是一位学习型、创新型、充分掌握现代技能的新时期优秀产业工人。他爱岗敬业，不仅自己大胆进行技术创新，练就了高强的本领，还带出了一支"技术精、作风硬、效率高"的优秀团队，创造出世界一流的工作效率，在平凡的岗位上作出了不平凡的贡献。许振超和他的团队勇于创新，敢于开拓，带领团队积极开展科技攻关，持续破解安全生产难题，填补国际技术空白，为国家节约巨额成本。在工作中创造出"振超工作法"，为青岛港提速建设发展提供了宝贵经验。在他的激励下，全国广大青年职工掀起了立足岗位、学习技能的热潮。

许振超精神是爱岗敬业、无私奉献的主人翁精神；是艰苦奋斗、努力开拓的拼搏精神；是与时俱进、争创一流的创新精神；是团结协作、相互关爱的团队精神。其精神已经成为时代的强音，成为社会主义现代化建设的精神财富，成为实现第二个百年奋斗目标的巨大动力。

项目背景：

Alan是森大国际货运公司的海外业务员，主要负责海运货代业务，平时工作职责如下：

（1）用互联网平台，开发有海运需求的国外进口商及货运代理。

（2）有目的、计划地收集潜在客户资料，通过邮件、即时聊天工具开发客户。

（3）熟练运用英语处理海外客户的询价、报价、接单、出货。

（4）完成预定的销售目标，开发、维护及管理好客户。

2023年3月下旬，Alan接到了客户广州ABC公司的邮件。客户广州ABC公司即将有一批货物出运，希望由森大国际货运公司安排装箱、订舱、集港、报关等出口货代业务。其内容及随附的单据如下：

（1）出口商：Guangzhou ABC Packaging Co., LTD（广州ABC包装有限公司）。

（2）进口商：BBB, S. A. de C. V（BBB有限公司）。

（3）货物：空铁罐，纸箱装，65 280个，单价0.372 0美元，合计24，284.16美元。

（4）装运口岸Port of Shipment：无要求。

（5）目的口岸Port of Destination：墨西哥口岸。

（6）装运期限：2023年4月20日前。

（7）付款条件：T/T。

（8）生产国别：中国。

Alan 从接到客户广州 ABC 公司邮件开始，按照公司的海运出口货代业务流程，及时与客户沟通联系，及时跟进货物情况，保证安排货物顺利出运。

附 1：贸易合同（图 3-0-1）。

<table>
<tr><td colspan="4" align="center">Guangzhou ABC Packaging Co.,LTD</td></tr>
<tr><td colspan="4" align="center">ADDRESS: Room 888,Building 8,No.888, Fuyou Road,Licheng Street,Zengcheng District, Guangzhou city,China</td></tr>
<tr><td colspan="4" align="center">Tel/Fax: 0086 020 88888888</td></tr>
<tr><td colspan="4" align="center">合　　同
SALES　CONTRACT</td></tr>
<tr><td colspan="2"></td><td>号码
No.:</td><td>2023-BC01</td></tr>
<tr><td>买　方
Buyers:</td><td align="center">BBB, S.A. de C.V</td><td>日期
Date:</td><td>2023/4/7</td></tr>
<tr><td>地　址
Address :</td><td></td><td>签约地点:
Signed at:</td><td>GUANGZHOU</td></tr>
<tr><td colspan="4">兹经卖买双方同意由卖方出售买方购进下列货物，并按下列条款签订本合同:
This Sales Contract is made by and between the Sellers and the Buyers whereby the Sellers agree to sell and the Buyers agree to buy the under-mentioned goods according to the terms and conditions stipulated below:</td></tr>
</table>

包装 Packing	品 名 规 格 Description	数量 Quantity	单价 Unit Price	总价 Amount
纸箱	空铁罐	65 280 个	USD 0.372 0	USD（CIF） 24 284.16
TOTAL		65 280 个		24 284.16

（允许卖方在装货时溢装或短装　　%,价格按本合同所列单价计算）

（The Sellers are allowed to load　%more or less, the price shall be calculated according to the unit price)

1.装运口岸：　　　　　　　　　2.目的口岸：墨西哥
　Port of Shippment　　　　　　　Port of Destination
3.装运期限：2023/4/20前　　　　4.装运标记：
　Time of shippment　　　　　　　Shipping Mark
5.付款条件：T/T　　　　　　　　6.生产国别：中国
　Terms of Price　　　　　　　　Country of Origin

买　方　　　　　　　　　　　　卖　方
The Buyers　　　　　　　　　　The Sellers
发货人信息: 企业名称：广州ABC包装有限公司
　　　　　　 企业地址：广州市增城区荔城街府佑路888号8栋8888房
　　　　　　 企业代码：88888888MABY88NP8Q
　　　　　　 联系电话：020-88888888

图 3-0-1　附 1　贸易合同

附 2：装箱单（图 3-0-2）。

ADDRESS: Room 888,Building 8,No.888, Fuyou Road,Licheng Street,Zengcheng District, Guangzhou city,China					
Tel/Fax: 0086 020 88888888					
装　箱　单 PACKING LIST					
客户 To Messrs				发票号码 Invoice No	2023-BC01
BBB, S. A. de C. V				日期 Date	2023/4/7
唛头 Shipping Mark	件数 Packages		品名及规格 Description	数量 Quantity	毛重(公斤) Gross Weig	尺码(立方) Measurement
N/M	2 720	件	空铁罐	65 280　个	8 160	68
TOTAL	2 720	件		65 280　个	8 160	68

图 3-0-2　附 2　装箱单

附 3：发票（图 3-0-3）。

Guangzhou Mr-tin Metal Packaging Co.,LTD				
ADDRESS: Room 8888,Building 8,No.188, Fuyou Road,Licheng Street,Zengcheng District, Guangzhou city,China				
Tel/Fax: 0086 020 88888888				
		发　票 INVOICE		
客户 To Messrs			发票号码 Invoice	2023-BC01
BBB, S.A. de C.V			日期 Date:	2023/4/7
唛头 Shipping Mark	数量及品名 Quantity & Description		单价 Price	总价 Amount
			USD	USD（CIF）
N/M	空铁罐　65 280　个		0.372 0	24 284.16
TOTAL	65 280　个			24 284.16

图 3-0-3　附 3　发票

附4：森大国际货运公司海运整柜出口流程及相关信息（图3-0-4和图3-0-5）。

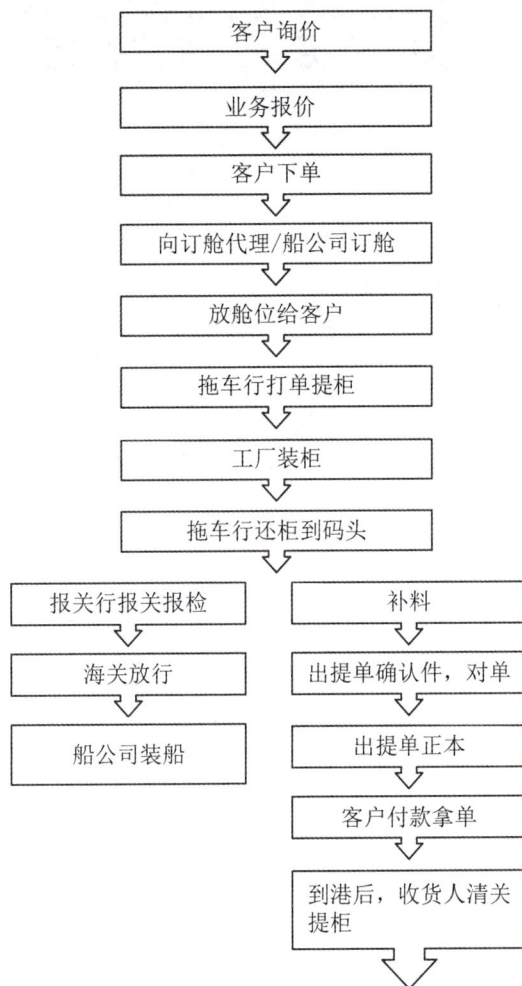

图 3-0-4　森大国际货运公司海运整柜出口流程

附4：Alan 联系信息如下：

联系人：Alan

电话：19012345678

联系邮箱：Alan@ sdaline.com

地址：佛山市禅城区五峰三路 11 号口岸大楼一楼（佛山海关对面）

公司官网：http：//www. sdaline. com/

图 3-0-5　森大国际货运公司海运整柜出口相关信息

任务一　客户咨询

知识目标

（1）熟练掌握常见客户咨询内容。
（2）掌握撰写回复邮件的格式、内容、要求等。

能力目标

（1）能根据客户咨询，及时有效与客户沟通，回答问题。
（2）能撰写回复邮件。

素质目标

在学习客户咨询中，培养学生良好的沟通、服务的能力与意识。

任务描述

Alan 收到客户的咨询邮件，内容见表 3-1-1。

表 3-1-1　咨询邮件内容

发送	发件人	Sophia@ gzabcp. com
	收件人	Alan@ sdaline. com
	抄送	
主题	海运航线咨询	
附件		

Dear Alan,
　　我公司打算海运出口一批货物至墨西哥（收货人地址：Oriente 001 No. 015, entre sur 01 y sur 05 Col Agricola Oriental, C. P. 08500, Iztacalco, Ciudad de México），不知订舱订到哪个港口（或从哪个国家做转口）？希望您能给出一些建议。
Yours faithfully,
Sophia
Guangzhou ABC Packaging Co. , LTD
Email：Sophia@ gzabcp. com
Tel：+8619012345678

任务分析

要完成该任务，除了懂得港口等专业基础知识外，还必须知晓如何撰写邮件回答客户咨询的问题。

任务学习

客户咨询是海运货运代理中最常见业务。下面分别介绍常见咨询内容及回复咨询的方式方法。

一、常见咨询内容

海运货运代理中所有的业务内容均可咨询，常见的咨询内容如下。

1. 港口航线咨询（表3-1-2）

案例3-1-1：

表3-1-2　港口航线咨询

发送	发件人	Sophia@ gzabcp.com
	收件人	Alan@ sdaline.com
	抄送	
主题	港口航线咨询	
附件		

Dear Alan,
　我公司打算海运出口一批玩具至奥地利维也纳，不知订舱订到哪个港口（或从哪个国家做转口）？希望您能给出一些建议。
Yours faithfully,
Sophia
Guangzhou ABC Packaging Co.，LTD
Email：Sophia@ gzabcp.com
Tel：+8619012345678

2. 贸易术语咨询（表3-1-3）

案例3-1-2：

表3-1-3　贸易术语咨询

发送	发件人	Sophia@ gzabcp.com
	收件人	Alan@ sdaline.com
	抄送	
主题	贸易术语咨询	
附件		

Dear Alan,
　您好!
　我公司想要出口一批毛巾到德国汉堡，海运费以及保险费都由我公司承担，请问在与进口商签订合同时应当选择哪一项国际贸易术语？
Yours faithfully,
Sophia
Guangzhou ABC Packaging Co.，LTD
Email：Sophia@ gzabcp.com
Tel：+8619012345678

3. 运输货物咨询（表3-1-4）
案例3-1-3：

表3-1-4　运输货物咨询

发送	发件人	Sophia@ gzabcp. com
	收件人	Alan@ sdaline. com
	抄送	
主题	运输货物咨询	
附件		

Dear Alan,
　我公司这次要出口一批火柴，为什么要填很多单据，这是怎么回事？之前出口货物都没有填过。
Yours faithfully,
Sophia
Guangzhou ABC Packaging Co.，LTD
Email：Sophia@ gzabcp. com
Tel：+8619012345678

4. 运输方式咨询（表3-1-5）
案例3-1-4：

表3-1-5　运输方式咨询

发送	发件人	Sophia@ gzabcp. com
	收件人	Alan@ sdaline. com
	抄送	
主题	运输方式咨询	
附件		

Dear Alan,
　我们有一批玩具，打算从中国广州运到德国法兰克福，请问有哪些运输方式可以选择，每种方式的优劣势是什么？期待您的回复，谢谢。
Yours faithfully,
Sophia
Guangzhou ABC Packaging Co.，LTD
Email：Sophia@ gzabcp. com
Tel：+8619012345678

5. 报价咨询（表3-1-6）
案例3-1-5：

表3-1-6　报价咨询

发送	发件人	Sophia@ gzabcp. com
	收件人	Alan@ sdaline. com
	抄送	
主题	报价咨询	
附件		

续表

Dear Alan,

　　We have an urgent shipment（2×40HC）to ship in Sep. 我们有一个紧急货物（2 个 40HC）需要在 9 月出运。

　　All door to port service needs you handle and issue original BL. 所有门到港服务都需要您处理并签发原始 BL。

　　Pls. quote FCL CIF rate（keep two decimals）from Shenzhen to HAIPHONG, VN by sea within today with breakdown.

　　请报整箱 CIF 价（保留两位小数），从深圳到越南海防，海运，今天内，明细价。

Yours faithfully,

Sophia

Guangzhou ABC Packaging Co., LTD

Email：Sophia@ gzabcp. com

Tel：+8619012345678

二、邮件

客户咨询业务的方式方法有很多种，电子邮件、面谈、电话、QQ 等方式均可。电子邮件是货代业务中最基础、最常用的沟通工具，所有业务均可通过邮件处理。以邮件形式回复客户咨询，不仅需要专业的货代知识与技能，也需要撰写邮件的基本知识与技能。

（一）概述

（1）电子邮件是一种正式的、书面化的商务语言，是一种以文字为主的信息交互方式，主体是文字内容，辅助图片、表格、附件等，让人更关注事实。

如何撰写回复邮件

（2）电子邮件便于保存数据和追溯信息。邮件可以使所有参与方对于所讨论的论题、事实根据和结论，以及达成的共识一目了然，并能准确及时地记录事项进程与讨论内容。

（二）当事人

一封电子邮件涉及三个沟通的对象：发件人、收件人、抄送者。

1. 发件人

发件人要显示邮箱名称，建议用自己的英文名字+公司名，作为货代业务中的工作邮箱名称。如 Borton@ fjyd. com，Scott@ qcswfz. com，Alan@ sdaline. com 等。

2. 收件人

邮件的收件人是直接负责人，要对邮件响应与回复。收件人同样显示邮箱名称，同样建议用自己英文名字+公司名，如 Borton@ fjyd. com，Scott@ qcswfz. com，Alan@ sdaline. com 等。一般只有一个收件人，其他相关人员列入抄送对象。

3. 抄送者

货代业务需要依靠客户和团队相关人员完成。由此，需要抄送邮件给相关人员，可能是客户，可能是上级主管，也可能是平级同事或者下级辅助等。

（三）正文与标题

电子邮件是书面化的沟通方式，可以作为信息保存和追溯使用。由此，商业电子邮件有着诸多的要求、规则等。只是全球各国风俗不同，行为模式也不一致，各国邮件之间也存在差异。不过，在商业的世界里，商业邮件需要秉承一些共性。

1. 明确的邮件主题

要让收件人看标题就明白内容，也便于邮件保存、搜索、查阅。所以主题不可空白，也不可空洞。同时主题也不能泛长。一是不要直接把正文写在主题栏里；二是回复邮件太多次时修改主题，防止"RE：RE：RE：RE"这样叠加盖楼；三是一封邮件一个主题，不要在一个主题订单下讨论多个订单问题。

案例 3-1-6：当客户在最初的询价邮件中只写了 shipping 作为主题，那当我们回复客户报价时可适当修改主题了。例如 Re Alex：1×40 HC Shenzhen-LOS ANGELS ×××（公司名）。这样客户一眼就知道这是一封来自哪个公司的报价邮件，这便是信息传递的准确与快速性。

案例 3-1-7：订舱后的订单跟进，不建议用原始报价主题，建议加入订单号与客户号，方便双方今后检索相应订单。例如：LP2D03304K SHENZHEN-LOS ANGELS FP202204508.

2. 礼貌的称呼

在邮件正文中的开头处顶格称呼对方。常用的称呼有 Hi Mike、Dear Mike、Dear Sir 等。

3. 价值性的内容

就货代业务而言，邮件核心一定是站在客户的立场上思考问题，围绕着客户的需求与核心问题，在不断的满足需求与解决问题中，为客户提供有价值的内容。

一封优质的邮件通常具备以下有价值的内容：

（1）建设性的指导意见。

（2）针对性的解决方法。

（3）及时、详细的反馈。

（4）多维度的报价方案。

4. 简洁的正文字数

对于一般性的一两个问题的回复（异常情况处理邮件除外），邮件基本控制在一两句话，50 个单词内，不建议超过 100 个单词。用简单词汇和语句，把要描述的内容叙述清楚、表达清晰，言简意赅地传递信息。例如：明确在什么时间，完成什么工作，怎么做，有什么结果等。

案例 3-1-8：客户问提单和货运动态时，回复：Please see the B/L as attached. Vessel had departed on April 21st. ETA June 或 Here is the cargo tracking status online. 甚至更简单：Enclosed please find the B/L. ATD April 21, ETA Jun 2. 然后插入截屏信息。

5. 正式的口吻

邮件是正式的书面和商业语言，多使用恰当的语气口吻。一般情况下，注意以下情况。

（1）多用谦恭的语气以"Please"（请）、"Thank you"（谢谢）、"Could you help with…"（您可以帮忙……）之类的词汇表达友善。

（2）多用书面规范语，如 Inform, Advice 代替 Tell；Therefore 代替 So；With regarding to, As for 代替 About 等。

（3）多用肯定和积极的表述，如 Yes, Can, just, Believe 等，以强化客户的信任和好感。

案例 3-1-9：Supplier said cargo haven't been ready until next week, so we haven't book the vessel yet. 这里出现了两个 not，客户会认为你逃避责任。建议表述为：I believe we will book the vessel next week since cargo can be ready then. 这样的表述就很明确，而 believe 和 can 都是很好的正面语气强化词。

6. 签名

一定要有邮件签名，具体的信息包括姓名、职务、公司名、电话、邮箱、地址等。

三、常见咨询内容邮件回复

以邮件形式回复客户咨询，通常包含四部分内容：一是收件人，二是发件人，三是主题，四是正文；其中正文一般包含三部分，一是称呼，二是问候，三是分析或者建议。

根据海运货运代理业务常见的咨询内容可知，邮件的回复内容见表3-1-7~表3-1-11。

1. 港口航线咨询回复（表3-1-7）

案例3-1-10：

表3-1-7　港口航线咨询回复

发送	发件人	Alan@ sdaline. com
	收件人	Sophia@ gzabcp. com
	抄送	
主题	回复：港口航线咨询	
附件		

Dear Sophia,

　　您好！

　　奥地利维也纳是内陆城市，距离维也纳最近的基本港是汉堡港。建议订舱到德国的汉堡港，再内陆运输到奥地利维也纳，船期30天左右

　　船公司CMA、MAERSK、MSC等均有船期从中国基本港口到汉堡港。

Yours faithfully,

Alan

地址：佛山市禅城区五峰三路11号口岸大楼一楼（佛山海关对面）

电话：1901234567

邮箱：Alan@ sdaline. com

2. 贸易术语咨询（表3-1-8）

案例3-1-11：

表3-1-8　贸易术语咨询

发送	发件人	Alan@ sdaline. com
	收件人	Sophia@ gzabcp. com
	抄送	
主题	回复：贸易术语咨询	
附件		

Dear Sophia,

　　您好！

　　贵公司要求海运，并承担海运费以及保险费，建议CIF德国汉堡。

　　如果采用CIF德国汉堡，作为卖方的贵公司只需承担运至指定目的港的运费以及保险费（可投保最低险别），在货物装上船后，风险从卖方转移到买方，买方承担装船后货物灭失、损坏的风险，以及装船后所发生的任何额外费用。

Yours faithfully,

Alan

地址：佛山市禅城区五峰三路11号口岸大楼一楼（佛山海关对面）

电话：1901234567

邮箱：Alan@ sdaline. com

3. 运输货物咨询（表3-1-9）

案例3-1-12：

表3-1-9　运输货物咨询

发送	发件人	Alan@ sdaline. com
	收件人	Sophia@ gzabcp. com
	抄送	
主题	回复：运输货物咨询	
附件		

Dear Sophia,

您好！

火柴是易燃固体，属于危险品货物。

危险品运输要进行危险品申报，还有性能单和包包使用书，订舱时提交船公司审核。

Yours faithfully,

Alan

地址：佛山市禅城区五峰三路11号口岸大楼一楼（佛山海关对面）

电话：1901234567

邮箱：Alan@ sdaline. com

4. 运输方式咨询（表3-1-10）

案例3-1-13：

表3-1-10　运输方式咨询

发送	发件人	Sophia@ gzabcp. com
	收件人	Alan@ sdaline. com
	抄送	
主题	回复：运输方式咨询	
附件		

Dear Sophia,

中国广州是港口城市，公路、铁路干线发达，也有机场；德国法兰克福是内陆城市，公路、铁路干线发达，也有机场；广州到法兰克福距离约为8 600公里，路途较远。可选择海洋、航空、铁路3种运输方式。

运输方式	路线	时间	费用	优缺点
海洋运输	广州港出发，途径苏伊士运河、地中海，在德国汉堡港卸货，内陆运输到法兰克福	29~30 天	低	费用低，速度慢
航空运输	广州直飞法兰克福	3~4 天	高	费用高，速度快
铁路运输	广州内陆运输到郑州，郑州走中欧班列铁路运输到德国汉堡，再由汉堡内陆运输到法兰克福	20 天左右	中	费用适中，时间适中，通关手续烦琐

Yours faithfully,

Alan

地址：佛山市禅城区五峰三路11号口岸大楼一楼（佛山海关对面）

电话：1901234567

邮箱：Alan@ sdaline. com

5. 报价咨询（表3-1-11）

案例3-1-14：

表3-1-11　报价咨询

<table>
<tr><td rowspan="3">发送</td><td>发件人</td><td>Alan@ sdaline. com</td></tr>
<tr><td>收件人</td><td>Sophia@ gzabcp. com</td></tr>
<tr><td>抄送</td><td></td></tr>
<tr><td>主题</td><td colspan="2">回复：报价咨询</td></tr>
<tr><td>附件</td><td colspan="2"></td></tr>
</table>

Dear Sophia,

　　根据公司要求，明细报价（CIF 海防）如下：

1. 装运港费用：CNY

Pre-carriage Container Roundtrip 内陆运输：4 300

OTHC 码头操作费：1 350

Port Charge 港杂费：130

Seal Fee 铅封费：50

Doc of MB/L 主提单：500

Doc of HB/L 分提单：200

Customs Clearance 清关费：200

VGM Administration Fee 集装箱查重费：160

Insurance Premium 保险费：568. 33

2. 海运费：CNY

Shenzhen-Haiphong 运费：3 850

LSS：280

合计：4 300+1 350+130+50+500+200+200+160+568. 33+550×7+280＝11 588. 33 元

Yours faithfully,

Alan

地址：佛山市禅城区五峰三路 11 号口岸大楼一楼（佛山海关对面）

电话：1901234567

邮箱：Alan@ sdaline. com

四、常见邮件回复语句

（一）附件及其他

（1） We are sending the report herewith for your reference. 随函附上报告供您参考。

（2） Please find attached... 请参考附件。

（3） If there is any other service you need，please do not hesitate to contact us via email. 如果您还需要其他服务，请随时通过电话联系我。

（二）表达合作意愿

（1） Payment can be made on any basis acceptable to you. 您的任何支付方式我们都能接受。

（2） Any information you supply will be treated confidentially. 您提供的所有信息我们都会保密。

（3） We must insist on the principle of customers first. 我们必须坚持客户第一的原则。

（三）直接表达目的

（1） We wish to remind you that the deadline is approaching. 我们想提醒您截止日期快到了。

（2） I would appreciate your approval to have the meeting. Here are the details：我很高兴您

能参加会议，以下是详细情况。

（四）表达歉意

Please accept our apologies for the inconvenience caused. 给您造成的不便，我们深感抱歉。

（五）重申建议或要求

（1）Could you please let us know in your earliest convenience whether the above terms and conditions are acceptable for you? 以上条款请问您是否能接受，烦请尽早告知我们。

（2）We would be grateful if you could forward any further information about the willing of this order. 对于这笔订单，如果您能再给一些明确信息，我们将十分感激。

（六）催促

（1）As our demand/request/issue is very urgent，a quick telephone reply would be appreciated. 我们的要求/请求/问题，事情紧急，请尽快回个电话。

（2）Please give this situation your immediate attention. 请即刻关注这个情况。

（3）Please note that the closing date/deadline for the order is 18th April。So will you please complete the attached forms and return them as soon as possible.

请注意这笔订单的最后期限是 4 月 18 日，所以请您尽快填好附件表格，并尽快发给我。

（七）表达良好祝愿

（1）We hope that the matter will be settled to our mutual satisfaction. 我们希望这件事情能让双方得到一个满意的解决方案。

（2）We look forward to the opportunity of being your long-term supplier. 我们非常期望能够成为您的长期供应商。

任务实施

客户以邮件形式咨询业务，货代通常也以邮件形式回复客户咨询（表3-1-12）。

表 3-1-12　回复客户咨询

发送	发件人	Alan@ sdaline.com
	收件人	Sophia@ gzabcp.com
	抄送	
主题	回复：海运航线咨询	
附件		

Dear Sophia,
　您好！
　Iztacalco 位于墨西哥的墨西哥城，墨西哥的主要港口有 MANZANILLO（曼萨尼约）、VERACRUZ（韦拉克鲁斯）、MEXICOCITY（墨西哥城）。建议订舱到墨西哥的 MANZANILLO（曼萨尼约）、VERACRUZ（韦拉克鲁斯）、MEXICOCITY（墨西哥城）三大基本港均可。
　各大船公司 CMA、MAERSK、MSC、YML 等均有船期从中国基本港口到墨西哥基本港口。
Yours faithfully,
Alan
地址：佛山市禅城区五峰三路 11 号口岸大楼一楼（佛山海关对面）
电话：1901234567
邮箱：Alan@ sdaline.com

　　Alan 接到客户的咨询邮件后，根据客户提供的收货人信息及客户要求海运，查阅目的地 Iztacalco 伊斯塔卡尔科，位于墨西哥国家的墨西哥城，墨西哥城（西班牙文：Ciudad de México）是墨西哥国家的首都以及该国的政治、经济与文化中心，亦为世界上最大的都市之一，是内陆城市；墨西哥的主要港口有：MANZANILLO（曼萨尼约）、VERACRUZ（韦拉克鲁斯）、MEXICOCITY（墨西哥城）。

　　客户没有指定装运港和目的港（墨西哥口岸即可），可以选择三个口岸 MANZANILLO（曼萨尼约）、VERACRUZ（韦拉克鲁斯）、MEXICOCITY（墨西哥城）作为目的港；至于装运港口岸，考虑客户在广州，可以就近选择广州、深圳港港口。

任务测试 　　　　**参考答案**

任务评价

任务评价见表 3-1-13。

表 3-1-13　客户咨询任务评价

序号	考核项目	考核内容	分值	自我评价	小组评价	教师评价	得分
1	知识测试	选择题	10				
		填空题	20				
2	技能训练	撰写邮件	10				
		内容完整	30				
		引起客户兴趣	10				
3	职业素养	沟通交流	10				
		展示表达	10				

备注：得分＝自我评价 20%＋小组评价 40%＋教师评价 40%。

任务二　客户会面

知识目标

（1）掌握揽货的方法与技巧。
（2）掌握常用的英语口语等。

能力目标

能分析客户需求，有针对性地介绍公司的业务与优势，并与客户交流。

素质目标

在学习客户会面时，应培养学生良好的沟通、服务的能力与意识。

任务描述

业务员 Alan 收到主管下达任务，任务如下。

Please prepare a power point presentation for our new customer. 请准备一份 PPT 向新客户（广州 ABC 包装公司）介绍我们公司，内容包括：

（1）All kind of transportation we can offer. 我们可以提供的服务与业务。

（2）Company network/branches 公司及分公司。

（3）Organigramm（Top management/department leader）组织结构图（高层管理人员/部门主管）。

（4）Our advantage 我们的优势。

Presentation should take 10 minutes（Minimum 8 minutes）. 演示时间为 10 分钟（最少 8 分钟）。

附件：森大国际货运有限公司简介

（在项目一和项目二的背景介绍中有公司的简介，包括业务、组织框架、服务内容、优势航线等）

任务分析

要完成该任务，除了懂得国际货运代理企业等专业基础知识外，还必须知晓与客户会面方法与技巧，知晓常用的英语口语与客户交流。

任务学习

客户是货代企业的生存之本，每位货代销售的终极目标就是揽货。近两年各个行业逐渐"内卷化"，货代也不例外，价格内卷、时效内卷、服务内卷，不管怎么内卷，只有掌握了寻找客户的技巧和方法，并进行客户管理，开发、维护客户就是王道。

一、客户开发

揽货

（一）外贸 B2B 平台（图 3-2-1）

环球资源、阿里巴巴、中国制造上有很多做外贸的工厂和外贸公司，可以按照产品类别对其进行统计、筛选、电话沟通、跟进开发。

（二）外贸论坛、社区（图 3-2-2）

外贸社区，是外贸人的聚集地，也是货代人找客户的最好平台，例如福步论坛、创蓝论坛、知无不言等。在这些论坛社区找客户，一般都是采用回帖留言、签名档，或者发表一些外贸知识和技巧等方式，获得客户的关注、信任。

（三）黄页（图 3-2-3）

黄页是国际按企业性质和产品类别编排的工商企业电话号码簿，以刊登企业名称、地址、电话号码为主体内容，相当于一个城市或地区的工商企业的户口本，通过黄页，能找到各个地方的企业/公司，但是需要自己慢慢筛选，找到合适的做外贸出口的公司。找到对应的公司后，可以用天眼查找到联系方式。

（四）搜索引擎（图 3-2-4）

利用搜索引擎的方式获取自己所处区域的外贸工厂和跨境公司，带上资料、名片一家家的拜访，每周至少出去两次。

图 3-2-1 B2B 平台

图 3-2-2 外贸论坛、社区

图 3-2-3 黄页

图 3-2-4 搜索引擎

（五）展会（图 3-2-5）

对货代而言参加展会就是寻找客户的最佳时机。国内大型展会如广交会、东盟博览会等，还有一些龙头公司联合举办的同行交流会，参加展会的都是跨境企业，带上名片宣传单一一拜访。

（六）中国海关数据（图 3-2-6）

出口必经之路就是海关，海关除了能为外贸企业提供市场信息尤其是竞争对手的信息外，还能帮助货代提供客户。中国海关数据往往会提供进口港及出口港等信息，货代们可以从中发掘适合本公司航线的客户，所以，不妨试试寻找渠道获取海关数据。

图 3-2-5 展会

图 3-2-6 中国海关

（七）人脉（图3-2-7）

身边的亲人、朋友、同学有做外贸的，一定要把这层关系利用起来，通过关系介绍的货代会让外贸公司或工厂更放心，另外也可以给予客户一些奖励，让客户转介绍。

图3-2-7　人脉

二、客户管理（表3-2-1）

可以根据利润、订单量及省心程度对客户做一个分级（2×2×2＝8种类型）对客户进行分级管理。

表3-2-1　客户管理

客户级别	利润	订单量	省心程度
1	高	大	是
2	高	大	否
3	高	小	是
4	高	小	否
5	低	大	是
6	低	大	否
7	低	小	是
8	低	小	否

①一级客户：可遇而不可求；②二级客户：有一定的忠诚度；③三级客户：可以培养；④四级客户：让助理来协助接单；⑤五级客户：有助于了解市场动态；⑥六级客户：让新业务练手；⑦七级客户：交给助理去做就好了；⑧八级客户：日后可以发展为潜在客户。

三、客户会面揽货

作为货代公司业务员，需要经常与客户会面，开发新客户，维护老客户，必备一定的专业知识与良好的心理素质，以及揽货的一些技巧与方法。

（一）必备的知识与心理素质

1. 充实自己的业务知识

①操作流程的学习；②运价知识的掌握；③港口及国家的了解；④对付客户所提问题的

应变能力。

2. 了解公司业务

①了解公司优势、劣势；②了解公司在市场的地位及运作状况。

3. 调查市场

①了解同行的运价水平；②了解客户所需船东的运价、船期、全程、目的港代理等；③预见将来市场情况。

4. 调整自己的心态

①积极，乐观，向上；②做好随时被拒绝的准备；③揽货不是乞讨，客户在很多时候是需要我们帮助的；④了解尊重客户的要求，但不是要满足他的所有要求。

（二）拜访客户

1. 电话拜访

打电话是为了安排一次面谈，而不是完成某次交易。在电话中不宜讲太多，建议保留一些关键问题，与客户会面时再讨论。

2. 上门拜访

有些客户对揽货员的上门拜访并不反感，而且还表示欢迎，热情招待揽货员的到来；但也有一些客户，由于工作繁忙会拒绝揽货员。因此，为了成功地接近客户，揽货员就必须事先电话预约，做好充分准备。

（1）充分了解客户货值、工厂的饱和量、经济状况和主要需求（价格、服务、货物运送情况、货物运送速度、国外代理的服务情况）。

（2）第一次见面、第一次报价、第一次合作都非常的重要。第一次要诚意地与客户交流，建立与客户的信任关系。

（3）充分考虑客户的利益，在与公司利益不相悖的情况下，从客户的利益出发考虑方案。

（三）会面成交后的跟进

（1）在与客户达成交易后，要跟踪客户货物的具体情况（操作、文件、价格、船公司的具体服务等的情况），目的是达到客户的最大满意度。

（2）合作完成后，及时地与客户沟通，以了解还有那些地方做得不够好，发现不足和需要改进的地方。

（3）提升货代服务能力。货代公司的服务能力体现在：①拿舱位的能力，能不能给客户拿到足够的舱位；②放舱的速度；③与船公司的关系，从船公司拿 MB/L 单（船东提单）的速度；④文件的出错率，能不能给客户提供轻松、愉快的服务；⑤与拖车行的关系，能否在繁忙时间拿到拖车、是否准时、价格是否合理等。在每一个服务环节都能够体现货代公司的服务水平。

（四）常用会面英语

（1）We arrange shipments to any part of the world. 我们承揽去世界各地的货物运输。

（2）What is your specific transport requirement? 你们需要的运输条件是什么？

（3）It will cause a lot of problems in our transportation. 这将给我们的运输带来很多问题。

（4）Today let's discuss the mode of transportation of the steel we ordered. 今天我们就谈谈关

于钢材的运输方式吧。

（5）How do you usually move your machines? 你们出口机器习惯使用哪种运输方式？

（6）Transport by sea is the most important mode of transportation in the world today. 海运是目前世界上最重要的一种运输方式。

（7）Usually, it is cheaper to have the goods sent by sea than by railway. 通常，海运较陆运便宜。

（8）For such a big order, we propose to have the goods dispatched by sea. 数量如此多的货物，我们建议走海运。

（9）Because of the high cost of railway transportations, we prefer sea transportations. 因为铁路运输费用高，我们愿意走海运。

（10）Sometimes sea transport is troublesome to us. 有时海运对我们来说麻烦。

（11）Please have the goods transported by air. 请空运此批货

（12）To move the goods by railway is quicker. 铁路运输较快。

（13）We don't think it is proper to transport the goods by railway. 我们认为此货不适合铁路运输。

（14）Can you have them sent by railway? 能采用陆运方式吗？

（15）Since there is no direct vessel, we have to arrange multimodal combined transport by rail and sea. 由于没有直达船只，我们只好安排海陆联运。

（16）We'll send you two sets of the Shipped, Clean Bill of Lading. 我们将寄送两套已装运清洁提单。

（17）It's easy to cause a delay in shipment or even lose the goods completely when we arrange such combined transport. 这种联运方式货物容易丢失，也常误期。

（18）It's simpler and cheaper for both of us to arrange multimodal combined transport. 安排联运对我们双方都既简单又经济。

（19）Who will bear the extra freight charges? 多出的运费由谁负担？

（20）Freight for shipment from Shanghai to Hong Kong is to be charged to your account. 从上海到香港的运费由贵方负担。

任务实施

根据客户需求，制作一份PPT，介绍公司的业务及优势。

内容包括：我们可以提供的各种运输服务及优势；公司及分公司情况；组织结构图（高层管理人员/部门主管）等，时间控制在8~10分钟。

任务测试 　　**参考答案**

任务评价

任务评价见表 3-2-2。

表 3-2-2　客户会面任务评价

序号	考核项目	考核内容	分值	自我评价	小组评价	教师评价	得分
1	知识测试	选择题	10				
2	技能训练	PPT 制作	30				
		PPT 汇报	20				
		内容完整	10				
		引起客户兴趣	10				
3	职业素养	能沟通交流	10				
		能展示表达	10				

备注：得分＝自我评价 20%＋小组评价 40%＋教师评价 40%。

任务三　国际货运代理合同/委托书

知识目标

（1）知晓国际货运代理合同/委托书及其作用、条款、内容等。
（2）理解合同中国际货运代理的法律地位。

能力目标

能拟定国际货运代理合同/委托书，能处理国际货运代理合同/委托书纠纷。

素质目标

在学习国际货运代理合同/委托书中，培养学生勤于思考、善于总结的职业素养，增强学生细心、诚实守信的良好个人品质。

任务描述

森大国际货运公司与广州 ABC 公司初步达成合作关系，广州 ABC 公司委托森大国际货运公司安排出运货物一批（空铁罐，纸箱装，65 280 个，单价 0.372 美元，合计 24 284.16 美元）。Alan 需要拟定国际货运代理合同/委托书一份，并与客户广州 ABC 包装公司签订合同/委托书，建立业务委托关系。

任务分析

要完成该任务，必须知晓掌握国际货运代理合同/委托书。

任务学习

随着货主和货代之间的不断沟通联系，货主会委托货代安排货物出运，双方逐渐达成合作关系，签订国际货运代理合同/委托书。

一、国际货运代理合同/委托书的定义

国际货运代理合同/委托书是国际货运代理企业接受货物收货人、发货人的委托，以委托人的名义或自己的名义办理国际货物运输业务及其他相关业务，并收取服务报酬的合同。国际货运代理的业务范围很广，包括订舱、仓储、集装箱拼装拆箱、报关、报检、报验等，故委托人在货及货运代理合同中，要明确托国际货运代理人办理的业务内容，以及国际货运代理人的代理权限、代理期限等。

二、国际货运代理合同/委托书的作用

国际货运代理合同/委托书一般以书面形式签订，是国际货运代理法律关系的重要体现，是国际货运代理业务关系的明确规定，是双方权利义务的明确约定，是赔偿索赔的法律依据。

（1）签订国际货运代理合同/委托书有利于降低违约风险，进而促进社会经济的发展。国际货运代理合同/委托书以文字形式对当事人的约定进行记载，可以促使合同各方缔约者严格履行合同，降低违约风险，促使社会经济高速发展。

（2）签订国际货运代理合同/委托书有利于当事人维权。依法成立的书面合同受法律的保护，当一方当事人违约时，另一方当事人可以据此寻求法律救济。

（3）签订国际货运代理合同/委托书是当事人履行合同的依据。国际货运代理合同/委托书中关于双方权利和义务的约定，是当事人履行合同的基本依据，对合同的履行有着积极促进作用。国际货运代理合同/委托书的签订，能够有效地约束违约行为，从而最大限度地保障当事人的合法权益。

三、国际货运代理合同/委托书的内容

国际货运代理合同/委托书在书面形式中明确双方各自的权利义务，避免出现被欺诈的现象；同时，双方当事人商定合同的条款内容须具体、全面，避免因约定不明或无约定而出现不必要的麻烦。

对于国际货运代理合同/委托书内容和国际货运代理合同/委托书格式，我国没有统一要求，国际货运代理公司根据自己的需要拟定有内容和格式（国际货运代理合同/委托书样本见表3-3-1）。为便于国际货运代理人在委托权限内处理委托事务，有利于国际货运代理合同/委托书的正确履行，国际货运代理合同/委托书一般应包括表3-3-2中的内容。

表 3-3-1 国际货运代理合同/委托书样本

委托书号 Entrusting No.	提单号 B/L No.		
发货人名称地址 Shipper（Full Name and Address）		合同号 Contract No. 委托日 Entrusting Date	
收货人名称地址 Consignee（Full Name and Address）			
通知方名称地址 Notify Party（Full Name and Address）			
船名 Vessel Name	装运港 Port of Loading	目的港 Port of Destination	
唛头 Mark Number	件数与包装 No. and Kind of Packages	货物说明 Description of Goods	重量 Weight in kg	体积 Measurement in CRM
装船日期 Loading Date	可否转船 If Transshipment Allowed	可否分批 If Partial Shipment Allowed	
有效期 L/C Expiry Date	提单份数 Copies of B/L 正本 Original 副本 Copy		
运费及支付地点（Freight Payable at）			
备注：Remark O/F：（USD） Other Charger（RMB）： 清关费（CHA）： 订舱费（BOOKING FEE）：拖车费（TRAILER FEE）：		委托人签章： 电话： 传真： 联系人： 地址：	

表 3-3-2 国际货运代理合同/委托书内容

序号	项目内容	填写说明
1	合同/委托书号	货代与客户可商定编号，如果没有，可填写发票号
2	发货人名称地址	一般填写客户（货主、卖方）名称地址全称
3	收货人名称地址	一般填写买方名称地址全称
4	通知方名称地址	一般填写买方名称地址全称，如信用证（L/C）另有要求，按照信用证填写
5	件数与包装	填写货物最大包装数量及包装单位
6	货物说明	一般填写货物统称
7	重量	一般填写货物毛重，单位为 kgs（千克）
8	转船/分批	填"允许"与"不允许"
9	提单份数	一般填写 3，如信用证（L/C）另有要求，按照信用证填写
10	运费支付	填写预付还是到付
11	备注	一般填三项内容：订舱信息、海运费、杂费。海运费一般按美元收取；杂费是指货代费用，按人民币收取，清关费和订舱费按照行业惯例以每份提单为单位收取。合同/货运委托书是托运人与货代之间的契约，运费和杂费一般要在货运委托书中明确约定，以免领取提单时引起纠纷

序号	项目内容	填写说明
12	委托人签章	委托人签字盖章，表示委托合同生效
13	联系方式	委托人的联系电话，以便国际货运代理企业的业务人员与之联系

四、国际货运代理合同/委托书的履行

国际货运代理人与委托人长期的合作一般会签订书面国际货运代理合同/委托书。在国际货运代理实务操作中，出于便捷交易的原因，委托人与国际货运代理人也可以用实际行为成立合同。所以，在国际货运代理实务中，国际货运代理合同/委托书的履行是判断国际货运代理法律地位的实质性尺度。

在国际货运代理实务中，即使合同中已对国际货运代理法律地位有明确约定，如果国际货运代理在货运中实际扮演的角色，发挥的作用和实际参与程度与这种约定有所不一致的，也应以国际货运代理实际实施的行为为准。

（1）在合同的履行过程中，国际货运代理是代理人时，其义务只是遵守被代理人的指示，忠实和合理谨慎地选择承运人，辅助安排运输工作，自身并不参与运输。在业务中，国际货运代理一旦参与到货运过程中，则会被视为当事人（承运人）。

（2）在合同的履行过程中，国际货运代理占有货物（包括仓储、包装）；或是使用自己的交通工具（包括车辆、集装箱）；或是对不同货主的货物的集运，国际货运代理会被认定为当事人（承运人），承担运输中货损货差及延迟交货的责任，而不论提单上的规定如何。

（3）在合同的履行过程中，运输单据对合同具有证明作用。如果国际货运代理以自己的名义签发运输单据，并在承运人一栏中签上自己的名称，一旦货主接受了这种运输单据，在没有相反证据的情况下，应认定货主与国际货运代理的运输合同关系的存在，这时，国际货运代理所承担的应该是当事人（承运人）责任。

（4）在合同的履行过程中，国际货运代理在处理海运货运代理事务过程中以自己的名义签发提单、海运单或者其他运输单证，委托人据此主张国际货运代理企业承担承运人责任的，人民法院应予支持。因此，如国际货运代理以自己名义签发运输单证的，应当被视为缔约当事人（承运人）。

（5）在合同的履行过程中，国际货运代理收取佣金，应视为代理人；国际货运代理收取包干费用，应视为当事人（承运人）。

五、国际货运代理合同/委托书的纠纷

在国际货运代理业务中，海运货运代理合同纠纷是最常见的纠纷类型。海运货运代理合同纠纷中最常见的纠纷是国际货运代理人的法律地位与承担的责任。我国海上货运代理合同纠纷主要的法律依据为《中华人民共和国民法典》《中华人民共和国海商法》《中华人民共和国民事诉讼法》《中华人民共和国海事诉讼特别程序法》等有关法律规定，以及司法解释《最高人民法院关于审理海上货运代理纠纷案件若干问题的规定》（法释〔2020〕18 号）。

（一）国际货运代理的法律地位

根据《国际货物运输代理业管理规定实施细则（试行）（2003 年修订）》第二条第一款规定：国际货物运输代理企业可以作为进出口货物收货人、发货人的代理人，也可以作为

当事人，从事国际货运代理业务。因此，在货运代理业务中，国际货运代理的法律地位可以是代理人，也可以是当事人。

当纠纷发生时，面临的第一个问题是国际货运代理企业法律地位。国际货运代理人的法律地位，代理人还是当事人（承运人），首要考虑合同约定的权利义务，其次有无签发提单也是确定国际货运代理企业是否具有当事人（承运人）身份的主要依据，最后联动考虑国际货运代理企业取得报酬的名义和方式、开具发票的种类和收费项目。

（二）货运代理人在海上货运代理纠纷中承担责任的前提

《最高人民法院关于审理海上货运代理纠纷案件若干问题的规定》（法释〔2020〕18 号）第十条规定：委托人以货运代理企业处理海上货运代理事务给委托人造成损失为由，主张由货运代理企业承担相应赔偿责任的，人民法院应予支持，但货运代理企业证明其没有过错的除外。

也就是说，在货运代理合同纠纷中，若货运代理企业能够证明其履行代理事项无过错的，则无需对委托人的损失承担责任；若委托人能够举证证明货运代理企业因处理委托事务造成其财产损失，则需对委托人的损失承担责任。

因此，货运代理人承担责任的前提是存在过错。

案例 3-3-1：2022 年 3 月 15 日，A 公司（卖方）与国外买方签订了《销售合同》约定由 A 公司向国外买方出售针织衫一批，贸易术语为 FOB，且 A 公司应该在特定时间将货物送至指定地点后装船出运。

B 公司是受国外买方指定的货运代理人。为完成货物的出口和出运，A 公司与 B 公司签订《货运委托书》，双方约定由 B 公司代为办理出口报关、拖车，并将货物交付收货人指定的承运人，继而向 A 公司开具发票收取上述货代费用。故 A 公司与 B 公司之间存在海上货运代理合同关系。

A 公司是 FOB 贸易下的发货人即实际托运人。A 公司在《货运委托书》及后续联络中要求 B 公司交付提单。但 B 公司均拒绝向 A 公司提供提单，且擅自放货，导致货物失控。A 公司上诉法院，要求 B 公司赔偿损失。

案例 3-3-1 分析：法院认为 B 公司作为 A 公司的货运代理人，有协助 A 公司控制货物的义务，但 B 公司未向 A 公司交付提单，且擅自放货以致货物失控，最终造成原告损失，故推定 B 公司存在代理过错，应当承担赔偿责任。

可见，B 公司作为 A 公司的货运代理人，在 A 公司能够举证证明 B 公司未按照托运人的指示交付提单，且擅自放货给 A 公司造成损失的，可推定 B 公司在履行代理义务时存在过错，应赔偿 A 公司的损失。

案例 3-3-2：2022 年 10 月 31 日，C 公司与 D 公司签订了《国际货物进口代理合同》，约定 C 公司委托 D 公司就 C 公司进口再生塑料粒子办理相关业务手续，进口口岸为深圳蛇口。

合同条款约定，D 公司的代理权限包括进口清关报检等工作、仓储配送、使用 D 公司指定抬头 E 公司作为经营单位报关。

合同条款约定，D 公司根据 C 公司提供的单证及时办理通关手续，清关时效为 3~5 个工作日；同时因 C 公司需求，D 公司将该批业务分包给 E 公司作为经营单位代理进口，如因 E 公司原因导致货物退运或销毁，由此造成的直接损失由 D 公司承担连带责任。

2022 年 12 月 20 日，双方发现进口单位抬头 E 公司被锁定，无法清关，最终错过了 C 公司与其客户约定的最后交货期。E 公司作为 D 公司提供的代理进口单位，因抬头被海关锁定，导致 C 公司重新修改进口收货人抬头，并延期提货，给 C 公司造成了损失。

案例 3-3-2 分析：法院认为，D 公司是否应予赔偿，取决于 D 公司能否举证证明其履行代理事项无过错。

本案中，双方在进口代理合同中，明确约定代理事项包括使用 D 公司指定抬头 E 公司作为经营单位报关，并约定"如因 E 公司原因导致货物退运或销毁，由此造成的直接损失 D 公司承担连带责任"。

D 公司作为专业的货运代理人，应按照合同约定全面、适当地履行代理合同项下的义务，包括对 E 公司资质、经营状况等足以影响进口清关的事项尽谨慎注意义务。

D 公司虽辩称其无过错，但未能证明对其所提供的进口单位被海关锁定导致 C 公司延迟清关提货没有过错，故应承担赔偿责任。

（三）知识拓展

（1）在 FOB 情况下，一般货运代理企业由国外买方指定，而货运代理企业又接受国内卖方的委托时，货运代理企业一定要将清其与国内买卖方之间的货运代理合同关系，明确其需要按照托运人的指示履行代理义务。如果其未按照托运人的指示行事，则应认定货代企业在履行义务时存在过错。

（2）货运代理企业应该明确货运代理合同关系项下的合同主体，谨记按照托运人的指示履行货代义务，当未得到托运人明确的放货指示时，不得擅自放货。

（3）货运代理企业应该谨慎、及时履行合同约定的义务。即使在货物安全出运、相关费用结清后，货运代理企业还应当根据行业操作的实际情况，紧密跟进货物的情况。

（4）货运代理企业在业务操作中，应该有条有理，时刻明晰风险的存在；同时，货运代理企业应当注重提升员工的法律意识，规范业务操作模式。

任务实施

Alan 与客户多次沟通后（沟通协商可能是简单地见面或者聊天就可以达成合作协议，也可能是很详细地反复沟通选箱、选船期和运费构成、报价后的达成合作协议——选箱、选船期和运费构成、报价在后续任务陆续介绍），拟定货运代理合同/委托书（表 3-3-3），双方无异议后，签订合同/委托书，正式建立业务委托关系。

表 3-3-3 国际货运代理合同/委托书

委托书号 Entrusting No. 2023-BC01	提单号 B/L No.	合同号 Contract No. 2023-BC01 委托日 Entrusting Date Apr. 7, 2023
发货人名称地址 Shipper (Full Name and Address) 广州 ABC 包装公司 广州市增城区荔城街府佑路 888 号 8 栋 8888 房		
收货人名称地址 Consignee (Full Name and Address) BBB, S. A. de C. V Sur 88 No. 888 Col, Agricola Oriental C. P. 88888Deleg, Iztacaloo, Mexico D. F.		
通知方名称地址 Notify Party (Full Name and Address) Same as consignee		

续表

船名 Vessel Name	装运港 Port of Loading 深圳		目的港 Port of Destination 曼萨尼约	
唛头 Mark Number	件数与包装 No. and Kind of Packages	货物说明 Description of Goods	重量 Weight in kg	体积 Measurement in CRM
N/M	2 720 CTNS	空铁罐	8 160	68
装船日期 Loading Date	可否转船 If Transshipment Allowed		可否分批 If Partial Shipment Allowed	
2023/4/20 前	不可		不可	
货物报关、报检：委托（√）　自理（　）				
货物进港：委托（　）　自理（√）				
提单份数 Copies of B/L　3				
运费及支付地点（Freight Payable at）				
备注：Remark O/F：（USD） Other Charger：（RMB）　清关费（CHA）： 订舱费（BOOKING FEE）：拖车费（TRAILER FEE）：			委托人签章： 广州 ABC 包装公司	
			电话：020-88888888	
			传真：020-88888888	
			联系人：×××	
			地址：广州市增城区荔城街府佑路888 号 8 栋 8888 房	

Alan 与客户只就该票业务简单达成合作协议中，由于关于船公司、费用等明细暂未确定，所以装船日期及费用空白不填写。

任务测试　　**参考答案**

任务评价

任务评价见表 3-3-4。

表 3-3-4　国际货运代理合同/委托书任务评价

序号	考核项目	考核内容	分值	自我评价	小组评价	教师评价	得分
1	知识测试	选择题	10				
2	技能训练	案例分析	30				
		填制国际货运代理委托书	40				
3	职业素养	沟通交流	10				
		展示表达	10				

备注：得分＝自我评价 20%＋小组评价 40%＋教师评价 40%。

任务四　集装箱

知识目标

（1）知晓集装箱规格、类型，以及适箱货物。
（2）懂得计算集装箱数量。

能力目标

能根据货物选择合适的集装箱类型和数量。

素质目标

在学习集装箱时，培养学生科学严谨的计算能力，培养学生勤于思考、细致耐心的工作态度。

任务描述

森大国际货运公司与广州 ABC 包装公司已签订国际货运代理合同，建立业务委托关系。广州 ABC 包装公司委托森大国际货运公司安排出运货物一批（空铁罐，纸箱装，65 280 个，单价 0.372 0 美元，合计 24 284.16 美元），要求集装箱运输，装箱单如图 3-4-1 所示，集装箱规格如表 3-4-1 所示。Alan 需要代客户选择合适的集装箱类型及数量。

ADDRESS: Room 888,Building 8,No.888, Fuyou Road,Licheng Street,Zengcheng District, Guangzhou city,China					
Tel/Fax: 0086 020 88888888					
装　箱　单 PACKING LIST					
客户 To Messrs			发票号码 Invoice No	2023-BC01	
BBB, S. A. de C. V			日期		
			Date	2023/4/7	
唛头 Shipping Mark	件数 Packages	品名及规格 Description	数量 Quantity	毛重(公斤) Gross Weight	尺码(立方) Measurement
N/M	2 720 件	空铁罐	65 280 个	8 160	68
TOTAL	2 720 件		65 280 个	8 160	68

图 3-4-1　装箱单

表 3-4-1　集装箱规格

规格	长×宽×高/m	配货毛重/kg	配货体积/CBM
20GP	5.898×2.352×2.393	28 260	33.20
40GP	12.032×2.352×2.393	28 860	67.70
40HQ	12.032×2.352×2.352	28 660	76.40

任务分析

要完成该任务，必须知晓掌握集装箱及集装箱货物等知识。

任务学习

随着集装箱运输的不断发展，集装箱使用的频率越来越高。

一、集装箱

（一）集装箱定义

集装箱 container，也称"货柜"，是指具有一定强度、刚度和规格专供周转使用的大型装货容器。使用集装箱运输货物，可直接在发货人的仓库装货，运到收货人的仓库卸货，中途更换车、船等运输工具时，不用将货物从箱内取出换装，省时、省力、省耗、绿色环保。

集装箱起源

目前，集装箱已实现全球标准化，并且以此为基础逐步实现全球范围内的船舶、港口、航线、公路、中转站、桥梁、隧道、多式联运相配套的物流系统，这是人类创造的伟大奇迹之一。

（二）集装箱国际标准

集装箱国际标准是指根据国际标准化组织（ISO）第 104 技术委员会制定的国际标准来建造和使用的国际通用的标准集装箱。

国际标准化组织 ISO/TC104 技术委员会自 1961 年成立以来，对集装箱国际标准作过多次补充、增减和修改，现行的国际标准为第 1 系列共 13 种（表 3-4-2），其宽度均一样（2 438 mm）、长度有四种（12 192 mm、9 125 mm、6 058 mm、2 991 mm）、高度有三种（2 896 mm、2 591 mm、2 438 mm）。

表 3-4-2　国际标准化组织 ISO/TC104 下国际通用的标准集装箱

规格（英尺）	箱型	长		宽		高		最大总重量	
		公制/mm	英制/ft in	公制/mm	英制/ft in	公制/mm	英制/ft in	kg	lb
40	1AAA	12 192	40′	2 438	8′	2 896	9′6″	30 480	67 200
	1AA					2 591	8′6″		
	1A					2 438	8′		
	1AX					<2 438	<8′		

续表

规格 （英尺）	箱型	长		宽		高		最大总重量	
		公制 /mm	英制 /ft in	公制 /mm	英制 /ft in	公制 /mm	英制 /ft in	kg	lb
30	1BBB	9 125	29′11. 25″	2 438	8′	2 896	9′6″	25 400	56 000
	1BB					2 591	8′6″		
	1B					2 438	8′		
	1BX					<2 438	<8′		
20	1CC	6 058	19′10. 5″	2 438	8′	2 591	8′6″	24 000	52 900
	1C					2 438	8′		
	1CX					<2 438	<8′		
10	1D	2 991	9′9. 75″	2 438	8′	2 438	8′	10 160	22 400
	1DX					<2 438	<8′		

集装箱计算单位（Twenty-feet Equivalent Units，TEU）又称 20 ft 换算单位，是计算集装箱箱数的换算单位。目前各国大部分集装箱运输，都采用 20 ft 和 40 ft 长的两种集装箱。为使集装箱箱数计算统一化，一般将 20 ft 集装箱作为 1 个计算单位，将 40 ft 集装箱作为 2 个计算单位，这有利于统一计算集装箱的营运量。

（三）集装箱分类

集装箱种类很多，分类方法多种多样，常见按使用目的分类。

1. 普通集装箱（图 3-4-2）

普通集装箱，也称干货集装箱（Dry Container），以装运件杂货为主，通常用来装运文化用品、日用百货、医药、纺织品、工艺品、化工制品、五金交电、电子机械、仪器及机器零件等。这种集装箱占集装箱总数的 70%~80%。除了冷冻货、活的动物、植物外，在尺寸、重量等方面适合集装箱运输的货物，均可使用干货集装箱。

2. 冷藏集装箱（图 3-4-3）

冷藏集装箱（Reefer Container）温度可在-60~30 ℃调整。这种箱子适合在夏天运输黄油、巧克力、冷冻鱼肉、炼乳、人造奶油等物品，也适合运输货物需要保持恒温的物品。

图 3-4-2　普通集装箱

图 3-4-3　冷藏集装箱

3. 开顶集装箱（图 3-4-4）

开顶集装箱，也称敞顶集装箱、开顶柜（Open Top Container）。这种集装箱没有箱顶，但有可折式顶梁支撑的帆布、塑料布或涂塑布制成的顶篷，可用起重机从箱顶上面装卸货物。适用于装载玻璃板、钢制品、机械等重货。

4. 框架集装箱（图 3-4-5）

框架集装箱（Flat Tack Container）没有箱顶和两侧，是从集装箱侧面进行装卸。以超重货物为主要运载对象，还便于装载牲畜以及诸如钢材之类可以免除外包装的裸装货，还便于大型超宽，超高货物的吊装。

图 3-4-4　开顶集装箱

图 3-4-5　框架集装箱

5. 牲畜集装箱（图 3-4-6）

牲畜集装箱（Pen Container）侧面采用金属网，通风条件良好，而且便于喂食，是专为装运牛、马等活动物而制造的特殊集装箱。

6. 罐式集装箱（图 3-4-7）

罐式集装箱（Tank Container），也称液体集装箱，是为运输食品、药品、化工品等液体货物而制造的特殊集装箱。其结构是在一个金属框架内固定上一个液罐，罐体内胆大多采用316 不锈钢制造，大多有蒸气或电加热装置，有惰性气体保护装置，有减压装置，是进行流体运输及装卸所需的可选设备。

图 3-4-6　牲畜集装箱

图 3-4-7　罐式集装箱

7. 保温集装箱（图 3-4-8）

保温集装箱（Insulated Container）箱内有隔热层，箱顶又有能调节角度的进出风口，可利用外界空气和风向来调节箱内温度，紧闭时能保证货物一定时间内不受外界气温的影响，适宜装运对温湿度敏感的货物。

8. 散装货集装箱（图 3-4-9）

散装货集装箱（Bulk Container）一般在顶部设有 2~3 个小舱口，以便装货；同时，其底部有升降架，可升高成 40°的倾斜角，以便卸货。这种集装箱适宜装粮食、水泥等散货。

图 3-4-8　保温集装箱

图 3-4-9　散装货集装箱

9. 散装粉状货集装箱（图 3-4-10）

散装粉状货集装箱（Free Flowing Bulk Material Container）与散装箱基本相同，但装卸时使用喷管和吸管。

10. 挂式集装箱（图 3-4-11）

挂式集装箱（Dress Hanger Container）也称服装集装箱，适合装运服装类商品。

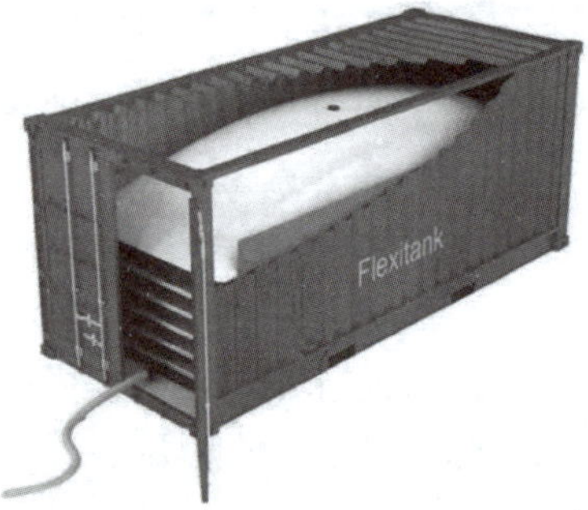

图 3-4-10　散装粉状货集装箱

图 3-4-11　挂式集装箱

随着国际贸易的发展，商品结构不断变化，今后还会出现各种不同类型的专用或多用集装箱。

（四）集装箱规格尺寸

20GP、40GP 和 40HQ 是三种最常用的集装箱，分别对应表 3-4-2 的 1CC 型、1AA 型、1AAA 型。每家集装箱公司的规格尺寸略有不同，以公司公布的规格尺寸为准（表 3-4-3 ~ 表 3-4-5）。

表 3-4-3　地中海船公司的集装箱规格尺寸

规格	长×宽×高/m	最大载重/kg	容积/CBM
20GP	5.898×2.352×2.393	28 260	33.20
40GP	12.032×2.352×2.393	28 860	67.70
40HQ	12.032×2.352×2.352	28 660	76.40

表 3-4-4　长荣的钢制冷藏集装箱规格尺寸

规格	长×宽×高/m	最大载重/kg	容积/CBM
20RF	6.058×2.438×2.591	27 500	28.80
40RH	12.192×2.438×2.896	29 240	67.50

表 3-4-5　常见海运集装箱规格尺寸

规格	内长×宽×高/m	配货毛重/kg	配货体积/CBM
20GP	6×2.35×2.39	21 740	33.10
40GP	12×2.35×2.39	26 630	67.70
40HQ	12×2.35×2.7	26 630	73.30

（五）集装箱标记

根据 ISO 颁布的《集装箱的代号、识别与标记》中明确规定集装箱标记分为必备标记（识别标记、作业标记）、自选标记。

1. 识别标记

识别标记包括箱主代号、设备识别代号、顺序号、核对数字共 4 个部分，11 个数符。识别标记也称为集装箱号（图 3-4-12）。

第一部分由 3 位大写英文字母表示，是箱主代码，表示集装箱的箱主或经营人，用集装箱所有人向国际集装箱局登记注册的字母表示（表 3-4-6），如马士基集团自有箱的箱主代号之一是"MSK"。

表 3-4-6　常见箱主代号与船公司对照表

箱主代号	船/箱公司	箱主代号	船/箱公司	箱主代号	船/箱公司
MSK	马士基	WHL	万海	EMC	长荣
CMA	达飞	YML	阳明	CCL	中远
MSC	地中海	OOC	东方海外	PIL/PCI	太平

第二部分由 1 位大写英文字母表示，是设备识别代码，表示集装箱类型，其中 U 代表常规集装箱；J 表示可拆卸的集装箱；Z 表示集装箱的拖车和底盘车。

第三部分由 6 位数字表示，是顺序号，主要表示箱体注册码，是一个集装箱箱体持有的唯一标识，由箱主所有者或运营商选择并设计。

第四部分由 1 位数字表示，即第 11 位数字，是校验码，由前 4 位字母和 6 位数字经过校验规则运算得到，用于判断校验时是否发生错误。

2. 作业标记（图 3-4-12）

作业标记包括重量及体积标记。自上而下分别是总重、皮重、净重、容积，重量以千克（kg）和磅（LB）同时标示，容积以立方米（CU.M.）和立方英尺（CU.FT.）同时标示。

MAX.G.R.＝MAXIMUM GROSS WEIGHT（总重）：皮重+净重之和，桥吊负荷及道路限重看这个数字。

TARE＝TARE WEIGHT（皮重）：空箱自重。

NET＝NET WEIGHT 或 MAX.C.W.（净重）：集装箱可负荷之最大重量。

CU.CAP.＝CUBIC CAPACITY（立方容积）：集装箱最大装货容积。

- 识别标记:
  - (1) 箱主代码;
  - (2) 设备识别代码;
  - (3) 顺序号;
  - (4) 核对数字。

共11位字母数字组成

识别系统的字体高度不得小于100 mm (4 in)

所有字体都要粗细均匀,颜色与箱体有明显区别

PCIU 279193 9
22G1

MAX.GR. 30 480 KG / 67 200 LBS
TARE 2 850 KG / 6 285 LBS
NET 27 630 KG / 60 915 LBS
CU.CAP. 33.1 CU.M / 1 170 CUFT

最大总质量和空箱质量的字体则不得小于50 mm (2 in)

尺寸代码和箱型代码应作为一个整体标出

箱主代码与设备识别码紧连在一起,与箱号至少有一个字符的间隔

(1) PCI 表示该集装箱属于香港博志国际货运有限公司。
(2) U 表示常规集装箱。
(3) 279193 表示该集装箱的顺序号。
(4) 9 表示校验码。

(5) 集装箱总重: 30 480 kg。
(6) 集装箱皮重: 2 850 kg。
(7) 集装箱净重: 27 630 kg。
(8) 集装箱容积: 33.1 CU.M. 。

(9) "2" 表示集装箱长 20 ft (6 058 mm)。
(10) "2" 表示集装箱高 8.5 ft (2 591 mm)。
(11) 最后两位数符 G1 表示集装箱是干货箱。

图 3-4-12　集装箱号及代码标志

3. 自选标记 (表 3-4-7)

自选标记包括尺寸代码和类型代码 2 部分, 共 4 位数符组成, 也叫 95 码 (1995 年由联合国 UN/ISO 标准代码库里面所提供的 95 版本的数字—字符型代码), 表明箱子长度、高度和用处。

第一部分尺寸代码由 2 个数符表示, 第一位表示箱长, 第二位表示箱高。

第一位箱长一般是 2 或者 4 或者是 L 表示长度。2: 20 ft 长 (6 058 mm); 4: 40 ft 长 (12 192 mm); L: 45 ft 长 (13 716 mm)。

第二位箱高一般是数字 2 或者 5 表示高度。2: 8.5 ft (2 591 mm) 高度的非高箱; 5: 9.5 ft (2 895 mm) 高度的高箱。箱子宽度均一样 (2 438 mm)。

第二部分类型代码由 2 个数符表示, 表示箱子的用处。

例如: 22G1 表示 20 英尺的干货箱, 简写为 20GP; 45G1 表示 40 in 的干货高箱, 简写为 40HC/HQ。

表 3-4-7　常见集装箱箱型及代码对照表

长度	箱型	箱型代码	95 码	英文全称
20 ft	干货箱	GP	22G1	General Purpose
	干货高箱	GH (HC/HQ)	25G1	General High (High Container/High Cubic)
	挂衣箱	HT	22V1	Hanger Tanker
	开顶箱	OT	22U1	Open Top
	冷冻箱	RF	22R1	Refrigerated
	冷高箱	RH	25R1	Refrigerated High
	油罐箱	TK	22T1	Tank
	框架箱	FR	22P1	Frame

续表

长度	箱型	箱型代码	95码	英文全称
40英尺	干货箱	GP	42G1	General Purpose
	干货高箱	GH（HC/HQ）	45G1	General High（High Container/High Cubic）
	挂衣箱	HT	42V1	Hanger Tanker
	开顶箱	CT	42U1	Ocen Top
	冷冻箱	RF	42R1	Refrigerated
	冷高箱	RH	45R1	Refrigerated High
	油罐箱	TK	42T1	Tank
	框架箱	FR	42P1	Frame
45英尺	干货箱	GP	L2G1	General Purpose
	干货高箱	GH（HC/HQ）	L5G1	General High（High Container/High Cubic）
	挂衣箱	HT	L2V1	Hanger Tanker
	开顶箱	OT	L2U1	Open Top
	冷冻箱	RF	L2R1	Refrigerated
	冷高箱	RH	L5R1	Refrigerated High
	油罐箱	TK	L2T1	Tank
	框架箱	FR	L2P1	Frame

1.95码开头为2的是20 ft，开头为4的是40 ft，开头为L的是45 ft

2.95码第二位为2的非高箱（8.5 ft高），为5的为高箱（9.5 ft高）

二、集装箱货物

集装箱货物是指以集装箱为单元积载而投入运输的货物。由于集装箱运输的货物品种较多，货物形态各异，按货物种类选择集装箱可以充分利用集装箱容积、重量，减少货损。按货物的种类、性质、体积、重量、形状来选择合适的集装箱是十分有必要的。

集装箱货物选箱

（一）按适箱程度分类（表3-4-8）

表3-4-8　按适箱程度分类的集装箱货物

序号	适箱程度	特征		典型货物
		物理化学属性	价值属性	
1	最适合	货物的重量、体积、形状、包装等物理属性很适合集装箱，充分利用集装箱的载货重量和载货容积	价值较高	小型精密机械、仪器、各种纺织品、医药制品等
2	适合	货物的重量、体积、形状、包装等物理属性适合集装箱，能利用集装箱的载货重量和载货容积	价值一般	一般杂货，如日用商品、电器电料、生皮等
3	边缘/临界	货物的重量、体积、形状、包装等物理属性可以用集装箱，一般情况下最好不用集装箱装运	价值较低	如生铁、原木、大米、饲料等半成品和原材料等

（二）按货运特性分类

按货物本身的运输特性分，集装箱货物可分为普通货物、冷藏货物和危险品货物。

（1）普通货物本身性质不具有危险性，不属于危险品规则上的货物，也不需要保温或冷冻的货物。普通货物适合装载于干货集装箱运输。

（2）冷藏货物对运输的温度有较高的要求，因此，必须使用冷藏集装箱运输，主要有蔬菜、水果、鲜货海产品、蜂王浆等。

（3）危险品货物是危险品规则上列名的产品，在运输过程中安全要求很高，通常选择干货集装箱，而且在集装箱的四面外壁上必须贴上相应的危险品标志。危险品主要包括各类危险化工品、农药、黄磷、火柴、漂粉精等。

三、集装箱配载

（一）集装箱种类选择

集装箱主要分为干货箱，冷藏箱，框架箱，开顶箱等。至于应为货物准备什么样的集装箱，应根据货物种类、性质、包装形式和运输要求选择。常见货物适用的箱型见表3-4-9。

表3-4-9　常见货物适用的箱型

货物种类	集装箱类型
普通货物	干货集装箱、通风集装箱
超尺寸与超重货物	开顶集装箱、框架集装箱、平台集装箱
冷藏货物	冷藏集装箱
液体货物	罐式集装箱
贵重货物	干货集装箱
动物	动物集装箱、通风集装箱
危险货物	干货集装箱、冷藏集装箱、台架式集装箱
散装货物	罐式集装箱、通风集装箱

（二）集装箱规格尺寸选择

一般情况下根据货物的数量、批量、密度及客户要求等，选择不同规格尺寸的集装箱。为了充分利用集装箱的装载量和容积，一般情况下应按照以下规则挑选：

（1）货物数量大，选择规格大的集装箱；货物数量小，选择规格小的集装箱。

（2）货物密度较大（重货），选择规格小的集装箱；货物密度较小（轻货），选择规格大的集装箱。其中，重货指货物密度大于集装箱的单位容重，轻货指货物密度小于集装箱的单位容重。

（三）集装箱数量确定

集装箱
货物算箱

（1）货物是重货，集装箱数量＝货物总重量除以集装箱最大载重量；

（2）货物是轻货，集装箱数量＝货物总体积除以集装箱有效容积。

集装箱有效容积受集装箱的箱容利用率影响。一般情况下，集装箱的箱容利用率为80%～90%，装箱技术好可以达到85%，箱包类货物可达到90%。没有特别说明的情况下，可以默认为集装箱的箱容利用率为80%。集装箱有效容积＝集装箱最大载货容积乘以80%，如表3-4-10所示。

表 3-4-10　常见集装箱单位容重

集装箱规格	最大载货重量/kg	最大载货容积/m³	集装箱有效容积/m³		集装箱单位容重/（kg·m⁻³）	
			箱容利用率 100%	箱容利用率 80%	箱容利用率 100%	箱容利用率 80%
20 ft 集装箱	21 740	33.1	33.1	26.48	656.8	821.0
40 ft 集装箱	26 630	67.7	67.7	54.16	393.4	491.7
40 ft 高箱	26 630	73.3	73.3	58.64	362.9	453.6

在实际工作中，除了考虑集装箱的容积与载重是否可以容纳下所托运的货物，还要考虑尽可能地节约运费。通常船公司确定的运价表中，一个 40 ft 箱的运费是 20 ft 箱的 1.7 倍。如果货物装 1 个 20 ft 不行，而使用 2 个 20 ft 集装箱或者 1 个 40 ft 箱都可以装下时，首选 1 个 40 ft 集装箱。

四、集装箱实例

实例 3-4-1：出口一批五金工具，需从福州运往美国开普敦；货物共 465 箱，货物毛重 30 612 kg，货物体积 28 m³。请思考：

（1）货物适合装入集装箱吗？

（2）应选择什么类型的集装箱？

（3）应选用什么规格的集装箱？

（4）应选用几个集装箱？

实例 3-4-1 分析：

（1）五金工具，属于普通件杂货，适合装入集装箱。

（2）五金工具长度重量常规，而且坚固、耐摔，不属于易碎品，也不需要保温，对集装箱没有特殊要求，因此，应选择干货集装箱。

（3）以地中海航运干货集装箱为例，其单位容重如表 3-4-11 所示。

表 3-4-11　地中海航运干货集装箱单位容重

集装箱规格	最大载货重量/kg	最大载货容积/m³	集装箱有效容积/m³		集装箱单位容重/（kg·m⁻³）	
			箱容利用率 100%	箱容利用率 80%	箱容利用率 100%	箱容利用率 80%
20 ft 集装箱	28 260	33.2	33.2	26.56	851.20	1 064.01
40 ft 集装箱	28 860	67.7	67.7	54.16	426.29	521.79
40 ft 高箱	28 660	76.4	76.4	61.12	375.13	468.91

根据五金工具货物的重量、体积、货物密度 = 30 612/28 = 1 093.29，货物密度 1 093.29（kg/m³）大于单位容重 1 064.01、521.79 和 468.91，货物密度大于集装箱的单位容重，属于高密度货物，货物为重货，应选择规格小的集装箱，建议选择 20 ft 的干货集装箱。

（4）20 ft 干货集装箱的最大载重量为 28 260 kg，该票货物重量为 30 612 kg，需要的集装箱数量 = 货物总重量/集装箱最大载重量。

30 612/28 260 = 1.1（个），按照实际工作，取整，集装箱数量为 2 个 20 ft 的干货集装箱。

实例 3-4-2：有一公司出口一批新鲜水果，需从福州运往荷兰鹿特丹，货物数量为 935 箱，毛重 19 334.6 kg，体积 124.44 m³。请思考：

（1）货物适合装入集装箱吗？
（2）应选择什么类型集装箱？
（3）应选用什么规格尺寸集装箱？
（4）应先用几个集装箱？

实例 3-4-2 分析：
（1）该票货物为水果，以纸箱包装，适合装入集装箱。
（2）水果需要保持在常温以下进行运输，对温度有一定的要求，应选择冷藏集装箱。
（3）以长荣冷藏集装箱为例，其单位容重如表 3-4-12 所示。

表 3-4-12　长荣冷藏集装箱单位容重

集装箱规格	最大载货重量/kg	最大载货容积/m³	集装箱有效容积 80%/m³	集装箱单位容重/（kg·m⁻³）
20 ft	27 500	28.8	23.04	1 193.58
40 ft	29 240	67.5	54	541.48

根据货物的重量，体积，货物密度＝重量/体积＝19 334.6/124.44＝155.37，155.37 小于 1 193.58 和 541.48，货物密度小于集装箱的单位容重，属于低密度货物，为轻货，应选择规格大的集装箱，建议选择 40 ft 的冷藏集装箱。

（4）已知货物的总体积为 124.44 m³，40 ft 冷藏集装箱的有效容积为 54 m³，所需的集装箱数量＝货物总体积/集装箱有效容积，124.44/54＝2.3 个；按照实际工作，取整，集装箱数量为 3 个 40 ft 的冷藏集装箱。

货物重量为 19 334.6 kg，小于 20 ft 的最大载货重量 27 500 kg，也可选择 20 ft 冷藏集装箱。

集装箱数量＝货物总体积/集装箱有效容积＝124.44/23.04＝5.4（个）；取整，需要 6 个 20 ft 冷藏集装箱。

货物可选择 3 个 40 ft 冷藏集装箱，也可选择 6 个 20 ft 冷藏集装箱。从节约运费角度出发，首选 3 个 40 ft 冷藏集装箱。

实例 3-4-3：有一批货物，服装，共 300 箱，毛重 20 t，体积 120 m³，不允许与其他货物混装，集装箱利用率为 80%。需要几个 20 ft 普通杂货箱？

实例 3-4-3 分析：根据常见集装箱单位容重表（表 3-4-10）中数据，20 ft 的箱容率为 80%时，有效容积为 26.48 m³，单位容重为 821，货物单位容重为 20 000/120＝167，167＜821，所以该批货物为轻货。

需要的集装箱个数为：120/26.48＝4.5（个）；取整，需要 5 个 20 ft 普通杂货箱。

实例 3-4-4：Please calculate the container type and quantity correctly. 请正确选择集装箱类型和数量，集装箱信息见表 3-4-13。

表 3-4-13　集装箱信息

Marks & Nos 唛头	P/N 型号	Description 货物	Quantity (PCS) 件数	Package (Pallets) 包装（托盘）	Net weight (kg) 净重	Gross weight (kg) 毛重	Measurement (CBM) 尺码 (立方米)
POWER JC-0724	1C000782	Front Wheel	180	3	450.00	540.00	4.33
	1C002451	Rear Wheel	780	13	1 560.00	1 950.00	18.76
	1C002453	Rear Wheel	840	14	1 680.00	2 100.00	20.21
	1C002459	Rear Wheel	780	13	2 184.00	2 574.00	18.76
Total			2 580	43	5 874.00	7 164.00	62.06

SAY TOTAL 2580PCS PACKED IN 43 PALLETS ONLY.

（PALLETS SIZE：1 300 mm×910 mm×1 220 mm）

实例 3-4-4 分析：根据集装箱信息表 3-4-2，货物毛重 7 164 kg，约 7.2 t，体积 62.06 m³，与集装箱比较，很明显属于轻货，选择 40 的集装箱；40 普箱的最大体积为 67.70 m³，假设有效容积为 90%，只能装 60.93 m³ 内的货物，装不下 62.06 m³ 的该票货物；40 高箱的最大体积 76.40 m³，有效容积 90% 可以装下 68.76 m³ 内的货物，则可以装下 62.06 m³ 的该票货物。

验证是否可以摆下 43 个托盘？

托盘尺寸：1 300 mm×910 mm×1 220 mm；40 高箱尺寸：12.032 m×2.352 m×2.698 m；0.91+1.3＝2.21＜2.352，故宽可排列 2 个（一横向一竖向放托盘，可实现空间最大化），12/1.3＋12/0.91＝9＋13＝22，每层可摆 22 个托盘，2.698/1.22＝2 层，2 层可摆 44 个托盘。故只需要 1×40HC 即可。

五、集装箱货物装载与交接方式

（一）集装箱货物装载方式

根据集装箱货物装箱数量和方式可分为整箱和拼箱 2 种。

1. 整箱（Full Container Load，FCL）

整箱是指由发货人即货主自行将货物装满整箱，以箱为单位托运的集装箱。一般情况下，整箱的装箱流程：当将空箱运到发货人工厂或仓库后，在海关人员的监管下，货主把货物装入箱内、加锁、铝封后交承运人（或代理人）并取得站场收据，后凭场站收据换取提单或运单。

2. 拼箱（Less Than Container Load，LCL）

拼箱是指货主托运的数量不足整箱，承运人（或代理人）根据货物性质和目的地进行分类整理，把同一目的地的货集中到一定数量拼装入箱。因为一个箱内有不同货主的货物拼装在一起，所以叫拼箱。一般是货主托运数量不足装满整箱时采用。拼箱货的分类、整理、集中、装箱（拆箱）、交货等工作均在集装箱货运站进行。

一般情况下，拼箱的装箱流程为：货主把货物送到码头集装箱货运站内，由承运人（或代理人）提取空箱，在海关人员的监管下，承运人（或代理人）把货物装入箱内、加锁、铝封后由承运人承运，货主取得站场收据，后凭场站收据换取提单或运单。

延伸知识：拼箱货一般不接受指定某具体船公司，船公司只接受整箱货物的订舱，而不直接接受拼箱货的订舱，只有通过货运代理将拼箱货拼整后才能向船公司订舱，即"集中办托，集中分拨"。

（二）集装箱货物装载注意事项

（1）干货在运输过程中不能够与湿货进行混装，主要是为了避免货物的受潮和发霉。

（2）正常的货物尽量不要和带有强臭味或者其他刺激性气味的货物进行混装，防止因为串味影响了产品的质量。

（3）任何货物都尽量不要与粉末状的货物进行混装，粉末状的货物在运输过程中不够稳定，非常容易发生爆炸，分开装可以有效减少此类问题发生的可能性。

（4）危险货物之间绝对不能进行混装，主要是因为各类危险货物的性能都有所差别，而且它们的各项抢救措施也有所不同，如果进行混装，可能会引发二次危险。

（5）包装不同的货物之间尽量不混装，建议分别装载，保证安全运输。

（6）合理的混装可以充分利用集装箱，节约成本，但是要保证货物重量的合理分配、必要的衬垫与合理的固定。一是把外包装坚固和重量较重的货物装在下面，保证货物安全；二是根据包装的强度进行必要的衬垫，特别是外包装脆弱的货物、易碎货物应夹衬缓冲材料，防止货物相互碰撞挤压，保证货物安全；三是使用木条、垫板等加固货物与集装箱侧壁之间空隙，使用绳索、带子等捆绑和加固货物，防止货物发生移动，保证货物安全。

（三）集装箱货物交接方式

集装箱货运分为整箱和拼箱两种，因此，在交接方式上也有所区别，纵观当前国际上的做法，大致有以下四类。

1. 整箱交、整箱接（FCL/FCL）

货主在工厂或仓库把装满货后的整箱交给承运人（代理人），收货人在目的地整箱接货，承运人（代理人）以整箱为单位负责交接。货物的装箱和拆箱均由货方负责。

2. 拼箱交、拆箱接（LCL/LCL）

货主将不足整箱的小票托运货物在集装箱货运站交给承运人（代理人），由承运人（代理人）负责拼箱和装箱运到目的地货运站，由承运人（代理人）负责拆箱，拆箱后，收货人凭单接货。货物的装箱和拆箱均由承运人（代理人）负责。

3. 整箱交、拆箱接（FCL/LCL）

货主在工厂或仓库把装满货后的整箱交给承运人（代理人），在目的地的集装箱货运站由承运人（代理人）负责拆箱后，各收货人凭单接货。

4. 拼箱交、整箱接（LCL/FCL）

货主将不足整箱的小票托运货物在集装箱货运站交给承运人（代理人）。承运人（代理人）对其进行分类调整，把同一收货人的货集中拼装成整箱运到目的地后，承运人（代理人）以整箱交，收货人以整箱接。

（四）集装箱货物的交接地点

在集装箱运输中，集装箱货物的交接点一般为集装箱码头堆场（CY）、集装箱货运站（CFS）、发货人或收货人的工厂或仓库（DOOR）。因此，当采用集装箱运输时，集装箱货物的交接地点见表3-4-14。

表 3-4-14 集装箱货物的交接地点

序号	交接方式	交接地点
1	DOOR–DOOR	由发货人仓库将集装箱货物运至收货人仓库
2	DOOR–CY	由发货人仓库将集装箱货物运至卸货港码头堆场
3	DOOR–CFS	由发货人仓库将集装箱货物运至卸货港集装箱货运站
4	CY–CY	由装货港码头堆场将集装箱货物运至卸货港码头堆场
5	CY–DOOR	由装货港码头堆场将集装箱货物运至目的地收货人仓库
6	CY–CFS	由装货港码头堆场将集装箱货物运至卸货港集装箱货运站
7	CFS–DOOR	由码头集装箱货运站将集装箱货物运至收货人仓库
8	CFS–CY	由码头集装箱货运站将集装箱货物运至卸货港码头堆场
9	CFS–CFS	由码头集装箱货运站将集装箱货物运至卸货港集装箱货运站

六、集装箱常用知识/术语

1. 大柜、小柜、双背是指什么？

大柜一般指 40 ft 的集装箱，通常指 40GP 和 40HQ。小柜一般指 20 ft 的集装箱，通常是指 20GP。双背是指两个 20 ft 的小柜。

2. 高柜与普柜有什么区别？

高柜比普柜高 1 ft。无论高柜还是普柜，其长度和宽度是一样的。

3. 空箱或吉箱是指什么？重箱指什么？

没有装货的箱子叫空箱，也叫吉箱，重箱是指装了货的箱子。

4. 何谓背重箱？何为落重箱？

背重箱：是指在场站拉重箱到厂家或物流仓库卸货（一般指进口）。

落重箱：是指在厂家或物流仓库装完货把重箱拉回场站（一般指出口）。

5. 背空箱是指什么？落空箱是指什么？

背空箱：是指在场站拉空箱到厂家或物流仓库装货（通常指出口）。

落空箱：是指在厂家或物流仓库卸完货拉空箱回到场站（通常指进口）。

6. 铅封号是指什么？

铅封号是指将集装箱门锁死的封条的编号，铅封一般由船公司提供，一般售价 50 元一个。

7. 空驶是指什么？

空驶是指车子到厂家或物流仓库后，由于各种原因不能装货而将空箱又拉回场站。

8. 倒箱是指什么？

倒箱是指在场站把箱子从这个场站拉到另一个场站，或者不按照从上到下的顺序取箱，而是把上面的箱子挪开，提取压在下面的箱子。通常，在指定箱号或海关查验时较容易出现这种情况。

9. 出口箱场站可以存放箱子到几点？

晚上通常可以存放到 10 点，但一般到 9 点时，办单的工作人员就下班了，因此派进口活必须在 8 点左右赶回来，司机落箱也需要时间。

知识拓展：集装箱货物运输发展越来越成熟，截至 2023 年 6 月 13 日，全球正在运营的集装箱船数量共计 6 607 艘，总运力为 2 711.61 万 TEU，折合约 3.24 亿载重吨。

前二十大集装箱班轮公司（图 3-4-13）分别是地中海航运（第 1）、马士基航运（第 2）、达飞海运（第 3）、中远海运（第 4）、赫伯罗特（第 5）、长荣海运（第 6）、ONE（第 7）、HMM（第 8）、阳明海运（第 9）、以星航运（第 10）、万海航运（第 11）、太平船务（第 12）、海丰国际（第 13）、高丽海运（第 14）、X-Press（第 15）、伊朗国航（第 16）、中谷物流（第 17）、Unifeeder（第 18）、新加坡海领船务（第 19）、长锦商船（第 20）。

其中，前十大集装箱班轮公司的运力占据全球市场 84.3%，前二十大集装箱班轮公司的运力占据全球市场 90.5%。

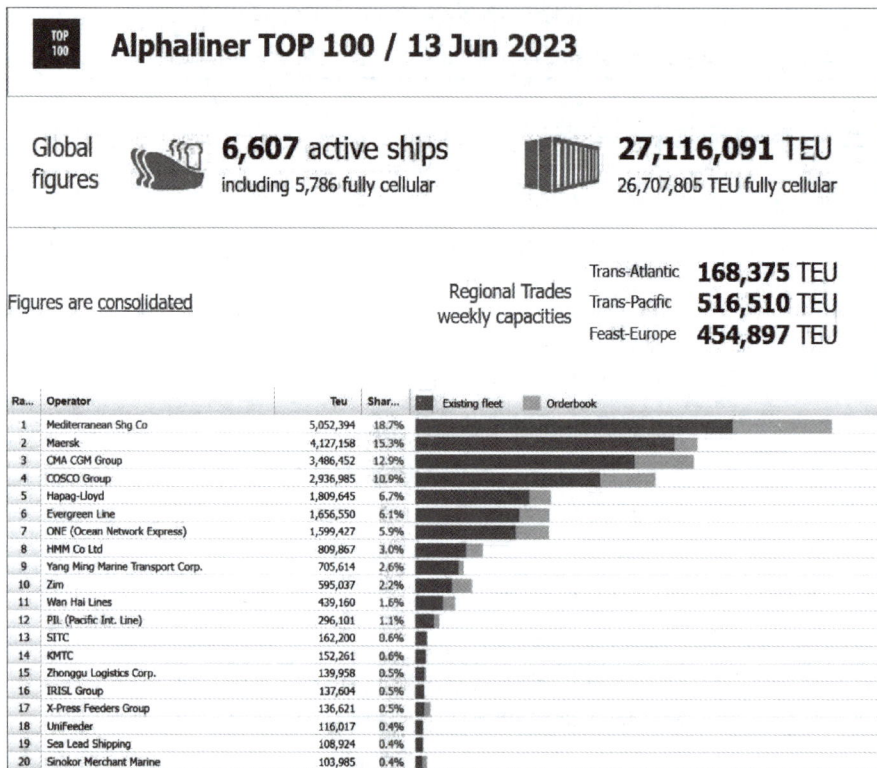

图 3-4-13　全球集装箱运营及全球前二十大集装箱班轮公司

🎯 任务实施

分析：根据货物性质（空铁罐，纸箱装）和集装箱信息（20GP、40GP、40HQ），只能选择常用的普箱。

（1）货物毛重 8 160 kg，约 8.2 t，体积 68 m³，与集装箱相比，很明显属于轻货，选择 40 的集装箱。

（2）40 普箱的最大体积为 67.70 m³，假设有效容积为 90%，只能装 60.93 m³，装不下 68 m³ 的该票货物；40 高箱的最大体积 76.40 m³，有效容积为 90% 时可以装下 68.76 m³ 的货物。

（3）客户没有提供具体的包装尺寸立方米，考虑到货物有 2 720 件，货物的包装规格应该不大，1 个 40 高箱应该可以装下 68 m^3 的该票货物。故只需要 1×40HQ 即可。

Alan 根据该票货物的信息及客户的要求，选择 1×40HQ。

任务测试 　　**参考答案**

任务评价

任务评价见表 3-4-15。

表 3-4-15　集装箱任务评价

序号	考核项目	考核内容	分值	自我评价	小组评价	教师评价	得分
1	知识测试	选择题	20				
		填空题	10				
2	技能训练	集装箱类型正确	20				
		集装箱数量正确	20				
3	职业素养	沟通交流	10				
		展示表达	10				

备注：得分=自我评价 20%+小组评价 40%+教师评价 40%。

任务五　班轮船期与订舱

知识目标

（1）熟悉船期表。
（2）知晓订舱、单证、流程、异常情况及处理方法。

能力目标

（1）根据客户需求及货物情况选择合适的班轮船期并订舱。
（2）能填制订舱单证，并处理订舱异常情况。

素质目标

在学习订舱时，培养学生沟通与组织的管理能力和职业素养，增强学生严谨细致的工作态度。

任务描述

Alan 选择好集装箱后，根据货代业务流程，接下来的工作任务是根据客户要求

（图 3-5-1）选择合适的船期和船公司并申请订舱。Alan 应如何选择船期？如何订舱？

Guangzhou ABC Packaging Co.,LTD

ADDRESS: Room 888, Building 8, No.888, Fuyou Road, Licheng Street, Zengcheng District, Guangzhou city,China

Tel/Fax: 0086 020 88888888

合　同

SALES　CONTRACT

			号码	
			No.	2023-BC01
买　方 Buyers:	**BBB, S.A. de C.V**		日期 Date ：	2023/4/7
地　址 Address :			签约地点 Signed at:GUANGZHOU	

兹经卖买双方同意由卖方出售买方购进下列货物，并按下列条款签订本合同：

This Sales Contract is made by and between the Sellers and the Buyers whereby the Sellers agree to sell and the Buyers agree to buy the under-mentioned goods according to the terms and conditions stipulated below:

包装 Packing	品 名 规 格 Description	数量 Quantity	单价 Unit Price	总价 Amount
纸箱	空铁罐	65 280 个	USD 0.372 0	USD（CIF） 24 284.16
	TOTAL	65 280 个		24 284.16

（允许卖方在装货时溢装或短装　　%,价格按本合同所列单价计算）

（The Sellers are allowed to load　% more or less, the price shall be calculated according to the unit price）

1.装运口岸: Port of Shipment	2.目的口岸: 墨西哥 Port of Destination	
3.装运期限: 2023/4/20前 Time of Shipment	4.装运标记: Shipping Mark	
5.付款条件: T/T Terms of Price	6.生产国别: 中国 Country of Origin	
买　方 The Buyers	卖　方 The Sellers	

图 3-5-1　贸易合同

任务分析

要完成该任务，必须懂得班轮船期表，懂得订舱流程，懂得填写订舱申请书等单证。

任务学习

班轮运输是海上运输中最广泛的一种方式，是船公司按固定航线、固定的船期表，停靠固定的港口，按固定运费所进行的国际海上货物运输。班轮运输通常制定船期表，发布在公司的网站或者一些专业的海运行业网站上，既能满足货主的需要，也能招揽货源，体现了班轮公司的服务质量。

一、班轮船期表

(一) 船期表简介

船期表，是班轮运输中的一项重要内容，指的是船舶航行靠泊时间表，也称为班期表。班轮船期表主要内容包括航线、船名、航次、始发港、中途港、终点港，到达与驶离各港的时间，以及有关注意事项等。关于船期表的常用英文单词主要有以下几个：

(1) ETD，Estimated time of departure，船舶预计离港的时间。

(2) ETA，Estimated time of arrival，船舶预计抵达的时间。

(3) ETS，Estimated time of sailing，船舶预计开航的时间。

(4) ETB，Estimated time of berthing，船舶预计停靠码头的时间。

(5) BOOKING CLOSING 截单期，就是船公司接受订舱的最后日期。

(6) CY OPEN 开港日，就是重柜可以还回船公司码头的时间。

(7) CY CLOSING 截关/截港时间。

(8) TRANSIT DAY 航行时间。

(9) VESSEL：船名。

(10) VOY：航次。

秒懂秒查
班轮船期

(二) 典型船期表

案例 3-5-1：CMA 船期表（图 3-5-2）

说明：

(1) 此船期表是 CMA 达飞船公司的班轮船期表，航线是远东航线。

(2) 目的港是东方港。

(3) 盐田港的截港时间是每天 9：00，上海港的截港时间是每天 9：00。

(4) 第一行的 VESSEL 船名：CALANDRA；VOYAGE 航次/班次：DN01S；盐田港截港时间是 7 月 18 日 9：00，离港时间是 7 月 20 日；上海港截港时间是 7 月 23 日 9：00，离港时间是 7 月 25 日；8 月 1 日到达东方港。

CMA CGM

CMA CGM (CHINA) SHIPPING CO., LTD. SOUTH CHINA

TO RUSSIAN FAR EAST 俄罗斯远东地区

VESSEL 船名	VOYAGE 班次	Yantian 盐田		Shanghai 上海		ETA 到达
		CY CUT OFF 9:00am	ETD 离港	CY CUT OFF 9:00am	ETD	VOSTOCHNY
CALANDRA	DN01S	18-Jul	20-Jul	23-Jul	25-Jul	1-Aug
TIM-S.	FN01S	25-Jul	27-Jul	30-Jul	1-Aug	8-Aug
FESCO DIOMID	HN01S	1-Aug	3-Aug	6-Aug	8-Aug	15-Aug
NAVIOS VERANO	JN01S	8-Aug	10-Aug	13-Aug	15-Aug	22-Aug
MINNA	KN01S	15-Aug	17-Aug	20-Aug	22-Aug	29-Aug
CALIDRIS	MN01S	22-Aug	24-Aug	27-Aug	29-Aug	5-Sep

POD:　VOSTOCHNY 目的港：东方港

图 3-5-2　CMA 船期表

案例 3-5-2：某船代公司船期表（图 3-5-3）

LANE CJT (Direct Service)							VESSEL AGENT: PENAVICO FUZHOU				
							FUZHOU（JYNP）			ETA MOJI	ETA TOKYO
WK	VSL NAME	VOY	CY Open 17:00	CY Cutoff 10:00	SI CUT OFF 12:00		VGM Cutoff	ETB/ETD		7 天	9 天
1	MAKHA BHUM	1001S	FRI	TUE	TUE		ETB - 24 Hours	Wednesday	5-May	12-May	14-May
2	KMTC LAEM CHABANG	201S	FRI	TUE	TUE		ETB - 24 Hours	Wednesday	12-May	19-May	21-May
3	YM INSTRUCTION	301S	FRI	TUE	TUE		ETB - 24 Hours	Wednesday	19-May	26-May	28-May
4	MAKHA BHUM	1002S	FRI	TUE	TUE		ETB - 24 Hours	Wednesday	26-May	2-Jun	4-Jun
5	KMTC LAEM CHABANG	202S	FRI	TUE	TUE		ETB - 24 Hours	Wednesday	2-Jun	9-Jun	11-Jun

**如遇船期延误，SI cut off time 将做相应的调整。 **以上开港/截港时间仅供参考，请以港区网站实时更新的开港/截港时间为准。

图 3-5-3　PENAVICO FUZHOU 船代公司船期表

说明：

（1）此船公司代理人（VESSEL AGENT）是 PENAVICO FUZHOU 公司，该船期表为船代公司的船期表。

（2）福州港开港时间为每周五 17：00，截港时间为每周二 10：00，截提单补料时间每周二上午 12：00（发货人向船公司递交制作提单所需资料的最晚时间，若过了这个时间，修改提单需要更改费）；截 VGM 时间离港前 24 小时。

（3）第一行的 VESSEL 船名：MAKHA BHUM；VOYAGE 航次/班次：1001S；船舶停靠福州港的时间是每周周三，离港时间是 5 月 5 日；到港（MOJI 港）时间是 5 月 12 日，航行 7 天；到港（TOKYO 港）时间是 5 月 14 日，航行 9 天。

知识延伸：月份英文缩写，January（Jan.）一月、February（Feb.）二月、March（Mar.）三月、April（Apr.）四月、May 五月、June（Jun.）六月、July（Jul.）七月、August（Aug.）八月、September（Sept.）九月、October（Oct.）十月、November（Nov.）十一月、December（Dec.）十二月。

（三）选择船公司与船期

如何选择船公司以及船期？

（1）通过查询船期表，选出适合的船期与船公司。

（2）再对比各船公司的海运成本（将在任务六中介绍），从中选出船公司。

（3）向船公司订舱。

知识延伸：船期表查询及下载网址 http：//www.yearlygreen.com（表 3-5-1）

表 3-5-1　常用船期表查询及下载网址

船公司	船期查询下载网址
KMTC——高丽海运株式会社	http：//www.kmtc.co.kr/
APL——美国总统轮船私人有限公司	http：//www.apl.com/schedules/html/eschedules.html
SITC——海丰国际航运集团有限公司	http：//www.sitc.com/english/searchship.asp
YML——阳明海运股份有限公司	http：//www.yml.com.tw/schedule/middle_frame.asp
ZIM——以星轮船服务有限公司	http：//www.zim.co.il/PointToPoint.aspx？id＝169&l＝4
CMA——CGM 法国达飞轮船公司	http：//wwwNaNa-cgm.com/eBusiness Finder/Default.aspx

船公司	船期查询下载网址
COCSO——中远集装箱运输有限公司	http：//www. coscon. com/ebusiness/city. do？action＝init
EVERGREEN——长荣海运股份有限公司	http：//www. shipmentlink. com/tvs2/jsp/TVS2_InteractiveSchedule. jsp
WAN HAI——万海航运有限公司	http：//web. wanhai. com/index_whld_by_port. jsp？act＝S

二、订舱

（一）订舱概念

订舱是托运人（Shipper）或其代理人向承运人，即班轮公司或它的营业所或代理机构等申请货物运输，承运人对这种申请给予承诺的行为。班轮运输中承运人与托运人之间通常是以口头或订舱函电（Booking Memo）进行预约的。只要船公司对这种预约给予承诺，并在舱位登记簿（Space Book）上登记，即表明承、托双方已建立了有关货物运输的关系，并着手开始货物装船承运的一系列准备工作。

知识延伸：一般在国际贸易中，出口商总是力争以 CIF 价格条件成交，由出口商办理订舱工作。但是，如果出口货物是以 FOB 价格条件成交，则订舱工作由进口商办理。而这样的订舱称为卸货地订舱（Home Booking）。

（二）订舱分类

1. 暂时订舱

暂时订舱是托运人或国际货运代理企业向承运人订舱时只是为了预订舱位，而没有特定的货物要运载。海运是在船舶到港前一段时间（如一个月）提出的订舱。采用暂时订舱是因为怕舱位紧张，在许多国家，托运人的口头暂时订舱是允许的（危险品运输除外）。暂时订舱因运输工具配载时的实际货量可能没有预订的多，所以承运人通常会让舱位超订（Overbook）10%～20%，以应付这种不确定性。它虽在一定程度上带有不确定性，但能使承运人大致了解今后一段时间内的货源情况，从而为承运人的货运组织与管理奠定基础。

2. 确定订舱

确定订舱是委托人根据信用证或合同的要求和货物出运的时间，选择合适的船舶，在船期表规定的截单日期之前，向承运人或其代理人以口头或书面形式提出的订舱。海运包含货源的确切信息：订舱船名、接货地点、装货港、卸货港、交货地点、揽货代理名称、货名、数量、包装、重量、接货方式、交货方式、所需空箱数、装箱地点等。一般向船公司确定订舱是在截单的前 7 天，因为通常船公司到那个时候才放舱。

（三）订舱的方式

1. 离线订舱

离线订舱主要是通过传真、电话或者电子邮件等方式订舱。网上离线订舱可以使用离线订舱软件订舱，然后发电子邮件给承运人完成订舱。

2. 在线订舱

在线订舱也称为电子订舱（E-booking），它给客户提供了一个交易平台，通过互联网把客户要价和服务供应商的报价进行对碰，使双方达成交易。

3. 卸货地订舱

通常的订舱都是装货地订舱，即由出口商订舱，而卸货地订舱也即由进口商订舱，贸易术语使用F组或E组时，国外的买方即进口商负责签订运输合同，但他们一般自己不订舱，而委托某国际货代代为订舱，通常还指定要订某承运人的运输工具。所以受委托的国际货代称为指定货代，承运人称为指定承运人。

三、订舱流程

货代业务种的每一单订舱可能面对不同的船东或者船代，不同的船东或者船代操作规定略有不同。订舱的基本流程和货代的主要工作如下。

1. 审单

收到业务的流程卡和客户托运单后，审核流程卡信息与客户的托运单是否一致，主要审核起运港、目的港、柜型、柜量、截关日、货物品名、价格、毛重、体积是否一致，利润是否合理、运费是到付或预付等，如有问题则与业务员沟通确认，保证流程卡与托运单上的信息一致。

2. 订舱

确认起运港、目的港（具体港口或堆场）、柜型、柜量、船公司、截关时间、货物品名（中文或英文）、PP（预付）或CC（到付）的价格等，以上资料齐全后即可立刻发托运单于船公司订舱，且留下操作的电话、传真及具体日期时间。

3. 放舱

追船公司要到装货单后，先审核其上的资料与订舱信息是否一致，无误后将装货单传真给客户，并电话与客户确认是否有收到舱位。注意：①在装货单上要留下货代操作员电话给客户，以便联系；②如未开仓则务必在装货单上注明开仓日期。

四、订舱单证

订舱业务中常用的单证有订舱单和订舱确认书。不同的船公司与货代公司使用的订舱单证会有所不同，但关键内容与关键信息基本一致。

（一）托运单（Booking Note，B/N）

托运单也叫"订舱申请书""订舱单"，是托运人根据贸易合同和信用证条款内容填制的，向船公司申请订舱配载的书面凭证。船公司根据托运单内容，并结合船舶的航线、挂靠港、船期和舱位等条件考虑，认为合适后，即接受托运，分配舱位。托运单样本如表3-5-2所示。

（二）装货单（Shipping Order，S/O）

装货单也叫"订舱确认书""放柜纸""下货纸""关单"，是接受了托运人提出装运申请的船公司签发给托运人，并凭以命令船长将承运的货物装船的单据。装货单既可作为装船依据，又是货主凭以向海关办理出口货物申报手续的主要单据之一，所以也称为"关单"。对托运人而言，装货单是办妥货物托运的证明。对船公司或其代理而言，装货单是通知船方接受装运该批货物的指示文件。装货单样本如表3-5-2所示。

（三）单证流转（图3-5-4）

在集装箱业务中，B/N与S/O的内容信息基本一致，同属于一种单证，只是隶属于不同的联，持有人不同，作用也不同。一般情况下，托运人向船公司递交 B/N，填写 S/O；船公司接收核对 B/N 与 S/O，根据实际情况放舱，在 S/O 上签章；托运人凭带有签章的 S/O 报关、装船。

订舱单B/N
装货单S/O
（均由托运人填制）
→
订舱单B/N
装货单S/O
（船公司审核单证，放舱签章）
→
订舱单B/N
装货单S/O
（托运人凭单报关、进港口）

图 3-5-4　订舱单证流转

表 3-5-2　订舱单（装货单）

Shipper	D/R NO.（编号）				
Consignee or order	集装箱货物托运单　　　第				
Notify address					
Pre-carriage by 前程运输	Port of loading 收货地址	货主留底　　　　　一			
	Port of transshipment	联			
Port of discharge	Port of delivery	Final destination			
Container. Seal No. or marks and Nos 集装箱号	Seal No.（封志号）Marks	Number and kind of package	Description of goods	Gross weight（kg）	Measurement（m³）
TOTAL NUMBER OF CONTAINERS OR PACKAGES（INWORD）集装箱数或件数合计（大写）					
Freight and charges 运费与附加费	Revenue tons（运费吨）	Rate（运费率）	Per（每）	Prepaid	Collect（到付）
Ex. Rate	Prepaid at（预付地点）	Freight payable at（到付地点）	Place and date issue		
	Total prepaid（预付总额）	Number of original B/L（正本提单份数）			
Service Type Receiving □CY □CFS □Door		Service Type Receiving □CY □CFS □Door			
TYPE OF GOODS（种类）	□Ordinary				
可否转船：		可否分批：			
装期：　年　月　日		有效期：			
金额：					
制单日期：　年　月　日					

五、订舱实例

Alan 收到客户邮件，要求安排 1×20GP 出运，选择合适的班轮船期，并填制订舱申请书。

1. 邮件信息

Shipper 货主：Anhui ONE trading Co.，Ltd.（factory in Chong Qing）

Consignee 收货人：TILL DV CO.，LTD.（Address：Ul. Mira, Vostochnyy, Russian Gederation）

POD：VOSTOCHNY 目的港

贸易术语：EXW　　Require Telex-Release B/L. 要求电放提单

Arrangement Route as 安排如下：Pick up at shipper 2022/7/23 货主把货物交给货运代理（托运人）；Truck from Chongqing factory to Yan Tian port：3days on transit Yan Tian customs operation takes 2 days。卡车从重庆工厂到盐田港的运输时间需要 3 天；在盐田海关办理业务需要 2 天。

2. 船期表（图 3-5-5）

实例分析：货代公司于 2022 年 7 月 23 日在重庆提货；货物从重庆工厂到盐田港需要 3 天，于 2022 年 7 月 26 日到达盐田；盐田海关业务需要 2 天，于 2022 年 7 月 28 日完成海关业务。根据尽快安排的原则，Alan 建议客户选择 FESCO DIOMID 船名、HN01s 航次；同时，受客户委托，该公司负责填写托运单（表 3-5-3），向船公司申请订舱。

图 3-5-5　CMA 船期表

表 3-5-3　托运单/BOOKING ORDER

TIPS：when choose your answer, please use V				
Shipper：	Anhui ONE trading Co.，Ltd. Add：Zou Rong Road，Yu Zhong District，Guangzhou，P. R.，China 400010			
Consignee：	TILL DV CO.，LTD. Ul. Mira，Vostochnyy，Russian Gederation			
Notify Party：	SAME AS CONSIGNEE			
1. Port of Loading 装运港	盐田港	2. Portof Discharge 目地港		东方港
3. Booking Vessel 船名	FESCO DIOMID	4. Voyage 航次		HN01s
5. Ocean Carrier Name 承运人	CMA	6. ETD Date 离港时间		3-Aug
标记唛头 Marks & Nos	包装及件数 No & Package	品名及货号 Description of Goods	毛重 Gross Weight	体积 Measurement
N/M	20	GEAR BOX GEAR BOX DRIVE HEAD	6 452	10. 2CBM

7. Inco term： 贸易术语	EXW		
8. Container 集装箱	_____×20GP+_____×40'GP+_____×40'HQ		
9. Freight Term 运费	Freight Prepaid （ ）		Freight Collect （√）
10. B/L Type 提单	Originals B/L Required （ ）	Telex-Release Required （√）	Express Seaway B/L Required （ ）
Remark：		Date：	

任务实施

分析：在这票业务中，客户（广州 ABC 包装公司），货代（深圳森大国际货运有限公司），承运人（阳明海运股份有限公司）。

（1）墨西哥属于南美，基本港有：墨西哥基本港：MANZANILLO（曼萨尼约）、VERACRUZ（韦拉克鲁斯）、MEXICOCITY（墨西哥城），项目二的任务三航线港口中已介绍过。

Alan 在项目三的任务一客户咨询业务中已邮件回复客户，目的港可在 MANZANILLO（曼萨尼约）、VERACRUZ（韦拉克鲁斯）、MEXICOCITY（墨西哥城）中任选 1 个。

（2）Alan 考虑到货物生产地在惠州，对比计算合作船公司的海运费（任务六中介绍）及其船期，选定装运港为盐田港，选定承运人为 YML 阳明海运（将在任务六的任务实施中详细说明）。

（3）进入阳明海运官网（图 3-5-6），点"Sailing Schedule"找到南美 Asia→South America（图 3-5-7），选择有 MXZLO 港口的船期表（图 3-5-8、图 3-5-9）。

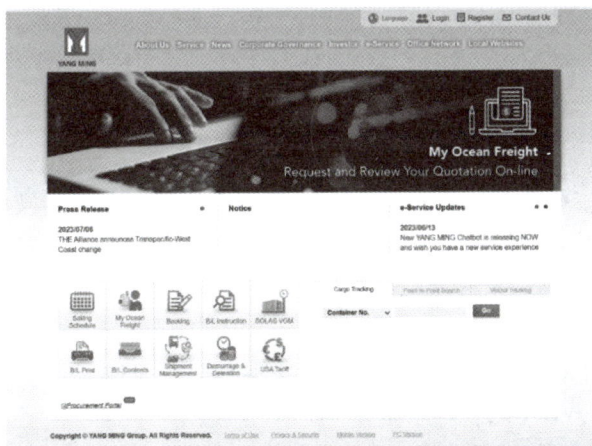

第一步：进入阳明海运官网 http://www.yml.com.tw/schedule/middle_frame.asp；

第二步：Sailing Schedule 进入船期表；

第三步：墨西哥属于南美，找到南美，Asia→South America；

第四步：装运港为盐田港，在目的港中 3 选 1，只有 SA4 符合。

图 3-5-6 阳明海运官网

Asia > South America				TOP
Service Name Last Update	Rotation		File Format	
SA3 (W-Bound)	CNSHA - CNNGB - CNYTN - HKHKG - SGSIN - BRRIO - BRSSZ - BRPNG - BRNVT - UYMVD - ARBUE - BRRIG	HTML	EXCEL	XML
SA4 (E-Bound)	HKHKG - CNYTN - TWKHH - CNSHA - CNNGB - MXZLO - PABLB - COBUN - PECLL - CLSAI	HTML	EXCEL	XML
SA6 (E-Bound)	TWKHH - CNSHK - HKHKG - CNNGB - CNSHA - MXZLO - MXLZC - GTPRQ - PECLL - ECGYE	HTML	EXCEL	XML
SA8 (E-Bound)	CNNGB - CNSHA - CNTAO - KRPUS - MXZLO - MXLZC - GTPRQ - COBUN - CLVAP	HTML	EXCEL	XML

图 3-5-7　阳明海运中南美航线

Port Rotation：
HONGKONG-YANTIAN-
KAOHSIUNG-SHANGHAI-
NINGBO-MANZANILLO-BALBOA
-BUENAVENTURA-CALLAO-
SAN ANTONIO-HONGKONG

图 3-5-8　阳明海运中南美 SA4 航线

Yang Ming Marine Transport Corporation **Long Term & Latest Sailing Schedule**

These information, Port/Terminal/Schedule, are indicated for reference only and might be updated, revised, or amended from time to time without prior notice.

Generate Date : 2023/07/10 17:04

* - The latest estimated schedule

SA4 - SOUTH AMERICA SERVICE LOOP-4 (E-Bound)

New Voy. Code	Vessel Name	THEA Code	IMO NO.	YM Vessel Abbr.	Comn Voy.	HKHKG		CNYTN		TWKHH		CNSHA		CNNGB		MXZLO		PABLB		COBUN		PECLL		CLSAI	
						ETB	ETD	ETB	ETD	ETB	ETD	ETB	ETD	ETB	ETD	ETB	ETD	ETB	ETD	ETB	ETD	ETB	ETD	ETB	ETD
SA4316E	YM UTILITY	UTI	9337470	YUTI	081E	04/10	04/11	04/11	04/12	04/13	04/14	04/15	04/16	04/17	04/18	05/08	05/10	05/15	05/16	05/18	05/19	05/24	05/25	05/29	05/31
SA4316E	OOCL SEOUL	N/A	9417244	OSUL	099E	04/17	04/18	04/18	04/19	04/20	04/21	04/22	04/23	04/24	04/25	05/15	05/17	05/22	05/23	05/25	05/26	05/31	06/01	06/05	06/07
SA4317E	EVER LUNAR	N/A	9629093	LUNR	0624-063E	04/24	04/25	04/26	04/27	04/28	04/29	04/30	05/01	05/02	05/22	05/24	05/29	05/30	06/01	06/02	06/07	06/08	06/12	06/14
SA4318E	EVER LYRIC	N/A	9629108	LRCS	0625-057E	05/01	05/02	05/02	05/03	05/04	05/05	05/06	05/07	05/08	05/09	05/29	05/31	06/05	06/06	06/08	06/09	06/14	06/15	06/19	06/21
SA4319E	EVER LAWFUL	N/A	9595498	LWFL	0626-053E	05/08	05/09	05/09	05/10	05/11	05/12	05/13	05/14	05/15	05/16	06/05	06/07	06/12	06/13	06/16	06/21	06/22	06/26	06/28
						05/08	05/09	05/09	05/10	05/11	05/12	05/14	05/15	05/15	05/16	06/05	06/08	06/12	06/13	06/15	06/16	06/21	06/22	06/25	06/28

图 3-5-9　阳明海运中南美 SA4 船期表

（4）根据尽快安排和经济的原则，该票业务选择了 SA4316E 阳明海运船公司，涉及的订舱确认书 2 份，1 份（图 3-5-10）是货代（深圳森大国际货运有限公司）给客户（广州 ABC 包装公司）的，1 份（图 3-5-11）是承运人（阳明海运股份有限公司）给货代（深圳森大国际货运有限公司）的。

（5）从订舱确认书中可知该票货物计划安排的船期信息如下。

船名航次：YM UTILITY-081E　　　VGM 截关日：2023.04.10 12：00

ETA：2023.04.11 16：00　　　　　ETD：2023.04.12 08：00

装运港：盐田港

集装箱货物的交接方式为 CY-CY，Alan 要与客户广州 ABC 包装公司做好沟通联系，做好货物的交接接受工作，按时上船，顺利出发。

SHIPPING ORDER

Shipper 发货人	B/L NO.提单号：
Guangzhou ABC Packaging Co.,LTD ADDRESS: Room 888,Building 8,No.888, Fuyou Road,Licheng Street,Zengcheng District, Guangzhou city,China Tel/Fax: 0086 020 88888888	**SDA 深圳森大国际货运有限公司** **SDA Logistics CO., LTD.** Rm415,Baofeng building,Dongmen South road#2006, Luohu shenzhen,China Tel:0755-28391476 Email: op09@sdaline.com

Consignee 收货人	Address:
BBB, S.A. de C.V Oriente 888 No. 888, entre sur 88 y sur 88 Col Agricola Oriental, C. P.88888, Iztacalco, Ciudad de México Tel: (55)88888888	

Notify Party 通知人
SAME AS CONSIGNE

AisoNotify party 第二通知人

运输条款：		可否转船 □
□ CFS-CFS	□ DOOR-DOOR	
☑ CY-CY	□ CY-DOOR	可否分批 □

Vessel /Voy No 船名/航次	Port of loading 装货港	Closing Date (截关日)	Container type&number (柜货&数量)
	SHEN ZHEN		□ X20′ □ X40′ ☑ X40′HQ □ CFS □ 其他

Place of Delivery 交货地	Port of Discharge 卸货港	FREIGHT & CHARGE: (运费与附加费)
	MANZANILLO, MX	☑ PREPAID □ COLLECT 运费预付 运费到付

Marks & Numbers 标记与号码	No & kind of Packages 货　　数	Description of Packages & goods 货　　名	Gross Weight 毛重 (公斤)	Measurement 尺码 (立方米)
N/M	2720件	tin box	8160	68.00

注意事项	
1.委托人签署本委托书时已视受托人为其代理人，并委托受托人代签运单及代办国际海运,沿海运输,公路,铁路运输码头操作及费用结算。 2.本公司有责任有义务配合委托人及船公司处理好运输环节中的各项事宜,但对船期延时抵港.延时开船.爆舱甩柜.中转.报关延误等非本公司所能控制而产生的一切责任和费用不负担赔偿。 3.可否转船, 可否分批栏不填写的, 一律视作可转,可分批。运费预付, 到付栏不填的, 一律按预付处理。 4.危险品托运, 除填本单危险品外, 必须提供产品说明书, 包括容器使用性能鉴定书。 5.在运输环节中,由于种种非我公司原因而产生的额外费用(如: 查柜、改船、超期、压车、放空等)一律实报实销。 6.因托运单填写错误或资料不全引起的货物不能及时出运, 运错目的地, 提单错误不能结运, 不能提货等而产生的一切责任、风险、纠纷、费用等则托运人承担。 7.委托人拒付相关码头操作及相关费用给其代理人时, 代理人有权扣押、留置, 其货物及物权凭证, 委托人视做认可无其它异议并同意执行上述条款。	运费支付人： 支付方式： ☑汇款 □托收 □支票 托运人: 签名, 盖章 日期：

图 3-5-10　森大订舱确认书

陽明海運股份有限公司
Yangming Marine Transport Corporation

Addr: 26F, Caiwuwei Jinlong Building Block D, Jingji 100, Hongbao Road, Luohu District, Shenzhen, China
Tel: (86-755)-33042500

运编号: YMBK-23032945616

Shipping Order

Shipper: **SDA Logistics CO., LTD**		
Tel: Fax:	From: Tel:	Issue Date: **2023.04.08**
Consignee: **TO ORDER**	**S/O.NO.**	**C226030559001**
Tel: Fax:		
Notify party: **BBB, S.A. de C.V**	Payment Terms	Service Type	Cargo Tracking Reference No.
Tel:	**PREPAID**	**FCL**	**C226030559**

Vessel/Voyage(大船): **YM UTILITY - 081E** SA431SE	Feeder/Voyage(驳船):		
ETA: 2023.04.11 16:00 ETD: 2023.04.12 08:00 截关日: 2023.04.10 12:00		收货日:	截关日:

Cargo Receipt Date(收货日): **2023.04.04至2023.04.10 12:00**	Close Date(截放行舱日):	海关预报仓单资料截数日期:	VSL VGM Date(大船VGM截数日): **2023.04.10 12:00**
Port Of Receipt(*): CNYTN **YANTIAN**	Port Of Loading: CNYTN **YANTIAN, GD**	Train Code:	Delivery Status: **CY**	ContraceNo./CaseID: **WSAE03097000**	Approval No.:
Discharge Port(下一卸货港): MXZLO **MANZANILLO**	ETA: 2023.05.08	Final Discharge Port(最后卸货港): MXZLO **MANZANILLO**	Final Destination(最后目的地): MXZLO **MANZANILLO**

	Size(*)	Quantity(*)	SOC	Container NO.	Depot/Terminal:
	40HQ	**1**	**N**		**YICT (盐田国际集装箱码头)**
Container Details	Cargo Commodity			Seal NO.:	Booking Party: **YGCARRIER-SZP**
	tin box			Commodity Group:	Credit Party:

Remark	
提吉柜点	**YICT (盐田国际集装箱码头)**
还重柜点	**YICT (盐田国际集装箱码头)**

备注: (1) Email:doc-szn@yml.com.cn,(邮件主旨:SI for S/O No./Vessel name/Loading port,若再次更改的请加上REVISE)

(2) 从盐田出货,如需我司代为通知码头作集装箱箱体适运检验,必须提前48小时通知我司!

(3) 请注意箱体本身限重以及起运港,目的港之限量!

(4) 请在收货期内安排做柜,否则由此产生的仓租及相关费用将由贵司承担!

(5) 如果不做柜或需改船,请及时通知我司,以免造成仓位浪费,在我司留下不良记录!

(6) 请核对本函件与订仓之数据是否一致,如有错漏,请致电本公司更正为实!

(7) 若取消冻柜订仓,请于预约提柜日期前72小时通知,否则费用须自付!

(8) 在非工作时间,提空柜事宜请联系阳明深圳王小姐 手机:13554893955

(9) 请核对此函件是否正确,如有错漏,请致电本公司更改为要;
　 S/I TEL: 香港852-31893451/462;深圳: 755-33042583/584;广州: 20-28262150;中山: 760-89885265

(10)请贵司注意核对"DELIVERY STATUS",如有错漏必须在S/I前通知敝司更改,否则产生费用由贵司承担。

(11)直航船采用网上申报方式(取消EIR申报)/致函维持现有操作不变;

(12)提空地点查询网址: http://eir.cmclink.com/eirsearch Tel:4006400963-1

(13)货主/订舱委托人预约舱位/运送时,如有瞒漏/误报,罚款为每柜USD30,000,并需支款所有相关费用及承担所有责任。风险及损失赔偿费用。

(14) 从2020/4/6日起,请目前还是通过EMAIL补料的客户全部通过阳明网页提交补料,如在补料时遇到问题或者需要WEB SI的流程请发送邮件,在阳明网页提交补料之后,如果有修改也请发送邮件。
发送邮件地址: doc-szn@yml.com.cn;网页补料网址:https://o-www.yangming.com

(15) 针对出口货物VGM发生错报、瞒报的集装箱,自2021/04/18始向客户收取箱重错报费USD300/箱。

(16) 即日起金额低于人民币壹佰万元(美金发票按开票汇率折算),我司仅提供深圳增值税电子普通发票。

盐田联代打单处: 25267003 盐田国际码头Tel:25298645 盐田新霸达Tel:25293498
盐田西部联合Tel:25206475 盐田利成富Tel:25291697
蛇口联代打单处: 26805257 蛇口码头Tel:26822241 招商港务码头Tel:26885324
蛇口新霸达Tel:26899219 蛇口兴思达Tel:86619500 西部联合物流Tel:26392454

图 3-5-11　阳明订舱确认书

任务测试

参考答案

任务评价

任务评价见表3-5-4。

表 3-5-4　班轮运输与订舱任务评价

序号	考核项目	考核内容	分值	自我评价	小组评价	教师评价	得分
1	知识测试	选择题	10				
		简答题	10				
2	技能训练	当事人信息填写正确	10				
		港口信息填写正确	10				
		货物信息填写正确	20				
		集装箱信息填写正确	10				
		运费信息填写正确	5				
		船期信息填写正确	5				
3	职业素养	沟通交流	10				
		展示表达	10				

备注：得分＝自我评价20%＋小组评价40%＋教师评价40%。

任务六　海运费

知识目标

掌握海运费的组成与计算。

能力目标

能计算运费及相关费用，选择合适的船公司。

素质目标

在学习海运费时，培养学生科学严谨的计算能力，增强节约成本与控制成本的理念。

任务描述

根据货代业务工作流程，Alan 在查看船期表的时候，还要计算运费及相关费用（货物选用1×40HQ普箱）并根据客户要求选择合适的船公司，才能订舱。船公司报价表见表3-6-1。

表 3-6-1　YML 等船公司报价表

船公司	YML	COSCO	MAERSK	MSC	OOCL
起运港	YANTIAN	YANTIAN	YANTIAN	YANTIAN	YANTIAN

续表

目的港		MANZANILLO	MANZANILLO	MANZANILLO	MANZANILLO	MANZANILLO
O/F（USD）箱	20GP	1 900.00	1 950.00	2 200.00	2 250.00	2 000.00
	40GP	2 550.00	2 700.00	2 900.00	2 950.00	2 850.00
	40HQ	2 550.00	2 700.00	2 900.00	2 950.00	2 850.00
文件费（CNY/票）		500.00	550.00	540.00	500.00	450.00
封志费（CNY/箱）		30.00	30.00	40.00	40.00	40.00
设备交接单费（CNY/箱）		50.00	50.00	50.00	50.00	50.00
码头操作费（CNY/箱）	20GP	1 035.00	1 050.00	1 050.00	1 050.00	1 100.00
	40GP	1 577.00	1 650.00	1 650.00	1 650.00	1 680.00
	40HQ	1 577.00	1 650.00	1 650.00	1 650.00	1 680.00
AMS（USD/票）		30.00	30.00	30.00	30.00	30.00
电放费（CNY/票）		450.00	550.00	550.00	550.00	500.00
备注		报价有效期到 2023 年 7 月 20 日				

任务分析

要完成该任务，必须掌握海运费的组成与计算。

任务学习

在班轮船期与订舱任务中提到，选择船公司与船期的时候，除了要查看船期表，还要计算各船公司的海运费（海运成本），才能确定船公司，才能订舱。目前，海运费运价成熟，基本上分为两个大类，一类是件杂货运费计算，俗称散货价；另一类则是以集装箱计费，俗称包箱价。

杂货班轮
运费计算

一、件杂货运费

件杂货运费主要包括基本运费和附加费两部分。

（一）基本运费 Ocean Freight（O/F）

基本运费是根据班轮公司指定的运价表计算的。目前，基本运费的计算标准（基本运费率）较多样化，可以按重量吨计收，可以按尺码吨级计收，按 FOB 货值的一定百分比计收等。基本运费=基本运费率×运量。

常见基本运费率表示方法。

（1）按重量吨计收，表内列明 "W"，以每公吨①或每长吨②为计算单位。

（2）按货物体积计收，表内列明 "M"，以 1 立方米作为计算单位。

（3）按体积或重量，表内列为 "W/M"，两者比较按高者作为计算单位。

（4）按商品的 FOB 价值的一定百分比计收，表内列明为 Ad Val 或 A.V.。

---

① 公吨，公制重量或质量单位，1 公吨=1 000 千克。

② 长吨，实行英制的国家采用的重量单位，1 长吨=1 016.05 千克。

（5）按混合标准计收，如 W/M plus AV，按重量吨或尺码吨再加从价运费。

（6）还有一些商品是按件（Per Unit）或头（Per Head）计收，前者如车辆等，后者如活牲畜等。对于大宗商品，（如粮食、矿石、煤炭等），因运量较大，货价较低，容易装卸，船公司为了争取货源，可以另行与货主商定运价。

（二）附加费

在计算运费时，除按照航线和商品的等级，先按基本运费率算出基本运费，然后还要查出各种附加费用，并将需要支出的附加费一一计算在内。

1. 附加费种类

班轮运输附加费用项目较多，例如，因商品的不同，港口不同，或其他原因，都可能有附加费。附加费大致有以下几种。

（1）由于商品特点不同而增收的附加费：超重附加费、超长附加费、洗舱费等。

（2）由于港口不同情况而增收的附加费：港口附加费、港口拥挤费、选港费、直航附加费等。

（3）由于其他原因而临时增加的附加费：燃油附加费、贬值附加费等。

2. 常见的附加运费名目

（1）燃油附加费（Bunker Adjustment Factor，BAF）。

指国际油价上升时船公司收取的附加费。船公司通常在油价上下浮动时，通过区分不同航线来公布新的燃油附加费标准。

（2）港口附加费（Port Additional Surcharge，PAS）。

指针对会导致运输成本增加的港口或港口中的部分港区，对来自或运往此种港口或港区的货物加收的附加费。

（3）港口拥挤附加费（Port Congestion Surcharge，PCS）。

是港口附加费的一种特殊情况，指一些港口常发生拥堵情况，导致船舶必须在锚地停泊较长时间才能靠泊装卸货。针对来自或运往这些港口的货物，船公司会加收港口拥堵附加费。

（4）绕航附加费（Deviation Surcharge）。

当船舶正常航线由于战争、运河关闭、航道堵塞等意外情况不能通行时，船舶必须绕道更远航线才能将货物运至目的港，此时加收绕航附加费。

（5）货物贬值附加费（Currency Adjustment Factor，CAF）。

因承运人计收运费的币种发生贬值而临时加收的一种附加费。运费通常以美元结算，美国大幅贬值时，船公司就会收取货币贬值附加费。

（6）变更卸货港附加费（Additional for Alteration of Destination）。

当托运人或单证持有人不打算将货物运至原定目的港，而希望将货物运往另一个地点时。

（7）选择卸货港附加费（Additional for Optional Destination）。

托运人在托运时还不能确定具体卸货港，因此要求承运人在船舶开航后在预先选好的两个（以上）卸货港中择一卸货，船公司会收取此种费用。

（8）超额责任附加费（Additional for Excess of Liability）。

在运输贵重货物时，承运人将承担超出提单约定的赔偿责任限额的赔偿责任，此时承运人向托运人加收超额责任附加费。超额责任附加费是根据货物 FOB 价值按一定比例计收的，故托运人须在托运时告知承运人货物的 FOB 价值。

（9）船舶和港口设施保安附加费（ISPS Fee）。

"9·11"事件后，各海运大国都制定了一系列规则以防止恐怖组织利用海运发动恐怖袭击。船公司为了执行上述规则会产生各种费用，最终这些费用将通过船舶和港口设施保安附加费全部和部分转嫁给货主。

案例 3-6-1：某轮从上海港装运 10 t、共计 11 m³ 的蛋制品去英国普利茅斯港，要求直航，求全部运费。

案例 3-6-1 分析：

（1）查货物分级表知蛋制品为 12 级，计算标准为 W/M（即以重量或体积两者中运费高的为准）。

（2）再从中国到欧洲地中海航线分级费率表（表 3-6-2）中查出 12 级货物的基本费率为 116 元/费吨。

（3）因该货物体积数字 11 大于重量数字 10，所以运费吨应为 11。

（4）另从附加费率表中查知普利茅斯港直航附加费（普利茅斯港是非基本港）为每运费吨 18 美元，燃油附加费 35%。

（5）代入计算公式：运费总额 = 11 × [116 × (1 + 35%) + 18] = 1 920.60（美元）。

表 3-6-2　中国—欧洲航线等级费率表

货名	计算标准	等级	费率/美元
农业机械	W/M	9	115.00
棉布及纺织品	M	10	116.00
豆制品	W/M	10	116.00
玩具	M	20	200.00
基本港口：鹿特丹港、汉堡港、费力克斯托港、安特卫普港、勒哈佛港			

二、集装箱运费

集装箱货物运费基本上分为两个大类，一类是沿用件杂货运费计算方法，即以每运费吨为单位（俗称散货价），适用于拼箱货；另一类是以每个集装箱为计费单位（俗称包箱价），适用于整箱货。

（一）整箱运费

整箱 FCL 是指货方自行将货物装满整箱以后，以箱为单位托运的集装箱。整箱费用主要由海运费 O/F、附加费、口岸杂费三个构成。

1. 海运费 O/F

从起运港到目的港航行的距离需要收取海运费。一般按照班轮运价表的规定计算，是船公司设定的价格。不同船公司的海运费不同。

2. 附加费

附加费主要包括燃油附加费（BAF）、货币贬值附加费（CAF）、港口附加费（PAS）、港口拥挤附加费（PCS）、绕航附加费等，还包括以下附加费。

（1）旺季附加费（Peak Season Surcharge，PSS）。

集装箱货物具有明显的季节性特点，常常每年的8、9月到次年的1、2月货源非常充足，船公司会收取一笔旺季附加费。

（2）超重附加费（Heavy Cargo Surcharge，HCS）。

单个集装箱内的货物超过一定重量时，船公司会对该集装箱货物加收超重费。只在某些特定航线上的超重货物加收此种附加费，不同航线的超重附加费收费标准也不同。

（3）苏伊士运河附加费（Suez Canal Transit Fee，SUZ）、巴拿马运河附加费（Panama Canal Transit Fee，PNC）。

对于需要经过苏伊士运河或巴拿马运河的集装箱货物，船公司会按照20 ft标箱和40 ft标箱的标准向货主加收附加费。

3. 口岸杂费

主要分为按票收取的口岸杂项费用（如单证费、报关费、商检代理费、商检换证费等）和按运量单位收取的口岸杂项费用（码头操作费、原产地收货费、国际船舶和港口安全费用）等。常见的杂费如下。

（1）ORC：Origin Receiving Charge，起运港码头费。

（2）DDC：Destination Delivery Charge，目的港提货费。

（3）THC：Terminal Handling Charge，码头操作（吊柜）费。

（4）DOC：Document 文件费。

（5）AMS：America Manifest System（美国舱单系统）。

（6）SE：Seal Fee，集装箱铅封费。

（7）TLX：Telex Release，提单电放费。

（8）ACI：Advance Commercial Information（用于加拿大航线），加拿大舱单系统。

（9）CLB：Cleaning Box Charge，集装箱清洁费。

（10）CMC：Container Management Charges，集装箱管理费。

（11）DEM：Demurrage Charges，滞期费。

（12）VGM：Verified Gross Mass，集装箱重量查核费。

（13）EIR：Equipment Intercharge Receipt，设备交接单。

案例3-6-2：某船公司公布收费标准如下。

NANSHA to CALCUTTA/KOLKATA 南沙—加尔各答。

免费申报VGM；不免TLX，如需提单电放，加收电放费。

20GP/40GP/40HQ运费构成：O/F+THC+DOC+ISPS+SEAL FEE；

O/F：＄2130/3350/3350　　　THC：RMB845/1230/1230

DOC：RMB500/Bill　　　　　ISPS：USD15/柜

SEAL FEE：RMB50/柜

（注意：上述报价不含CDS费和CIC费：＄100/＄200/＄200，CDS费：＄100/＄200/＄200，两项费用需预付；可申请目的港14天免柜/加钱申请21天免柜；小柜含柜重满18 t收重柜费50美元，含柜重，满21.8 t收取重柜费100美元）。求实际支付的海运费是多少？（美元∶人民币≈1∶6.8）

案例3-6-2分析：NANSHA TO CALCUTTA/KOLKATA

20GP 的运费：USD2130+THC+DOC+ISPS+SEAL FEE

40GP 的运费：USD3350+THC+DOC+ISPS+SEAL FEE

40HQ 的运费：USD3350+THC+DOC+ISPS+SEAL FEE

由于船公司运费报价不含 CIC 费和 CDS 费，因此实际付海运费时，应加上，即实际支付海运费：

20GP 的运费＝USD2130+USD100+USD100+USD247.5＝USD2577.50

40GP 的运费＝USD3350+USD200+USD200+USD311.67＝USD4061.67

40HQ 的运费＝USD3350+USD200+USD200+USD311.67＝USD4061.67

（二）拼箱运费

拼箱 LCL 是指承运人（或代理人）接受货主托运的数量不足整箱的小票货运后，根据货类性质和目的地进行分类整理装箱。该业务涉及拼箱费用和拼箱海运费。

1. 拼箱费用

根据业务操作，拼箱费用主要由五部分构成。

（1）进仓费：上船前，工厂需要把货物送到货代指定的仓库，之后由货代负责装箱、进港、报关等操作，此时，货代要收取进仓的费用。

（2）报关费：出口报关时，货代会收取代理报关服务费。

（3）海运拼箱亏舱费：在海运拼箱出口过程中，因订舱人原因造成货物无法及时出运，导致拼箱公司舱位空置，要收取亏舱费

（4）卸货港拆箱费：当海运货物到达目的地后，承运人根据收货人的情况将集装箱货物进行拆箱，产生的费用需收货人承担。

（5）分拨费：承运人拆箱并将货物分开放在仓库，产生分拨费，通常按计费吨计算，部分有最低计费标准。

2. 拼箱海运费

拼箱海运费是根据船公司的运价表计算出来的，采用散货运费计算。

（1）基本运费：一般按照货物或者体积两种方式计算。

基本运费＝基本运费率×体积；基本运费＝基本运费率×重量。

根据货物等级确定基本运费率，根据计费标准确定计费单位。

（2）附加费：根据船公司公布费用收取。

案例 3-6-3：某船公司公布收费标准见表 3-6-3。现客户要求从烟台装运 10 t，共计 11 m³ 蛋制品到德国汉堡港，要求拼箱，运费是多少？

表 3-6-3　中远集团第一号运价表

中远集团第一号运价表 COSCO GROUP TRRIFF NO. 1	page	126
	Rev.	
	Efft. Date	
	Corr. NO.	
中国—欧洲航线集装箱费率表 CHINA-EUROPE CONTAINER SERVICE		
上海、新港、大连、青岛—鹿特丹、汉堡、费力克斯托、安特卫普、勒哈佛 SHANGHAI, XINGANG, DALIAN, QINGDAO-ROTTERDAM, HAMBURA, FELIXSTOWE, ANTWERPLE, LEHAVRE		

续表

| 等级 | 直达 | | | 经香港或上海、新港转船 | | |
| | DIRECT | | | TRANSHIPMENT VIA HONGKONG OR SHANGHAI, XINGANG | | |
	LCL W/M	CY/CY 20′	40′	LCL W/M	CY/CY 20′	40′
1~8	120.00	1 850.00	3 500.00	130.00	2 050.00	3 900.00
9	125.00	1 950.00	3 700.00	135.00	2 150.00	4 100.00
10~11	130.00	2 050.00	3 900.00	140.00	2 250.00	4 300.00
12~20	135.00	2 150.00	4 100.00	145.00	2 350.00	4 500.00
CHEMICALS，N. H.（化学品）		2 050.00	3 900.00		2 250.00	4 300.00
SEMI-HAZARDOUS（半危险品）	130.00	2 650.00	5 050.00	140.00	2 850.00	5 450.00
HAZARDOUS（危险品）	148.00	3 300.00	6 300.00	158.00	3 500.00	6 700.00
REEFER（冷藏）		3 850.00	6 100.00		4 050.00	6 500.00

注：1. 秦皇岛、连云港、烟台出口欧洲的货物须经香港转船，其费率在直达欧洲费率基础上加 USD300/20/，USD570/40′，LCL USD17.00/F. T.

　　2. 张家港出口欧洲的货物须经上海转船，其费率在上海直达欧洲的费率基础上加 USD100/20/，USD200/40/，LCL USD5.00/F. T.

　　3. 镇江出口欧洲的货物须经上海转船，其费率在上海直达欧洲的费率基础上加 USDI5020，USD300/40/，LCL USD8.00/F. T.

案例 3-6-3 分析：经查货物分级表（表 3-6-2）可知，蛋制品是 10 级，计算标准是 W/M，取其中较大者作为计算标准，则计算标准为 11 M；查中国—欧洲地中海航线等级费率表（表 3-6-3），10 级货物拼箱货的基本费率为每吨 130 美元；烟台到鹿特丹，须在香港转船，需加价 LCL USD17.00/F. T；则运费为：F＝130×11+17×11＝1 617(美元)。

三、海运费实例

业务员 Alan 收到客户邮件，要求安排 1×20GP 出运，采用最经济方案。请计算运费及相关费用，选择合适的船公司。船公司报价表见表 3-6-4。

表 3-6-4　APL 等船公司报价表

船公司		APL	COSCO	MAERSK	MSC	OOCL
起运港		SHANGHAI	SHANGHAI	SHANGHAI	SHANGHAI	SHANGHAI
目的港		NEW YORK	NEW YORK	NEW YORK	NEW YORK	NEW YORK
O/F（USD）箱	20GP	2 800.00	2 400.00	2 700.00	2 750.00	2 500.00
	40GP	3 400.00	2 950.00	3 300.00	3 350.00	3 100.00
	40HQ	3 400.00	2 950.00	3 300.00	3 350.00	3 100.00
文件费（CNY/票）		550.00	500.00	540.00	500.00	450.00
订舱费（CNY/箱）	20GP	250.00	220.00	250.00	250.00	250.00
	40GP	390.00	335.00	390.00	390.00	390.00
	40HQ	390.00	465.00	390.00	390.00	390.00
封志费（CNY/箱）		40.00	30.00	40.00	40.00	40.00
设备交接单费（CNY/箱）		50.00	50.00	50.00	50.00	50.00

续表

码头操作费 （CNY/箱）	20GP	790.00	790.00	790.00	790.00	787.00
	40GP	1 185.00	1 185.00	1 185.00	1 185.00	1 181.00
	40HQ	1 185.00	1 185.00	1 185.00	1 185.00	1 181.00
AMS（USD/票）		30.00	30.00	30.00	30.00	30.00
电放费（CNY/票）		350.00	300.00	340.00	300.00	300.00

实例分析：货物用 1×20GP，从 SHANGHAI 到 NEW YORK，美元：人民币＝1：6.8。各船公司的运费构成及计算见表 3-6-5。

表 3-6-5　APL 各船公司的运费构成及排序

船公司	运费组成	运费合计	排序
APL	O/F+文件费+订舱费+ 封志费+设备交接单费+ 码头操作费＋AMS＋电放费	（2 800×6.8）+550+250+40+50+790+（30×6.8）+350=21 274CNY	5
COSCO		（2 400×6.8）+500+220+30+50+790+（30×6.8）+300=18 414CNY	1
MAERSK		（2 700×6.8）+540+250+40+50+790+（30×6.8）+340=20 574CNY	3
MSC		（2 750×6.8）+500+250+40+50+790+（30×6.8）+300=20 834CNY	4
OOCL		（2 500×6.8）+450+250+40+50+787+（30×6.8）+300=19 081CNY	2

根据经济原则，考虑选择费用最低的船公司，选择 COSCO 船公司。

四、常见各航线的海运费

东南亚线：O/F+THC+DOC（+T/R）

欧洲线：O/F+ORC+BAF+CAF+DOC+ENS

北美线：O/F+ORC+AMS+DOC（+DDC+BAF）

中南美线：O/F+ORC（THC）+DOC

印巴线：O/F+THC+DOC

澳洲线：O/F+THC+DOC

红海线：O/F+THC+DOC

非洲线：O/F+THC+DOC

任务实施

分析：货物用 1×40GP，从 YANTIAN 到 MANZANILLO，美元：人民币≈1：6.9。YML 等船公司报价表见表 3-6-6。

表 3-6-6　YML 等船公司报价表

船公司		YML	COSCO	MAERSK	MSC	OOCL
起运港		YANTIAN	YANTIAN	YANTIAN	YANTIAN	YANTIAN
目的港		MANZANILLO	MANZANILLO	MANZANILLO	MANZANILLO	MANZANILLO
O/F （USD）箱	20GP	1 900.00	1 950.00	2 200.00	2 250.00	2 000.00
	40GP	2 550.00	2 700.00	2 900.00	2 950.00	2 850.00
	40HQ	2 550.00	2 700.00	2 900.00	2 950.00	2 850.00

续表

文件费（CNY/票）	500.00	550.00	540.00	500.00	450.00
封志费（CNY/箱）	30.00	30.00	40.00	40.00	40.00
设备交接单费（CNY/箱）	50.00	50.00	50.00	50.00	50.00

码头操作费（CNY/箱）	20GP	1 035.00	1 050.00	1 050.00	1 050.00	1 100.00
	40GP	1 577.00	1 650.00	1 650.00	1 650.00	1 680.00
	40HQ	1 577.00	1 650.00	1 650.00	1 650.00	1 680.00

AMS（USD/票）	30.00	30.00	30.00	30.00	30.00
电放费（CNY/票）	450.00	550.00	550.00	550.00	500.00
备注	报价有效期到 2023 年 7 月 20 日				

各船公司的运费构成及计算见表 3-6-7。

表 3-6-7　YML 各船公司的运费构成及排序

船公司	运费组成	运费合计	排序
YML	O/F+文件费+封志费+设备交接单费+码头操作费+ AMS+电放费	（2 550×6.9）+500+30+50+1 577+（30×6.9）+450＝20 409CNY	1
COSCO		（2 700×6.9）+550+30+50+1 650+（30×6.9）+550＝21 667CNY	2
MAERSK		（2 900×6.9）+540+40+50+1 650+（30×6.9）+550＝23 047CNY	4
MSC		（2 950×6.9）+500+40+50+1 650+（30×6.9）+550＝23 352CNY	5
OOCL		（2 850×6.9）+450+40+50+1 680+（30×6.9）+500＝22 592CNY	3

根据经济原则，考虑选择费用最低的船公司，选择 YML 阳明海运公司。

任务测试 　　　　参考答案

任务评价

任务评价见表 3-6-8。

表 3-6-8　海运费任务评价

序号	考核项目	考核内容	分值	自我评价	小组评价	教师评价	得分
1	知识测试	选择题	20				
		简答题	20				
2	技能训练	基本运费计算正确	10				
		附加费计算正确	10				
		其他费用计算正确	10				
		总运费计算正确	10				
3	职业素养	沟通交流	10				
		展示表达	10				

备注：得分＝自我评价 20%+小组评价 40%+教师评价 40%。

任务七　海运报价

知识目标

掌握海运报价单的组成与计算。

能力目标

能正确制作海运报价单并向客户报价。

素质目标

在学习填制报价单时，培养学生科学严谨的计算能力和精益求精的工匠精神，增强沟通交流的职业素养。

任务描述

根据货代业务工作流程，Alan 选定 YML 阳明海运船公司（任务六任务实施中已详细说明），需结合客户要求和货代公司自身的利润，制作报价单向客户报价，见表 3-7-1。

1. YML 等船公司报价

表 3-7-1　YML 等船公司报价表

船公司		YML	COSCO	MAERSK	MSC	OOCL
起运港		YANTIAN	YANTIAN	YANTIAN	YANTIAN	YANTIAN
目的港		MANZANILLO	MANZANILLO	MANZANILLO	MANZANILLO	MANZANILLO
O/F（USD/箱）	20GP	1 900.00	1 950.00	2 200.00	2 250.00	2 000.00
	40GP	2 550.00	2 700.00	2 900.00	2 950.00	2 850.00
	40HQ	2 550.00	2 700.00	2 900.00	2 950.00	2 850.00
文件费（CNY/票）		500.00	550.00	540.00	500.00	450.00
封志费（CNY/箱）		30.00	30.00	40.00	40.00	40.00
设备交接单费（CNY/箱）		50.00	50.00	50.00	50.00	50.00
码头操作费（CNY/箱）	20GP	1 035.00	1 050.00	1 050.00	1 050.00	1 100.00
	40GP	1 577.00	1 650.00	1 650.00	1 650.00	1 680.00
	40HQ	1 577.00	1 650.00	1 650.00	1 650.00	1 680.00
AMS（USD/票）		30.00	30.00	30.00	30.00	30.00
电放费（CNY/票）		450.00	550.00	550.00	550.00	500.00
备注		报价有效期到 2023 年 7 月 20 日				

2. 货物

空铁罐，65 280 个；纸箱装，2 720 件；毛重：8 160 kg，体积：68 m³，货源地：惠州；贸易方式：CIF 曼萨尼约；价值：24 284.16 美元；美元：人民币 ≈ 1：6.9。

3. 集装箱操作费

50CNY PER TEU，向客户报价时每个集装箱利润加 180 美元，代客户买保险（加 1 成，费率为 0.8%），报关服务费 300 元，报检服务费 300 元。

4. 集装箱交接方式/地点

CY-CY，客户自行安排拖车把货物从惠州生产地拉到盐田港 CY，货代公司在盐田港 CY 接货。

任务：请制作报价单，向客户报价。

任务分析

要完成该任务，必须掌握海运报价单的组成与计算。

任务学习

海运报价是货代业务中最常见的操作，通常以报价单形式向客户报价。

一、报价费用

国际货运代理在给客户报价时，报价一般包含运输各环节费用和代理费/利润两部分。

（一）代理费/利润

每家货运代理公司的代理费用/利润会不一样，普通商品和危险品的代理费用/利润也会不一样，近洋航线与远洋航线的代理费用/利润也会不一样，普柜和特种柜的代理费用/利润也会不一样。对于普通商品的一般服务，国际货运代理费用/利润一般要求控制在总费用的5%~8%；如果附加服务较多，而且做到门到门，代理费用/利润可增加到最高15%；东南亚等近洋航线代理费用/利润一般是15~30美元，欧美等远洋航线的代理费用/利润一般是40~80美元；有时候货代公司为了做量，只要不亏，利润点很低也会接货。货物不同，客户不同，代理费用/利润也会不同。

在2008年12月1日开始实施的《国际货运代理服务质量要求》中，规定国际货运代理的服务报酬包括运费、服务费、手续费及相关费用等，即代理费用/利润体现在每个环节的差额上，报价时代理费用/利润加在每个环节费用上。

（二）运输各环节费用

通常，最简单的一票货物，其运输各环节费用大致包括海运费、装卸、报关报检、拖车、文件等。

1. 海运费

海运费是运输各环节费用主要构成部分。货代通过向船公司或者船代询价获得海运费成本，在给客户进行海运费报价时，通常会在船公司提供的报价（海运费成本）加上一定的利润进行报价。

2. 拖车、码头服务、报关报检服务等服务费

国际货代公司除了为客户提供国际海运服务外，还为客户提供综合的全方位物流服务，如内陆拖车、报关报检、码头装箱、保险等。

（1）拖车服务。一般来说，国际货代公司会维持 3~5 家相对固定的拖车公司。拖车公司会提供一定时期内相对固定的拖车报价表，货代公司在拖车公司提供的报价加上一定的利润，给客户拖车报价。报价通常有 Per Unit 和 TEU 两种报价单位，计算时需注意报价的货币单位，需注意换算的费率，需注意其他费用和要求，给客户报价时也要注明。某拖车公司报价表见表 3-7-2 所示。

表 3-7-2　某拖车公司报价表

线路	1 个 20GP	2 个 20GP	单位
上海—南京—上海	5 500.00	6 600.00	元/车
上海—杭州—上海	500.00	6 200.00	元/车
上海—宁波—上海	6 100.00	700.00	元/车

（2）码头服务。某码头公司的收费表见表 3-7-3 所示。

表 3-7-3　某码头公司收费表

费用名称	费用金额（备注说明）
订舱费	RMB250.00/20′，RMB350.00/40′（MSK 和 SAF：RMB450/20′，RMB550.00/40′）冻柜：RMB350.00/20′GP
港口设施安保费	RMB20.00/20′，RMB30.00/40′
装箱费	RMB550.00/20′，RMB850.00/40′
单证费	RMB20.00/20′，RMB40.00/40′
文件费	RMB200.00/票
THC	RMB470.00/20′，RMB750.00/40′（各船公司收费不同，口岸操作确认）
EDI	RMB 5.00/票
电子装箱信息费	RMB 10.00/票

备注：1. 部分船公司有箱单费，RMB20.00/20′，RMB40,00/40′，具体以口岸船公司为准；
　　　2. 仓库装箱：进港费（四期、五期码头）RMB200.00

（3）报关报检服务。一般国际货代公司也为客户提供代理报关、报检业务。报关报检代理费因地区市场情况略有不同。某报关行收费表见表 3-7-4 所示。

表 3-7-4　某报关行收费表

序号	项目	代理费/(元·票$^{-1}$)	备注（实际检验检疫费用）（普通货物）
1	出口货物报关	500	拼票在原单收费基础上增加 200 元/票；含市区查验
2	出口货物转关	600	含市区查验
3	出口货物报检	500	含市区查验
4	出口货物换证（普货）	200	含市区查验
8	进口货物报关		按照货物性质报价

续表

序号	项目	代理费/(元·票$^{-1}$)	备注（实际检验检疫费用）（普通货物）
9	意外情况	600/(元·次$^{-1}$)	600（元/次）海关、海事、商检等申请加班400元/次，柜子需熏蒸消毒
10	危险品海事申报	200	含市区查验
11	烟花换证	500	含市区查验

二、报价单

报价单是商业行为文件，作为货代给客户的报价载体，经常被用于回复客户询盘。

（一）报价单内容

报价单主要内容包括报价单的单头、货物基本信息、费用项目、报价单附注的其他资料等。对于不同的货代公司和不同的货代业务，根据货物的不同情况，报价单的具体内容略有不同。

（二）报价单功能

一份好的报价单具有以下三种功能。

1. 提供详细、规范的产品信息

报价单绝不仅要报价格，还要将货物名称、型号、尺寸、包装、付款方式等在报价单中体现，这些信息细致全面，一目了然，才能对客户有吸引力。

2. 方便客户统计和汇总资料

客户会对来自不同货代的报价单进行比较筛选并选择入围的目标对象，并将结果递交给决策人。如果报价单下载下来就可以用，那么被选中并且被传阅的概率就大大提高。

3. 方便客户归档，作为备忘再次使用

报价单不一定在第一轮采购中获得青睐（别人可能做得比你好），但是只要被客户选中并归档成为备忘的目标，那么就可能在接下来的采购中成为客户联系的对象。

（三）制作报价单时注意事项

（1）在邮件正文里放上一些关键内容，如总报价，公司优势等，这些都是引子，让客户有兴趣打开报价单。

（2）报价单的命名一定是公司名称加产品名称，保证客户到时候能够知道这份报价单是什么产品的报价单，来自哪个公司。

（3）写明收件人。在报价单开头写上To××客户，报价单制作时间和有效期。

（4）在报价单抬头部分加入自己的公司的标志、名称、电话、传真、邮箱，以及公司的一些理念、口号等，可以提升公司形象。

（5）制作报价表格时，将每一部分的价格标注清楚，还有付款方式等。

（6）很多公司有集装箱摆放软件，可以在最后一部分演示一下客户需要出运的产品如何摆放，总计需要几个集装箱，以彰显专业程度。

（7）注意分段排版，避免出现很多文字一大段的情况，用不同的颜色文字标记不同的重点，建议加上图片表格，图文表交叉。

（8）可以提供两种格式的报价单，一种是Word文档；另一种是PDF文档，必要时可再提供图片版。

三、海运报价实例

实例 3-7-1：2022 年 8 月 8 日，TIANJIN HUIHUANG INTERNATIONAL FREIGHT AGENCY CO.，LTD. 业务员 Alan 收到客户来函。

素材 1：有一批货物，从天津港运到加纳的特马港，贸易条款：CIF。

货物信息：柴油自卸车，HS：8704230090，20 台。

总重量：16 000 kg；总体积：8.545 m×2.496 m×3.170 m。

散货船可以吊装，可以接受放在甲板上。

素材 2：××××船公司海运费报价见表 3-7-5。

表 3-7-5　××××船公司报价

××××船公司散货船报价清单
报价有效期：2022 年 8 月 1—30 日
我司散货船报价如下： 海运费：USD58.50/m³，FLT 甲板；USD53.50/t，FLT 甲板
港口人民币费用： 港杂费：CNY33.00/m³；CNY30.00/kg。 报关费：CNY200.00/票；递载费：CNY300.00/票； 堆存费：CNY0.30/天/m³，免 10 天

素材 3：美元与人民币汇率为 1∶6.8。结果保留两位小数。由于不可抗力的影响，货物在港口堆存 15 天后才提走，利润为 500 元每票。

任务：请依据客户提供出运货物信息给客户报价（列出详情过程）。

实例 3-7-1 分析：

（1）根据客户需求与货物情况，该票货物为散货，允许将货物放在甲板上。

（2）查看船公司海运费报价，基本海运费计费标准为 W/M，货物毛重 16 t，体积 = 8.545 m×2.496 m×3.170 m=67.61 m³，计费单位为 67.61 m³。

基本海运费：58.50 美元×67.61 = 3 955.185 美元（×6.8）= 26 895.26 元

港杂费：33.00 元×67.61 = 2 231.13 元

报关费：200.00 元

递载费：300.00 元

堆存费：0.30×5×67.61 = 101.42 元

海运费合计=26 895.26 元+2 231.13 元+200 元+300 元+101.42 元
　　　　　=29 727.81（元）

（3）向客户报价，报价单如下：

基本海运费：26 895.26 元+500 = 27 395.26（元）（直接报 27 395.26 元，利润加在基本海运费里面）

港杂费：2 231.13 元

报关费：200.00 元

递载费：300.00 元

堆存费：101.42 元

报价合计：30 227.81 元

实例 3-7-2：Alan 收到客户邮件，要求安排 1×20GP 出运。素材如下。

1. 船公司报价表（表 3-7-6）

表 3-7-6　APL 各船公司报价

船公司		APL	COSCO	MAERSK	MSC	OOCL
起运港		SHANGHAI	SHANGHAI	SHANGHAI	SHANGHAI	SHANGHAI
目的港		NEW YORK	NEW YORK	NEW YORK	NEW YORK	NEW YORK
O/F（USD）箱	20GP	2 800.00	2 400.00	2 700.00	2 750.00	2 500.00
	40GP	3 400.00	2 950.00	3 300.00	3 350.00	3 100.00
	40HQ	3 400.00	2 950.00	3 300.00	3 350.00	3 100.00
文件费（CNY/票）		550.00	500.00	540.00	500.00	450.00
订舱费（CNY/箱）	20GP	250.00	220.00	250.00	250.00	250.00
	40GP	390.00	335.00	390.00	390.00	390.00
	40HQ	390.00	465.00	390.00	390.00	390.00
封志费（CNY/箱）		40.00	30.00	40.00	40.00	40.00
设备交接单费（CNY/箱）		50.00	50.00	50.00	50.00	50.00
码头操作费（CNY/箱）	20GP	790.00	790.00	790.00	790.00	787.00
	40GP	1 185.00	1 185.00	1 185.00	1 185.00	1 181.00
	40HQ	1 185.00	1 185.00	1 185.00	1 185.00	1 181.00
AMS（USD/票）		30.00	30.00	30.00	30.00	30.00
电放费（CNY/票）		350.00	300.00	340.00	300.00	300.00

2. 货物

五金配件，毛重：2 t，体积：24 m³，货源地：南京；贸易方式：CIF 纽约；价值：2 300 美元；要求电放；美元：人民币≈1：6.8。

集装箱操作费 50 元 PER TEU，向客户报价时每个集装箱利润加 200 美元，代客户买保险（加 1 成，费率为 0.08%），报关服务费 300 元，报检服务费 300 元。

3. 拖车公司报价（表 3-7-7）

向客户报价时每个集装箱利润加 500 元。

表 3-7-7　某拖车公司报价

线路	1 个 20GP	2 个 20GP	单位
上海—南京—上海	5 500.00	6 500.00	元/车
上海—杭州—上海	5 000.00	6 200.00	元/车
上海—宁波—上海	6 000.00	700.00	元/车

任务：请制作报价单，向客户报价。

实例 3-7-2 分析：

第一步：Alan 计算对比船公司报价，根据经济原则，选择 COSCO 船公司。

第二步：Alan 根据货物情况和客户需求，选择上海—南京—上海线路拖车服务。

第三步：根据贸易术语和客户需求，Alan 需要安排拖车把货物从生产地内陆运输到上海港，需要办理清关手续，需要代买保险，所以报价单中要体现海运费+内陆拖车费+保险费+报关报检服务费。报价单如表 3-7-8 所示。

表 3-7-8 报价单

一、报价信息					
有效期	2022 年 2 月 25 日—3 月 31 日				
业务量	产品：五金配件	体积：24.00 m³	货源地：南京		毛重：2.00 t
	目的港：纽约	交易方式：CIF 纽约	包装规格：8 件/纸箱 50 cm×20 cm×20 cm		
二、费用信息					
费用项目	收费单位	单价			费用总计（CNY）	备注
		20GP	40GP	40HQ		
1. 海运服务						
集装箱海运费	USD/箱	2 600			17 680	1USD＝6.8CNY
文件费	USD/票	500			500	
订舱费	CNY/箱	220			220	
封志费	CNY/箱	30			30	
设备交接单费	CNY/箱	50			50	
码头操作费	CNY/箱	790			790	
舱单费 AMS	USD/票	30			204	1USD＝6.8CNY
电放费	CNY/票	300			300	
集装箱操作费	CNY/箱	50			50	
2. 拖车服务						
上海—南京—上海	元/车	6 000			6 000	
3. 保险服务						
保险费	费率为 0.08%				100	1USD＝6.8CNY
4. 通关服务						
报检服务费	CNY/票	300			300	
报关服务费	CNY/票	300			300	
总计					26 524	

四、常见的报价操作

（1）很多时候，我们可以提供几种价格方案给客户，价格有高有低，承运商有大有小，让客户自行选择，或者推荐给客户。

（2）很多时候，客户询价，不必马上报价格，可以迅速回复邮件，谢谢客户的询盘，我们很重视与他合作，我们正在核算海运费等成本；同时沟通几个问题，例如，能否接受分批转船、是否指定装运港目的港、运输期限是否有要求等，并表示会给他一个最好的价格。

（3）只有真用心沟通，了解清楚了客户需求，我们才能报出最贴合客户需求的价格；同时，还要不断完善报价单的细节，就可以做出既符合行业和产品标准，又让客户满意的报价单。

任务实施

货物用 1×40HQ，从 YANTIAN 到 MANZANILLO，美元：人民币≈1：6.9。

各船公司的运费构成及计算见表 3-7-9 所示。

表 3-7-9　YML 各船公司的运费构成及排序

船公司	运费组成	运费合计	排序
YML	O/F+文件费+封志费+设备交接单费+码头操作费+ AMS+电放费	（2 550×6.9）+500+30+50+1 577+（30×6.9）+450＝20 409CNY	1
COSCO		（2 700×6.9）+550+30+50+1 650+（30×6.9）+550＝21 667CNY	2
MAERSK		（2 900×6.9）+540+40+50+1 650+（30×6.9）+550＝23 047CNY	4
MSC		（2 950×6.9）+500+40+50+1 650+（30×6.9）+550＝23 352CNY	5
OOCL		（2 850×6.9）+450+40+50+1 680+（30×6.9）+500＝22 592CNY	3

分析：

第一步：Alan 经计算对比船公司报价，根据经济原则，选择 YML 阳明海运船公司；

第二步：Alan 根据贸易术语和客户需求，需要办理清关手续、代买保险，所以报价单中要体现海运费保险费+报关报检服务费。客户广州 ABC 公司报价单见表 3-7-10。

表 3-7-10　客户广州 ABC 公司报价单

一、报价信息					
有效期	2023 年 4 月 7—17 日				
业务量	产品：空铁罐	体积：68.00 CBM		货源地：惠州	毛重：8.16 t
	目的港：曼萨尼约	交易方式：CIF 曼萨尼约		包装规格：纸箱	
二、费用信息					
费用项目	收费单位	单价			费用总计（CNY）	备注
		20GP	40GP	40HQ		
1. 海运服务						
集装箱海运费	USD/箱			2 630	18 147	1USD＝6.9CNY
文件费	CNY/票		500		500	1USD＝6.9CNY
封志费	CNY/箱		30		30	
设备交接单费	CNY/箱		50		50	
码头操作费	CNY/箱			1 577	1 577	
舱单费 AMS	USD/票		30		207	1USD＝6.9CNY
电放费	CNY/票		450		450	
集装箱操作费	CNY/箱			100	100	
2. 保险服务						
保险费	费率为 0.8%				147.45	1USD＝6.9CNY
3. 通关服务						
报检服务费	CNY/票		300		300	
报关服务费	CNY/票		300		300	
总计					21 808.45	

任务测试    参考答案

任务评价

任务评价见表3-7-11。

表3-7-11   海运报价任务评价表

序号	考核项目	考核内容	分值	自我评价	小组评价	教师评价	得分
1	知识测试	选择题	20				
		简答题	20				
2	技能训练	基本运费计算正确（加上利润）	10				
		拖车费计算正确（加上利润）	10				
		其他费用计算正确	10				
		报价计算正确	10				
3	职业素养	沟通交流	10				
		展示表达	10				

备注：得分=自我评价20%+小组评价40%+教师评价40%。

任务八　集港/配送作业

知识目标

（1）掌握集港作业中整车运输与零担运输的区别与注意事项。
（2）熟悉装箱方式及注意事项。

能力目标

（1）能选择合适的运输工具，计算集港运费，编制集港运输计划。
（2）能协助客户完成装箱，并填写装箱单。

素质目标

在学习集港/配送作业中，培养学生良好沟通与组织管理能力，培养学生团队意识及奉献精神。

任务描述

业务员Alan收到客户邮件，其中表明要求安排货物集港。

素材 1：需要集港的 3 票货物的具体信息见表 3-8-1～表 3-8-5 所示。

表 3-8-1 客户订单 1：鄞州××××科技公司订单信息

单号	PO1029			装运工厂城市	宁波鄞州区
装运工厂名称	××××生物科技公司			承运单位	
装运工厂地址	宁波市鄞州区洞桥镇文家垫村 联系人：文经理 电话：15688888888			最晚提货时间	2021/5/27 20：00：00
提货要求	司机携带正本提货委托函			车型要求	无指定要求
交货地点	宁波港			最晚交货时间	2021/5/27 14：00：00
序号	产品型号	产品名称	箱数	每箱重（kg）	包装尺寸（纸箱包装）
1	53446759	"菊语"干菊花	70	15	58 cm×58 cm×40 cm

表 3-8-2 客户订单 2：鄞州××××日用品有限公司订单信息

单号	D2020090801		装运工厂城市	宁波鄞州区
装运工厂名称	宁波市××××日用品有限公司		承运单位	
装运工厂地址	中国宁波市鄞州区姜山镇许家村 联系人：许经理 电话：15788888888		最晚提货时间	2021/5/27 11：00：00
提货要求	司机携带正本提货委托函		车型要求	无指定要求
交货地点	宁波港		最晚交货时间	2021/5/27 18：00：00
序号	产品型号	产品名称	数量	每箱重量（kg）	包装尺寸（纸箱包装）
1	183679510	"舒佳"香皂	180	24	53 cm×62 cm×40 cm

表 3-8-3 客户订单 3：慈溪××××玻璃制品公司订单信息

单号	PO1325			装运工厂城市	慈溪市
装运工厂名称	××××玻璃制品公司			承运单位	
装运工厂地址	慈溪市白沙路街道五北大街 联系人：吕经理 电话：15588888888			最晚提货时间	2021/5/27 14：00：00
提货要求	提货前 1 天在提送货管理平台预约 （平台网址：www.jd-Audio.com）			提货前提前 1 天在提送货管理平台预约	无指定要求
交货地点	宁波港			最晚交货时间	2021/5/27 20：00：00
序号	产品图号	产品名称	箱数	每箱重量/kg	包装尺寸（纸箱包装，已做好防震与缓冲处理）
1	5.446732	玻璃花瓶	95	30	52 cm×80 cm×43 cm

素材 2：

表 3-8-4　森大国际货运代理有限公司公路派车成本分析

车型	荷载重量/t	荷载体积/CBM	重货里程成本/ （CNY·T^{-1}·km^{-1}）	轻货里程成本/ （CNY·m^{-3}·km^{-1}）	起运费/ （CNY·趟$^{-1}$）
4.2 m 厢车	3.00	12.00	2.61	0.80	250
6.2 m 厢车	5.00	30.00	2.34	0.63	400
7.2 m 厢车	8.00	45.00	1.95	0.51	500
7.2 m 冷藏车	8.00	45.00	2.45	1.73	1 500
9.6 m 厢车	25.00	60.00	1.55	0.47	600
12.5 m 厢车	28.00	80.00	1.45	0.43	800
12.5 m 板车	28.00	85.00	1.43	0.42	800
12.5 m 托车	30.00	85.00	1.40	0.40	800
17.5 m 厢车	35.00	110.00	1.30	0.35	1 100
17.5 m 板车	35.00	110.00	1.28	0.34	1 100

备注：
（1）一般车型的英文表达。厢车：VAN；冷藏车：REFRIGERATOR TRUCK；板车：PLATE TRAILER；拖车：TRAILER。
（2）以上报价车辆均从宁波港仓库派出。每天派出时间为 5 点，车辆出发后开始起计在途时间，到达指定地点装货或卸货，最后送到宁波港。
（3）车辆早到请联系客户即刻开始装货，不允许晚到。
（4）以上成本为税后成本，已含过路过桥费、押车、隔夜等费用。
（5）以上报价轻重货按 1 t 等于 3 m^3 划分；已经拼箱的货物按照整体计算是轻货还是重货。
（6）为保证承运，装载货物不能超过荷载体积的 90%。
（7）以上成本计费按里程运价 "实际里程" 货物重量/体积（重货按实际重量计算，轻货按实际体积计算）。
（8）空车成本按照相应车辆 1 t 重货的里程成本；各段运费分段计算；起运费按具体货物适配车型按趟计算。
（9）在荷载范围内，不能越级派车，以最终回程货量为准

素材 3：

表 3-8-5　各运输点之间公路里程

单位：km

	宁波港码头仓库	××××生物科技公司	××××日用品有限公司	××××玻璃制品公司
宁波港码头仓库	—			
××××生物科技公司	60	—		
××××日用品有限公司	80	30	—	
××××玻璃制品公司	130	75	95	—

任务：请制定最经济的运输方案，列出需要的车型及数量+线路安排+费用。

任务分析

要完成该任务，必须掌握集港运输相关知识。

任务学习

在海运进出口业务（图 3-8-1）中，海运两端都会涉及内陆运输。从工厂到装货港港

口的运输，通常称为"集港"；从目的港到目的地的运输，通常称为"配送"。两端运输出现在不同的国家，费用单位不同，根据不同贸易术语，承担方也会不同，但方式原理相同。集港/配送作业涉及集港/配送货物、集港/配送方式、集港/配送后货物是否装箱/拆箱、如何装箱/拆箱等知识。

图 3-8-1　海运进出口业务运输

一、集港/配送方式

按照货物集港/配送的方式，通常分为整车和零担两种方式。

（一）整车集港/配送

整车货物陆运运输，通常使用拖车运输、卡车运输等多种方式。

1. 拖车运输（任务七已介绍）

拖车运输是以集装箱作为运输单位进行货物运输的一种现代化运输方式。常见拖车报价如表 3-8-6 所示。

表 3-8-6　某拖车公司报价

线路	1 个 20GP	2 个 20GP	单位
上海—南京—上海	5 500.00	6 600.00	元/车
上海—杭州—上海	500.00	6 200.00	
上海—宁波—上海	6 100.00	7 000.00	

2. 卡车运输

卡车运输一般按照车型收费，不同车型载重量不同，收费标准也不一样。选择车型，要注意车辆载重信息与车辆最大容积问题。一般情况下，重货看载重信息，轻货看最大容积。只要满足配载，根据城市到城市进行收费，一般里程数越大费用越高，常见卡车运输报价如表 3-8-7 所示。

表 3-8-7　上海—南京卡车运输某公司报价

单位：元·车$^{-1}$

上海—南京				
车型	4.2 m 厢车	7.2 m 厢车	9.6 m 厢车	12.5 m 厢车	17.5 m 厢车
荷载	3 t/12CBM	8 t/45CBM	25 t/60CBM	28 t/80CBM	35 t/110CBM
费用	2 470.00	3 097.00	3 561.00	4 309.00	4 998.00

（二）零担集港/配送

对于零担货物运输，按照货物的多少和货物运输要求进行计费，多票业务合并进行运输。零担运输通常会有按照 CBM 区间价格和 KGS 区间价格两种形式进行的收费，根据货物的重量或体积选择一定的区间进行计算。常见零担运输报价如表3-8-8所示。

表 3-8-8　上海—南京零担运输某公司报价

货型	计费等级	单价/元	货型	计费等级	单价/元
重货	≤10CBM（元·m^3）	200.00	轻货	≤3 t/（元·t^{-1}）	540.00
	10~30CBM（元·m^3）	185.00		3~8 t/（元·t^{-1}）	426.00
	>30CBM（元·m^3）	155.00		8~20 t/（元·t^{-1}）	429.00
	起运费/（元·趟$^{-1}$）	200.00		>20 t/（元·t^{-1}）	394.00
				起运费/（元·趟$^{-1}$）	250.00

备注：

1. 以上报价起运时间计算方式：若车辆上午10点前（含）装车结束离开，则从当日12点开始计起运时间；若车辆上午10点后装车结束离开，则从次日凌晨开始计起运时间。

2. 以上报价为税后报价，已含过路费过桥费、押车、隔夜、提送货、装卸货等费用。

3. 以上零担报价按"立方单价×实际货量立方数或重量单价"计价（不足起运费时，按起运费计算）。

4. 以上报价轻重货按1 t等于3 m^3划分

（三）货物集港/配送注意事项

（1）考虑客户需求，特别是时间上的要求，能否在规定时间内到达。

（2）考虑货物能否混载，能否拼车，能否拼箱。在一般情况下，危险品、容易串味等货物不宜拼车/混载/拼箱。

（3）考虑车型，货物是否超载。

（4）考虑成本效益，遵从绿色环保原则。

二、拖车业务

拖车运输作业以集装箱为运输单位的一种现代化运输方式，发展越来越快，其操作流程较复杂，注意事项较多。

（一）拖车业务流程（图3-8-2）

图 3-8-2　拖车业务流程

一般的拖车业务分出口业务集装箱集港业务和进口业务集装箱配送业务。

1. 出口业务集装箱集港业务

（1）接收客户出口拖车业务委托。出口业务中客户要求工厂提货（DOOR to DOOR）的，需要安排拖车进行工厂装箱。出口业务一般要与客户确认货物提货要求，包括提货日期、地址、仓库联系人信息。货运代理在订舱完成后，根据配舱回单上的放舱日期，以及提箱地点确定装箱的最佳日期，并制作拖车计划单。

（2）制作出口拖车计划单。拖车计划单一般应包含的信息有货代公司名称、联系人、联系电话，集装箱数量，空箱提取地址，提空时间，交货地址，最晚交货期，装箱地址、联系人，货物信息（名称、重量、体积、尺寸），结算价格，特殊要求等。

（3）接收拖车公司拖车回传单。

（4）确认拖车信息，并传送相关提货单据。出口业务提箱时需要使用设备交接单（表3-8-9）。需要提前交付押金换取设备交接单。有一些港口使用EDI（电子数据交换平台），即可以直接在网上交押金，打印设备交接单，作为进场提箱的证明。

表3-8-9 集装箱发放/设备交接单 EQUIPMENT INTERCHANGE RECEIPT

用箱人/运箱人（CONTAINER USER/HAULIER）		提箱地点（PLACE OF DELIVERY）	
来自地点（WHERE FROM）		返回/收箱地点（PLACE OF RETURN）	
船名/航次（VESSEL/VOYAGE NO.）	集装箱号（CONTAINER）	尺寸/类型（SIZE/TYPE）	营运人（CNTR. OPTR）
提单号（B/L NO.）	铅封号（SEAL NO.）	免费期限（FREE TIME PERIOD）	运载工具牌号（TRUCK, WAGON, BARGE NO.）
出场目的/状态（PPS OF GATE-OUT/STATUS）	进场目的/状态（PPS OF GATE-IN/STATUS）	进场日期（TIME-OUT）	
进场检查记录（INSPECTION AT THE TIME OF INTERCHANGE）			
普通集装箱（GP CONTAINER）	冷藏集装箱（RF CONTAINER）	特种集装箱（SPECIAL CONTAINER）	发电机（GEN SET）
□ 正常（SOUND） □ 异常（DEFECTIVE）	□ 正常（SOUND） □ 异常（DEFECTIVE）	□ 正常（SOUND） □ 异常（DEFECTIVE）	□ 正常（SOUND） □ 异常（DEFECTIVE）
损坏记录及代号（DAMAGE&CODE） 破损（BROKEN） 凹损（DENT） 丢失（MISSING） 污箱（DIRTY） 危标（DGLABEL） 左侧（LEFT） 右侧（RIGHT） 前部（FRONT） 集装箱内部（CONTAINER INSIDE） 顶部（TOP） 底部（FLOOR BASE） 箱门（REAR） 如有异状，请注明程度及尺寸（REMARK）			

除列明者外，集装箱及集装箱设备交接时完好无损，铅封完整无误。

2. 进口业务集装箱配送业务

（1）接受客户委托。货代公司在接受客户进口业务委托后，问清楚货物到港日期、集装箱数量以及托运需求，提前查询拖车公司报价，及时给出报价信息。

（2）制作拖车计划。正式接受客户的委托后，制作拖车计划单。拖车计划单是传给拖车公司的运输委托证明。

（3）接收拖车公司拖车回传单。拖车公司接受拖车计划后，根据时间调度车辆和司机，制作拖车回车单，载明拖车车型、牌照，拖车出车时间、司机姓名、电话等信息，以确认车辆运输信息。

（4）确认拖车信息，并传送相关提货单据。进口业务一般货运代理公司负责换单业务，将提货单、设备交接单交给拖车司机，以备提货。

（二）拖车单

出口拖车计划单跟进口拖车计划单的信息内容基本一致。主要信息内容包括货代公司名称、联系人、联系电话、集装箱数量，空箱提取地址，提空时间，交货地址，最晚交货期，装箱地址、联系人，货物信息（名称、重量、体积、尺寸），结算价格，特殊要求等。常见拖车计划单见表3-8-10所示。

表3-8-10　拖车计划单

TO（邮箱）		
FROM（邮箱）		
委托公司名称		
柜型	柜量	
提货时间	船公司	
联系人	电话	
货物交付地址	货量	
提柜地址	还柜地址	
特殊要求	清关情况	
拖车费（元）		
备注：（1）请出车后务必将车牌号告知我司。（2）还柜后速将信息传至我司，谢谢合作		

（三）拖车业务注意事项

（1）装货地点（包括厂名），装货时间，联络方式和联络人。

（2）货物名称需详细列出，如果是木制品或是含木制品包装的货物，且这些货物是销往澳新或是美加的方向的，一定要说明，这些货物是要做植检或是熏蒸。

（3）货物的重量列出，主要考虑否可以承载该货物重量。

（4）如果是小柜，柜子要放拖架的哪个位置，或是否用小拖架，如果是2个小柜，结合实际情况，是否可以双拖。

三、做箱

在集装箱运输中，货物必须装进集装箱，不管是拼箱货还是整箱货。把货物装进集装箱，称为做箱，需要对集装箱合理地进行搭配装载，提高集装箱的装载率，减少集装箱的使用量，对承运人、货主来说都是十分有利的。装箱人在装箱前应按规定认直检查箱体，发现集装箱不适合装运货物时，应拒绝装箱，并立即通知集装箱所有人。

（一）做箱方式

根据集装箱的装箱地点，可以把集装箱装箱分为两种，即场装和拖装。

1. 场装

场装指客户将货物送到指定堆场装箱。一般情况下，货代按照货主要求提取空箱，并安排卡车将货物运至堆场，在堆场进行装箱，重箱入场，等待装船。

2. 拖装

拖装指拖车公司将集装箱拖到客户指定地点装货。一般情况下，货代按照货主要求提取空箱，并安排拖车把空箱拉到工厂，在工厂进行装箱，拖车把重箱拉回到堆场，等待装船。

(二) 做箱涉及的单证

1. 设备交接单

设备交接单，是拖车公司到堆场提取空的集装箱，重箱进码头时与堆场、码头检查口交接的凭证。

设备交接单一般一式六联，前三联用于出场，印有"出场 OUT"字样，其一联凭以发箱，一、二联堆场发箱后留存，三联提箱人（一般是货代）留存。后三联用于进场，印有"进场 IN"字样，其一、二联交付港区道口，其中二联留港区，一联转船方，三联自留。填写时，各栏目的字体必须清楚，发往地点要写完整，个人签名应写全名。

由于设备交接单是划分各方责任的依据，所以无论出场联还是入场联都要求仔细检查集装箱外表及铅封状态，默认是外表状况良好铅封良好集装箱。

空箱交接标准：箱体完好、水密、不漏光、清洁、无味，箱号及装箱规范清晰，特种集装箱的机械、电器装置正常。

2. 装箱单

集装箱装箱单是详细记载每一个集装箱内所装货物名称、数量、尺码、重量、标志和箱内货物积载情况的唯一单证。集装箱货运站装箱时由装箱的货运站缮制；发货人装箱时，由发货人或其代理人缮制。

装箱单的内容及填写要求如下。

①出口商名称、地址，要与发票一致。

②发票号码、制单日期，要与商业发票一致。

③装运港和目的港，一般只简单地标明运输路线及运输方式，如 FROM ×× TO ×× BY SEA/AIR.

④唛头必须与商业发票保持一致。

⑤装箱单货物描述可以使用统称，但不得与信用证的规定相抵触，而且装箱单上不得标明商品的单价和总价。

⑥规格应列明不同产品的型号、大小、花色等。

⑦外包装数量及内产品数量，要写明包装物的名称及数量，如每箱 18 只（18PCS/CTN）。

⑧每个外包装尺寸、毛重及净重，要按实际情况填写，外包装尺寸即每箱的长×宽×高，如 50 cm×30 cm×20 cm。

⑨总毛重、总体积，即将单件包装进行合计。

⑩出口商签章。若合同或信用证有要求，则需要签章。

常见装箱单如表 3-8-11 所示。

表 3-8-11　某公司装箱单

SHANGHAI HHH MACHINERY CO., LTD.
上海 HHH 机械制造有限公司

ADD：88F, BUILDING888, SHUGUANG INDUSTRY ZONE, NUMBER 8,　　Tel：86-21-88888888
SHIMEI AVENUE, JIESHI TOWN, JIADING DISTRICT,　　　　　　　　Fax：86-21-88888888
SHANGHAI CHINA

PACKING LIST

To：ZZZZ MAS GMBH

Invoice # HP2022-7760
DATE：JUL 18, 2022

Ellmenreichstr. 99, St. Georg, 99999Hamburg, Germany
TEL：+49-40-88888888
SHIPMENT：FROM SHANGHAI, CHINA TO HAMBURG, GERMANY

DESCRIPTION OF GOODS	QTY	CARTONS NO.	N. W. O. (KGS)	G. W. (KGS)	VOL (CBM)
GASOLINE GENERATOR SET					
ZI-STE2800IV　(2.8KW)	240	001~240	7 680.00	8 160.00	29.63
SPARE PARTS					
FUEL TANK	50	241~265	137.50	150.00	1.08
VOLTAGE REGULATOR	20	266	4.50	5.00	0.01
TOTAL：	310	001-266	7 822.00	8 315.00	30.72

N/M

TOTAL PACKAGES：266 CARTONS

任务实施

Alan 根据客户邮件中的素材，并与客户沟通，了解到客户需要将 3 票货物运到宁波港，计划空车从宁波港出发。

一、货物基本信息

（1）菊花茶：$15 \div (0.58 \times 0.58 \times 0.4) = 15 \div 0.134\ 56 \approx 111.5 < 333$
属轻货，采用立方米收费计算。
总体积：$(0.58 \times 0.58 \times 0.4) \times 70 = 9.419\ 2 \approx 9.42 (m^3)$。
（2）香皂：$24 \div (0.53 \times 0.62 \times 0.4) = 24 \div 0.131\ 44 \approx 182.6 < 333$
属轻货，采用立方米收费计算。
总体积：$(0.53 \times 0.62 \times 0.4) \times 180 = 23.659\ 2 \approx 23.66 (m^3)$。
（3）玻璃瓶：$30 \div (0.52 \times 0.8 \times 0.43) = 15 \div 0.178\ 88 \approx 167.8 < 333$
属轻货，采用立方米收费计算。
总体积：$(0.52 \times 0.8 \times 0.43) \times 95 = 16.993\ 6 \approx 17 (m^3)$。

二、配载方案

空车从宁波港出发，重货回到宁波港，遵循"先远后近，先轻后重"原则；车越大单价越便宜，而且有起运费，尽量少用车辆，能用 1 辆就不用 2 辆；菊花茶跟香皂不能组合在一起运输（容易串味），而玻璃瓶已做好防震与缓冲处理，可以跟任意一票货物组合运输。由此，至少需要两辆车同时进行运输，两种运输线路以及方案。

三、集港方案

方案一：香皂单独运输，玻璃瓶跟菊花茶组合运输。

香皂体积为 23.66 m³，而 4.2 m 厢车的容积为 12×90% = 10.8（m³），23.66>10.8，所以不能用 4.2 m 的厢车。6.2 m 的厢车容积为 30×90% = 27（m³），23.66<27，所以可以采用 6.2 m 的厢车①。

玻璃瓶跟菊花的体积为 9.42+17 = 26.42（m³），26.42<27，所以可以采用 6.2 m 的厢车②。

Alan 配载了两辆车，分别为①号车，②号车，由此可得知路线和费用为：

宁波码头——香皂厂

根据素材给出的条件空车按 1 t 重货里程成本计算：80×2.34×1 = 187.2（元）。

香皂厂——宁波码头

装货之后返回，由于香皂为轻货，所以采用轻货里程成本：80×0.63×23.66 = 1 192.464（元）。

宁波码头——玻璃瓶厂

由于玻璃瓶厂最远，采用先远后近先空车前往玻璃瓶厂：130×2.34×1 = 304.2（元）。

玻璃瓶厂——菊花茶厂

装货完毕前往菊花厂，由于玻璃瓶属于轻货，采用轻货里程成本计算：75×0.63×17 = 803.25（元）。

菊花茶厂——宁波码头

装货完毕返回宁波码头，由于玻璃瓶+菊花茶属于轻货，采用轻货里程成本计算 60×0.63×（17+9.42）= 998.676（元）。

总费用：187.2+1 192.464+304.2+803.25+998.676 = 3 485.79（元），总计花费 3 485.79 元。

方案二：菊花单独运输，玻璃瓶跟香皂组合运输。

菊花体积为 9.42 m³，4.2 m 厢车的容积为 12×90% = 10.8（m³），9.42<10.8，所以可以采用 4.2 米厢车。

玻璃瓶体积为 17 m³，香皂体积为 23.66 m³，总计为 17+23.66 = 40.66（m³）。7.2 米的厢车容积为 45×90% = 40.5（m³），40.66>40.5，所以不可采用 7.2 m 的厢车。9.6 m 的厢车容积为 60×90% = 54（m³），40.66<54，所以可以采用 9.6 m 厢车。

Alan 配载了 2 辆车，分别为①号车，②号车，由此可得知路线和费用为：

宁波码头——菊花茶厂

空车出发，采用 1 t 重货里程成本计算：60×2.61×1 = 156.6（元）。

菊花茶厂——宁波码头

装货返回，由于菊花茶为轻货，采用轻货里程成本计算：60×0.8×9.42 = 452.16（元）。

宁波码头——玻璃瓶厂

空车出发，采用 1 吨的重货里程成本计算：130×1.55×1 = 201.5（元）。

玻璃瓶厂——香皂厂

装货完毕，由于玻璃瓶为轻货，采用轻货里程成本计算：95×0.47×17 = 759.05（元）。

香皂厂──→宁波码头

装货返回，由于玻璃瓶+香皂为轻货，采用轻货里程成本计算：80×0.47×(17+23.66)=1 528.816(元)。

总费用：156.6+452.16+201.5+759.05+1 528.816=3 098.13(元)。

总计花费3 098.13(元)。

综上所述：方案一3 485.79元＞方案二3 098.13元，所以选择方案二，其运输成本更低，更划算。

任务测试 　　**参考答案**

任务评价

任务评价见表3-8-12。

表3-8-12　集港与配送任务评价表

序号	考核项目	考核内容	分值	自我评价	小组评价	教师评价	得分
1	知识测试	选择题	20				
		简答题	20				
2	技能训练	路线设计	10				
		车辆选择	10				
		费用计算	10				
		方案比较选择	10				
3	职业素养	沟通交流	10				
		展示表达	10				

备注：得分=自我评价20%+小组评价40%+教师评价40%。

任务九　提单签发

知识目标

掌握提单的作用与填写要点。

能力目标

能根据业务要求及相关信息，缮制提单等海运单据。

素质目标

在学习缮制提单时，应培养学生严谨、细致的工作态度，培养学生责任担当意识。

任务描述

根据货代业务工作流程，Alan 在深圳盐田港 CY（YICT 盐田国际集装箱码头）接收客户广州 ABC 包装公司的 1×40HQ（集装箱号为 SEGU4531370，铅封号为 YMAN949760）后，按照订舱确认书中的船期信息，协助码头公司于 VGM 截关日 2023.04.10 12：00 前将集装箱货物送至码头泊位，协助码头公司、船公司于开船日（2023.04.12）08：00 前将集装箱货物装上船（船名航次 YM UTILITY-081E），同时做好提单审核与签发工作。

素材 1：装箱单（图 3-9-1）。

素材 2：发票（图 3-9-2）。

素材 3：订舱确认书（图 3-9-3 和图 3-9-4）

任务：根据素材审核缮制 YML 提单（空白），见表 3-9-1。

ADDRESS: Room 8888,Building 8,No.888, Fuyou Road,Licheng Street,Zengcheng District, Guangzhou city,China						
Tel/Fax: 0086 020 8888888						
装　箱　单 PACKING LIST						
客户 To Messrs BBB,S.A. de C.V			发票号码 Invoice No	2023-BC01		
			日期			
			Date	2023/4/7		
唛头 Shipping Mark	件数 Packages	品名及规格 Description	数量 Quantity	毛重(公斤) Gross Weight	净重(公斤) Net Weight	体积（立方米） Measurement
N/M	2 720　件	空铁罐	6 5280　个	8 160	6 800	68
TOTAL	2 720　件		6 5280　个	8 160	6 800	68

图 3-9-1　装箱单

GuangzhouABC Packaging Co.,LTD				
ADDRESS: Room 8888,Building 8,No.188, Fuyou Road,Licheng Street,Zengcheng District, Guangzhou city,China				
Tel/Fax: 0086 020 88888888				
发　票 INVOICE				
客户 To Messrs BBB, S.A. de C.V			发票号码 Invoice No.	2023-BC01
			日期 Date:	2023/4/7
唛头 Shipping Mark	数量及品名 Quantity & Description		单价 Price	总价 Amount
			USD	USD（CIF）
N/M	空铁罐	65 280　个	0.372 0	24 284.16

图 3-9-2　发票

Shipping Order

陽明海運股份有限公司
Yangming Marine Transport Corporation

Addr: 26F, Caiwuwei Jinlong Building Block D, Jingji 100, Hongbao Road, Luohu District, Shenzhen, China
Tel: (86-755)-33042500

运编号：YMBK-23032945616

Shipper: SDA Logistics CO., LTD						
Tel:	Fax:		From:	Tel:		Issue Date: 2023.04.08
Consignee: TO ORDER			**S/O.NO.**		**C226030559001**	
Tel:	Fax:					
Notify party: BBB, S.A. de C.V			Payment Terms	Service Type	Cargo Tracking Reference No.	
Tel:	Fax:		**PREPAID**	**FCL**	**C226030559**	

Vessel/Voyage(大船*): YM UTILITY - 081E	SA4315E	Feeder/Voyage(驳船*):		
ETA: 2023.04.11 16:00 ETD: 2023.04.12 08:00 截关日: 2023.04.10 12:00		收货日:		截关日:
Cargo Receipt Date(收货日): 2023.04.04至2023.04.10 12:00	Close Date(截放行条日):	海关预报仓单资料截数日期: 2023.04.10 12:00		VSL VGM Date(大船VGM截数日): 2023.04.10 12:00
Port Of Receipt(*): YANTIAN	Port Of Loading: CNYTN YANTIAN, GD	Train Code:	Delivery Status: CY	ContraceNo./CaseID: WSAE03097000	Approval No.:
Discharge Port(下一卸货港): MANZANILLO ETA: 2023.05.08	Final Discharge Port(最后卸货港): MANZANILLO		Final Destination(最后目的地): MXZLO MANZANILLO		

Container Details	Size(*)	Quantity(*)	SOC	Container NO.	Depot/Terminal: YICT (鹽田國際集裝箱碼頭)	
	40HQ	1	N			
	Cargo Commodity				Seal NO.:	Booking Party: YGCARRIER-SZP
	tin box				Commodity Group:	Credity Party:

Remark	
提吉柜点	YICT (鹽田國際集裝箱碼頭)
还重柜点	YICT (鹽田國際集裝箱碼頭)

联系方式

备注：(1) Email:doc-szn@yml.com.cn,(邮件主旨:SI for S/O No./Vessel name/Loading port,若再次更改的请加上REVISE)

(2) 从盐田出货,如需我司代为通知码头作集装箱箱体适载检验,必须提前48小时通知我司！

(3) 请注意箱体本身重以及起运港,目的港之限量！

(4) 请在收货期内安排做柜,否则由此产生的仓租及相关费用将由贵司承担！

(5) 如果不做柜或需改船,请及时通知我司,以免造成仓位浪费,在我司留下不良记录！

(6) 请核对本函件与订仓之数据是否一致,如有错漏,请致电本公司更正为实！

(7) 若取消冻柜订仓,请于预约提柜日期前72小时通知,否则费用须自付！

(8) 在非工作时间,提空柜事宜请联系阳明深圳王小姐 手机: 13554893955

(9) 请核对此函件是否正确,如有错漏,请致电本公司更改为要；
S/I TEL:香港852-31893451/462,深圳:755-33042583/584;广州:20-28262150;中山:760-89885265

(10)请贵司注意核对"DELIVERY STATUS",如有错漏必须在S/I前通知敝司更改,否则产生费用由贵司承担。

(11)直航船采用网上申报方式（取消EIR申报）；驳船维持现有操作不变；

(12)提空地点查询网址: http://eir.cmclink.com/eirsearch Tel:4006400963-1

(13)货主/订舱委托人预约舱位/运送时,如有瞒报/误报,罚款为每柜USD30,000,并需支款所有相关费用及承担所有责任·风险及损失赔偿费用。

(14) 从2020/4/6日起,请目前还是通过EMAIL补料的客户全部通过阳明网页提交补料,如在补料时遇到问题或者需要WEB SI的流程请发送邮件,在阳明网页提交补料之后,如果有修改也请发送邮件。
发送邮件地址: doc-szn@yml.com.cn;网页补料网址:https://o-www.yangming.com

(15) 针对出口货物VGM发生错报、瞒报的集装箱,自2021/04/18始向客户收取箱重报费USD300/箱。

(16) 即日起金额低于人民币壹佰万元(美金发票按开票汇率折算),我司仅提供深圳增值税电子普通发票。

盐田联代打单处: 25267003 盐田国际码头Tel:25298645 盐田新霸达Tel:25293498
盐田西部联合Tel:25206475 盐田利成富Tel:25291697
蛇口联代打单处: 26805257 蛇口码头Tel:26822241 招商港务码头Tel:26885324
蛇口新霸达Tel:26899219 蛇口兴思达Tel:86619500 西部联合物流Tel:26392454

图 3-9-3　阳明海运股份有限公司订舱确认书

SHIPPING ORDER

Shipper 发货人 Guangzhou ABC Packaging Co.,LTD　　　ADDRESS: Room 888,Building 8,No.888, Fuyou Road,Licheng Street,Zengcheng District, Guangzhou city,China Tel/Fax: 0086 020 88888888	B/L NO. 提单号:

深圳森大国际货运有限公司
SDA Logistics CO., LTD.
Rm415,Baofeng building,Dongmen South road#2006,Luohu
shenzhen ,China　Tel:0755-28391476
Email: op09@sdaline.com

Consignee 收货人 BBB, S.A. de C.V　　　　　　　　Address: Oriente 888 No. 888, entre sur 88 y sur 88 Col Agricola Oriental, C. P.88888, Iztacalco, Ciudad de México Tel: (55)88888888	

Notify Party　通知人 SAME AS CONSIGNE	AisoNotify party 第二通知人

运输条款:		
☐ CFS-CFS	☐ DOOR-DOOR	可否转船 ☐
☑ CY-CY	☐ CY-DOOR	可否分批 ☐

Vessel /Voy No 船名/航次	Port of loading 装货港 SHEN ZHEN	Closing Date (截关日)	Container type&number (柜货&数量)		
			☐ X20'	☐ X40'	☑ X40'HQ
			☐ CFS	☐ 其他	

Place of Delivery 交货地	Port of Discharge 卸货港 MANZANILLO, MX	FREIGHT & CHARGE: (运费与附加费)		
		☑　　PREPAID 　　运费预付	☐　　COLLECT 　　运费到付	

Marks & Numbers 标记与号码	No & kind of Packages 货　　数	Description of Packages & goods 货　　名	Gross Weight 毛重（公斤）	Measurement 尺码（立方米）
N/M	2720件	tin box	8160	68.00

注意事项	1.委托人签署本委托书时已视受托人为其代理人,并委托受托人代签运单及代办国际海运,沿海运输,公路,铁路运输码头操作及费用结算。 2.本公司有责任有义务配合委托人及船公司处理好运输环节中的各项事宜,但对船期延时抵港.延时开船.爆舱甩柜-中转.报关延误等非本公司所能控制而产生的一切责任和费用不负担赔偿。 3.可否转船,可否分批栏不填写的,一律视作可转,可分批。运费预付,到付栏不填的,一律按预付处理。 4.危险品托运,除填本单危险品外,必须提供产品说明书,包括容器使用性能鉴定书。 5.在运输环节中,由于种种非我公司原因而产生的额外费用(如:窅柜.改船.超期.压车.放空等)一律实报实销。 6.因托运单填写错误或资料不全引起的货物不能及时出运,运错目的地,提单错误不能结汇,不能提货等而产生的一切责任,风险,纠纷。费用等则托运人承担。 7.委托人拒付相关码头操作及相关费用给其代理人时,代理人有权扣押;留置;其货物及物权凭证,委托人视做认可及其它异议并同意执行上述条款。	运费支付人: 支付方式: ☑ 汇款　☐ 托收　☐ 支票 托运人: 　签名,　　盖章 日期 :

图 3-9-4　深圳森大国际货运有限公司订舱确认书

表 3-9-1　YML 提单（空白）

YANG MING

COPY NON-NEGOTIABLE

Draft Only　　　　**BILL OF LADING**

1 Shipper		17B/L NO.： 18Booking No.：	
2 Consignee			
3 Notify Party			
4 Pre-carriage by	5 Place of Receipt		
6 Ocean Vessel　Voy No.	7 Port of Loading		
8 Port of Discharge	9 Place of Delivery		REFERENCE NO.
12Marks & Nos. Container Seal No.	No of containers or Pkgs 13	14Kind of Packages： Description of Goods	15Gross Weight kgs	16Measurement （CBM）
10 TOTAL NO. OF CONTAINERS OR PACKAGES （IN WORDS）				
11 FREIGHT & CHARGES	Per	Prepaid	Collect	
EX. Rate：	Prepaid at	Payable at	19Place and date of Issue
	Total Prepaid	20No. of Original B （s） /L	Signed for the Carrier

任务分析

要完成该任务，必须掌握提单作用与填写要点。

任务学习

一、提单的定义

海运提单（Ocean Bill of Lading，B/L）简称提单，是船方或其代理人签发的，证明已收到货物，同意将货物运至目的地，并交付给托运人的书面凭证。它是承运人和托运人之间的契约证明，在法律上具有物权证书的效用。

二、提单的作用

（一）货物收据

提单是承运人签发给托运人的收据，确认承运人已收到提单所列货物并已装船，或者承运人已接管了货物，已代装船。

（二）运输契约证明

提单是托运人与承运人的运输契约证明。承运人之所以为托运人承运有关货物，是因为承运人和托运人之间存在一定的权利义务关系，双方权利义务关系以提单作为运输契约的凭证。

（三）物权凭证

提单是货物所有权的凭证。谁持有提单，谁就有权要求承运人交付货物，并且享有占有和处理货物的权利，提单代表了其所载明的货物。

三、提单的分类

按不同的分类标准，提单可以划分为许多种类。

（一）按提单收货人的填写分

1. 记名提单（Straight B/L）

记名提单又称收货人抬头提单，是指提单上的收货人栏中已具体填写收货人名称的提单。提单所记载的货物只能由提单上特定的收货人提取，或者说承运人在卸货港只能把货物交给提单上所指定的收货人。这种提单失去了代表货物可转让流通的便利，但同时也可以避免转让的过程中可能产生的风险。记名提单一般只适用于运输展览品或贵重物品。

2. 不记名提单（Bearer B/L, or Open B/L, or Blank B/L）

提单上收货人一栏内没有指明任何收货人，只需要注明"提单持有人"（Bearer）字样或将这一栏空白，不填写任何人的名称的提单。这种提单不需要任何背书手续即可转让，或提取货物，极为简便。承运人只将货物交给提单持有人，谁持有提单，谁就可以提货。

不记名提单丢失或被窃，风险极大，若转入恶意的第三者手中时，极易引起纠纷，故国际上较少使用这种提单。

3. 指示提单（Order B/L）

在提单收货人一栏内填上"凭指示"（to Order）或"凭某人指示"（to Order of...）字样的提单。指示提单通过背书即可转让，适应了正常贸易需要，所以在国际海运业务中使用广泛。

指示提单按照收货人一栏填写，又分为不记名指示提单、记名指示提单。

（1）不记名指示提单。如果在收货人栏内只填记"指示（to Order）"字样，则称为托运人指示提单。这种提单在托运人未指定收货人或受让人之前，货物所有权仍属于卖方，在跟单信用证支付方式下，托运人就是以议付银行或收货人为受让人，通过转让提单而取得议付货款的。

（2）记名指示提单。如果收货人栏内填记"某某指示（to Order of...）"，则称为记名指示提单。记名指示提单指名的"某某"既可以是银行，也可以是托运人。

备注：不记名指示与记名指示提单不同，不记名指示不需要经指定的人背书才能转让，所以流通性更大。

（二）按货物是否已装船划分

1. 已装船提单（Shipped B/L, or On Board B/L）

已装船提单是指货物已装船，由承运人或其代理人签发给托运人的提单。如果承运人签发了已装船提单，就是确认他已将货物装在船上。这种提单除载明一般事项外，通常还必须注明装载货物的船舶名称和装船日期。

由于已装船提单对于收货人及时收到货物有保障，所以在国际货物买卖合同中一般都要求卖方提供已装船提单。

2. 收货待运提单（Received for Shipment B/L）

收货待运提单又称备运提单、待装提单，或简称待运提单。它是承运人在收到托运人交来的货物但还没有装船时，应托运人的要求而签发的提单。签发这种提单时，说明承运人确认货物已交由承运人保管并存在其所控制的仓库或场地，但还未装船。所以，这种提单未载明所装船名和装船时间，在跟单信用证支付方式下，银行一般都不肯接受这种提单。但当货物装船，承运人在这种提单上加注装运船名和装船日期并签字盖章后，待运提单即成为已装船提单。

（三）按提单上有无批注划分

1. 清洁提单（Clean B/L）

在装船时，货物外表状况良好，提单上未加注任何有关货物残损、包装不良、件数、重量和体积等不良批注的提单称为清洁提单。在正常情况下，银行要求以清洁提单办理结汇。

承运人一旦签发了清洁提单，货物在卸货港卸下后，若发现残损（承运人可以免责的原因所致除外），承运人必须负责赔偿。

2. 不清洁提单（Unclean B/L or Foul B/L）

在货物装船时，若出现包装不牢、破残、渗漏、玷污、标志不清等现象时，提单上有包装不牢、破残、渗漏、玷污、标志不清等批注，这种提单便称为不清洁提单。在正常情况下，银行拒绝用不清洁提单办理结汇。

实践中承运人接收货物时，如果货物外表状况不良，由托运人出具保函，要求承运人根据保函签发清洁提单，以使出口商能顺利完成结汇。

（四）根据运输方式不同划分

1. 直达提单（Direct B/L）

直达提单，又称直运提单，是指货物从装货港装船后，中途不经转船，直接运至目的港卸船交与收货人的提单。直达提单上不得有"转船"或"在某港转船"的批注。凡信用证规定不准转船者，必须使用这种直达提单。

2. 转船提单（Transshipment B/L）

转船提单是指货物从起运港装载的船舶不直接驶往目的港，需要在中途港口换装其他船舶转运至目的港卸货，承运人签发这种提单称为转船提单。在提单上注明"转运"或在"某某港转船"字样。一般信用证内均规定不允许转船。

（五）按签发对象不同划分

1. 主提单（Master B/L）

主提单由船公司签发的提单，也叫船东提单或者大单。

2. 分提单（House B/L）

分提单由货代公司签发的提单，也叫货代提单或者小单。

知识延伸：一般情况下，整箱货常用 MB/L，非必要下不使用 HB/L，HB/L 会产生换单费；拼箱货时货代通常签发 HB/L，船公司签发 MB/L。

MBL 在目的港可以直接向船公司办理提货，而 HB/L 必须先在目的港向代理换取 MB/L，然后凭 MB/L 再向船公司办理提货。

MB/L 与 HBL 的操作流程：

（1）托运人把托运单传给货运代理，写明整箱还是拼箱。

（2）货运代理向船公司定舱，船 ON BOARD 后。船公司签发 MB/L 给货运代理。MB/L 的托运人是起运港的货运代理，收货人一般是货运代理目的港的分公司或代理。

（3）货运代理签 HB/L 给托运人。HB/L 的托运人是真正的货主。收货人一般做信用证的是提单收货人。

（4）托运人拿到提单 HB/L 后，在交单期之内向国内议付行交单结汇。

（5）承运人用船将货物运达目的港。

（6）货运代理将 MB/L 通过 DHL/UPS/TNT 等寄往目的港分公司。

（7）议付行把全套单据向开证行结汇。

（8）收货人向开证行付款赎单 HB/L。

（9）收货人拿着 HB/L 向目的港货运代理换 MB/L。

（10）收货人凭 MB/L 向船公司提货。

四、提单的样式

每家船公司或者代理的提单格式不是完全相同的，但是提单上的内容和要素基本是一致的。常见提单样本见表 3-9-2。

表 3-9-2　BILL OF LOADING（样本）

1. SHIPPER 托运人		10. B/L No COSCO 中国运洋运输（集团）总公司 CHINA OCEAN SHIPPING（GROUP）CO. ORIGINAL COMBINED TRANPORT BILL OF LADING
2. CONSIGNEE 收货人		
3. NOTIFY PARTY 通知人		
4. PLACE OF RECEIPT 收货地点	5. OCEAN VESSEL 船名	
6. VOY NO. 航次	7. PORT OF LOADING 装运港	
8. PORT OF DISCHAFGE 卸货港	9. PLACE OF DELIVERY 交货地点	
11. Marks & Nos：Container/seal no.	12.（No. of Containers Or Packages）　13. DESCRIPTION OF GOODS	14. G. W.（kg）　　15. Measurement（m³）
11. 运输标记/唛头（集装箱箱号、铅封号） 12. 包装或集装箱装数量 13. 货物名称 14. 货物毛重 15. 货物总体积		

续表

16. TOTAL NUMBER OF CONTAINERS OR PACKAGES（IN WORDS）合计					
FREIGHT & CHARGES 运费支付方式： 预付或到付	REVENUE TONS 计费运量	RATE 运费率	PER 计量单位	PREPAID 预付	COLLECT 到付
PREPAID AT 预付地点	PAYABLE AT 到付地点	17. PLACE AND DATE OF ISSUE 提单签发地点、时间			
TOTAL PREPAID	18. NUMBER OF ORIGINAL B（S）L 提单正本份数				
19. LOADING ON BOARD THE VESSEL DATE 装船时间			20. Signature 签名		

五、提单的内容（表 3-9-3）

表 3-9-3　提单内容填写

海运提单的缮制

序号	栏目	填写要求
1	托运人（Shipper）	与承运人签订运输契约，委托运输的货主。L/C 下一般以受益人为托运人
2	收货人（Consignee）	这是提单的抬头，银行审核的重点项目，按 L/C 和合同和规定来填写。一般填法： （1）直接填写公司名称地址电话； （2）空白不填写或者填写"to Bearer"； （3）填写"to Order"或者"to Order of ×××"
3	被通知人（Notify Party）	按 L/C 的规定填写。被通知人即收货人的代理人或提货人，货到目的港后承运人凭该栏提供的内容通知其办理提货，因此，提单的被通知人一定要有详细的名称和地址。有时候可以填写"Same as consignee"（收货人与通知人一致，且收货人一栏填写了公司名称地址电话）
4	收货地点（Place of Receipt）	承运人按收货物的地点。一般在发货人工厂仓库或者装运港码头
5	前段运输 Pre-carriage by	如果货物需转运，此栏填写第一程船的船名；如果货物不需转运，此栏不填
6	船名航次（Ocean Vessel/Voy. No.）	如果货物需转运，填写第二程的船名和航次；如果货物不需转运，填写承运的船名和航次
7	装运港（Port of Loading）	填实际装运货物的港名，符合 L/C 的规定和要求
8	卸货港（Port of Discharge）	填实际卸下货物的港名，按 L/C 规定填写。但若 L/C 规定两个以上港口者，或笼统写"××主要港口"如"European Main Ports"（欧洲主要港口）时，填明具体卸货港名称
9	交货地点（Place of Delivery）	承运人向收货人移交交货地点。一般在目的港码头或者收货人目的地
10	提单号码（B/L NO）	一般位于提单的右上角，是承运人对发货人所发货物承运的编号，按托运单上的号码填写。在其他单据中，如保险单、装运通知的内容往往也要求注明提单号
11	唛头（Marks & Nos）： Container/seal no.	如信用证上有具体规定，以信用证规定的唛头为准。如果信用证上没有具体规定，则以合同为准。如果合同上也没有规定，可按买卖双方私下商订的方案或受益人自定。唛头内的每一个字母、数字、图形、排列位置等应与信用证规定完全一致，保持原形状，不得随便错位、增减等。没有唛头就填写"N/M"。 集装箱运输时填写集装箱号与铅封号

续表

序号	栏目	填写要求
12	包装与件数 （No. & kind of Packages） No. of Containers	填写包装数量和包装单位，按照发票填写，填法有以下 3 种。 （1）散装货物该栏只填"In Bulk"，总件数大写栏可留空。 （2）包装货物如实填写包装数量和单位，并在大写合计数内填写英文大写数目； 例如：总件数为 320 CARTONS，该栏填写"320 CARTONS"，并在总件数大写栏 （Total numbers of Packages in Words）填写：Three hundred And Twenty Cartons only。如 果货物包括二种以上不同包装单位（如纸箱、铁桶），应分别填列不同包装单位的数 量和单位，例如：300 Cartons；400 Iron drums；700 packages。 （3）集装箱运输时填写集装箱数量和箱型。例如：1×40GP，2×40HC
13	商品名称（描述） （Description of Goods）	按信用证规定填写，注意避免不必要的描述
14	毛重 （Gross Weight）	货物的总毛重，一般以千克（kg）表示。如用公吨表示保留 3 位小数，如用千克表 示保留整数，与发票、装箱单、托运单一致
15	体积 （Measurement）	货物总体积，用立方米（m³）表示，小数点后保留 3 位，与发票、装箱单、托运单 一致
16	总件数 TOTAL NUMBER OF CONTAINERS OR PACKAGES （IN WORDS）	按照发票填写，填法有以下 3 种： （1）散装货物该栏可留空； （2）包装货物如实填写单位件数与包装。例如：总件数为 320 CARTONS，填写为 Three hundred and Twenty Cartons Only。 （3）集装箱运输时填写集装箱数量
17	运费支付 （Freight & Charges）	按信用证规定填写。一般根据成交的价格条款填写，在 CIF 和 CFR 条件下，则注明 "Freight Prepaid"或"Freight Paid"；在 FOB 条件下则填"Freight Collect"或"Freight Payable at Destination"
18	签发地点与日期 （Place and date of Issue）	提单的签发地点一般在货物装运港所在地，提单的签发日期为装运日期。日期一般 要早于 L/C 规定的最迟装运期
19	承运人签章 （Signed for the Carrier）	提单必须由承运人或其代理人签字才能生效。签署人可以是承运人或作为承运人的 具名代理人或代表，或船长或作为船长的具名代理人或代表
20	提单签发的份数 （No. of Originals B/L）	按信用证规定填写。一般正本提单 3 份。例如：信用证规定"Full set 3/3 Original clean on board ocean Bill of Lading…."，正本提单 3 份

六、提单签发实例

Please fulfill B/L for Guangzhou Lucky International Trade Co., Ltd. based on correct commercial invoice/packing list/LC. 根据发票、装箱单、信用证等缮制提单（空白）。

素材 1：Container No：TAXU8908219/40HC；Seal No：HAL6547651；装船时间：2021.9.11

素材 2：发票（表3-9-4）

表 3-9-4 发票

COMMERCIAL INVOICE

Ship to：POWER COMPANY PVT LTD

Salt Lake City，Kolkata-700064，West Bengal，India．Invoice date：

Invoice No：6666   **Invoice date**：2021/7/5

PO No：JC-0724   **L/C NO**：LC2021TD0811

Incoterm：CIF Kolkata，India

Port of Loading：GUANGZHOU，CHINA   **Port of Discharge**：Kolkata，India

Terms of shipment：By sea

Marks & Nos	P/N	Description	Quantity (PCS)	Unite Price (CNY)	Amount (CNY)
POWER JC-0724	1C000782	Front Wheel	180	90.33	16 259.40
	1C002451	Front Wheel	780	80.33	62 657.40
	1C002453	Rear Wheel	840	85.33	71 677.20
	1C002459	Rear Wheel	780	104.06	81 166.80
Total			2 580		231 760.80

TOTAL AMOUNT：SAY CNY TWO HUNDRED AND THIRTY ONE THOUSAND SEVEN HUNDRED AND SIXTY AND EIGHTY CENTS ONLY

素材 3：装箱单（表 3-9-5）

表 3-9-5 装箱单

Ship to：POWER COMPANY PVT LTD

Salt Lake City，Kolkata-700064，West Bengal，India．

Invoice No：6666   **Invoice date**：2021/7/5

PO No：JC-0724   **L/C NO**：LC2021TD0811

Incoterm：CIF Kolkata，India

Port of Loading：GUANGZHOU，CHINA   **Port of Discharge**：Kolkata，India

Terms of shipment：By sea

SAY TOTAL 2580PCS PACKED IN 43 PALLETS ONLY

Guangzhou Lucky International Trade Co.，Ltd.

Marks & Nos	P/N	Description	Quantity (PCS)	Package (Pallets)	Net weight (KGS)	Gross weight (KGS)	Measurement (CBM)
POWER JC-0724	1C000782	Front Wheel	180	3	450.00	540.00	4.33
	1C002451	Rear Wheel	780	13	1 560.00	1 950.00	18.76
	1C002453	Rear Wheel	840	14	1 680.00	2 100.00	20.21
	1C002459	Rear Wheel	780	13	2 184.00	2 574.00	18.76
Total			2 580	43	5 874.00	7 164.00	62.06

素材 4：信用证（表 3-9-6）

表 3-9-6 信用证

信用证的解说

····························· **Type and Transmission** ···

Notification（Transmission）of original sent to SWIFT（ACK）Network Delivery status：Network Ack

Priority/Delivery   ：Normal

Message Input Reference：1755 170430EVB

```
................................Message Header........................................
swift Input：FIN 700 Issue of a Documentary credit
Sender：EVB LNPKAXX
            EVEREST BANK LTD.
            KATHMANDU NP
Receiver：BKCHCNBJ5OA
            BAEUANGZHGUNA
            GUANGZHOU BRANCH
            GUANGZHOU CN
..................................Message Text.......................................
27：Sequence of Total
      1／1
40A：Form of Documentary Credit
      IRREVOCABLES
20：Documentary Credit Number
      LC2021TD0811
31C：Date of Issue
      210623
40E：Applicable Rules
      UCP LATEST VERSION
31D：Date and Place of Expiry
      211230 CHINA
51A：Applicant Bank FI BIC
      EVEREST BANK LTD.
      KOLKATA，INDIA
50：Applicant
      POWER COMPANY PVT LTD
ADD：Salt Lake city. Kolkata-700064. West Bengal. India
59：Beneficiary Name a Address
GUANGZHOU Lucky International Trade Co.，Ltd.
ADD：Rocm16-18Builing 2，38 Jian Xin Bei Road，Jiangbei District
GUANGZHOU P. R. China
32B：currency Code，Amount
      Currency              ：CNY
      Amount                ：231760. 80
41D：Available With…By…Name &Addr
      ANY BANK IN CHINA
      BY MIXED PYMT
42M：Mixed Payment：Details
      AS PER FIELD NO 17A CLAUSE NO 6
43P：Partial shipments
      PROHIBITED
43T：Transshipment
      ALOWED
44E：Port of Loading／Airport of Dep.
      PORT，CHINA
44F：Port of Discharge／Airport of Destination
      KOLKATA，INDIA
44C：Latest Date of Shipment
      211130
45A：Description of Goods 6／or Services
      960 PCS OF FRONT WHEEL AND 1620 PCS OF REAR WHEEL
      TOTAL AMOUNT：CNY 23176. 80
      DELIEVERY TERMS：CIF KOLKATA INDIA B. ASIS
      AS PER CONTRACT NO JC-0724
```

任务：根据素材缮制提单（表3-9-7和表3-9-8）。

表3-9-7 提单（BILL OF LOADING，空白）

SHIPPER 托运人1		B/L No
CONSIGNEE 收货人2		COSCO 中国远洋运输（集团）总公司
NOTIFY PARTY 通知人 Same as consignee		CHINA OCEAN SHIPPING（GROUP）CO. ORIGINAL COMBINED TRANPORT BILL OF LADING
PLACE OF RECEIPT 收货地点	OCEAN VESSEL 船名	
VOY NO. 航次	PORT OF LOADING 装运港3	
PORT OF DISCHARGE 卸货港4	PLACE OF DELIVERY 交货地点	

Marks & Nos： Container/seal no.	No. of Containers Or Packages	DESCRIPTION OF GOODS	G. W.（kg）	Measurement（m^3）
5 6	7 8	9	10	11

TOTAL NUMBER OF CONTAINERS OR PACKAGES（IN WORDS）合计12

FREIGHT&CHARGES14 运费支付方式： 预付或到付	REVENUE TONS 计费运量	RATE 运费率	PER 计量单位	PREPAID 预付	COLLECT 到付
PREPAID AT 预付地点	PAYABLE AT 到付地点	PLACE AND DATE OF ISSUE 提单签发地点、时间			
TOTAL PREPAID	NUMBER OF ORIGINAL B（S）L 提单正本份数				
LOADING ON BOARD THE VESSEL DATE 装船时间 13			Signature 签名		

实例分析：表3-9-8是典型的海运提单，素材里有信用证，以信用证要求为准，特别是对货物的描述，装箱单、发票与信用证表述有差异，以信用证为准。

表3-9-8 提单（BILL OF LOADING，填写）

SHAIPPER 托运人 1. Guangzhou Lucky International Trade Co. , Ltd. ADD：Room16－18 Building 2，38 Jiangxinbei Road，Jiangbei District Guangzhou，P. R. China		B/L No
CONSIGNEE 收货人 2. POWER COMPANY PVT LTD Salt Lake City, Kolkata-700064, West Bengal, India.		COSCO 中国远洋运输（集团）总公司
NOTIFY PARTY 通知人 Same as consignee		CHINA OCEAN SHIPPING（GROUP）CO. ORIGINAL COMBINED TRANPORT BILL OF LADING
PLACE OF RECEIPT 收货地点	OCEAN VESSEL 船名	
VOY NO. 航次	PORT OF LOADING 装运港 3. GUANGZHOU PORT, CHINA	
PORT OF DISCHAFGE 卸货港 4. KOLKATA, INDIA	PLACE OF DELIVERY 交货地点	

续表

Marks & Nos: Container/seal no.	No. of Containers Or Packages	DESCRIPTION OF GOODS	G. W.（kg）	Measurement（m³）
5. POWER JC-0724	7. 43	9. 960 PCS OF FRONT WHEEL AND 1620 PCS OF REAR WHEEL	10. 7164kgS	11. 62. 06CBM
6. TAXU8908219/HAL6547651 1X40HC FCL　CY-CY	8. PALLETS	TOTAL AMOUNT：CNY 23176. 80 DELIEVERY TERMS：CIF KOLKATA INDIA BASIS AS PER CONTRACT NO JC-0724		

TOTAL NUMBER OF CONTAINERS OR PACKAGES（IN WORDS）合计
12. SAY TOTAL FORTY THREE PALLETS ONLY

13. FREIGHT & CHARGES 运费支付方式： 预付或到付 14. FREIGHT PREPAID	REVENUE TONS 计费运量	RATE 运费率	PER 计量单位	PREPAID 预付	COLLECT 到付
PREPAID AT 预付地点	PAYABLE AT 到付地点	PLACE AND DATE OF ISSUE 提单签发地点、时间			
TOTAL PREPAID	NUMBER OF ORIGINAL B（S）L 提单正本份数				
LOADING ON BOARD THE VESSEL DATE 装船时间 13. Sep. 11, 2021			Signature 签名		

任务实施

Alan 根据发票、装箱单、订舱确认书及集装箱等信息审核船公司填制的提单，确认无误后，承运人在表 3-9-9 处签章。由于该票业务为 FCL，在与客户沟通后不用签发 HB/L。

表 3-9-9　承运人签章

ⓜ YANG MING COPY NON-NEGOTIABLE

Draft Only　　　　　　**BILL OF LADING**

1 Shipper GUANGZHOU ABC PACKAGING CO.，LTD ADDRESS：ROOM 8888, BUILDING 8, NO. 888, FUYOU ROAD, LICHENG STREET, ZENGCHENG DISTRICT GUANGZHOU CITY, CHINA *	17B/L NO.：YMLUC226030559 18Booking No.：C226030559
2 Consignee BBBB, S. A. DE C. V ADDRESS：SUR 88 NO. 888 COL, AGRICOLA ORIENTAL C. P. 88888 DELEG, IZTACALOO, MEXICO D. F. BRO 888888 GG8 * *	
3 Notify Party SAME AS CONSIGNE	

4 Pre-carriage by	5 Place of Receipt YANTIAN
6 Ocean Vessel Voy. No. YM UTILITY 081E	7 Port of Loading YANTIAN

续表

8 Port of Discharge MANZANILLO		9 Place of Delivery MANZANILLO			Delivery status CY
12Marks & Nos. Container Seal No. N/M SEGU4531370 YMAN949760 1×40'HQ FCL/FCL CY/CY	No of containers or Pkgs 13 1 CTNR 2720 CARTONS	14Kind of Packages：Description of Goods SHIPPER'S LOAD AND COUNT. S. T. C：2720 CARTONS TIN BOX STREET， ZENGCHENG DISTRICT， GUANGZHOU CITY， CHINA TAX： 88888888MABY88NP8Q TEL/ FAX： 0086 020 88888888 TEL：（55） 88888888 AGARCIA@ BBB. COM. MX		15Gross Weight kgs 8160. 00kgS	16Measurement （CBM） 68. 00CBM
10 TOTAL NO. OF CONTAINERS OR PACKAGES（IN WORDS）	SAY TOTAL TWO THOUSAND SEVEN HUNDRED AND TWENTY CARTONS ONLY				
11 FREIGHT & CHARGES FREIGHT Prepaid	Per	Prepaid	Collect	FREIGHT PREPAID LOADED ON M/V ： YM UTILITY VOY ：081E AT：YANTIAN ON：2023. 04. 12	
EX. Rate：	Prepaid at	Payable at		19Place and date of Issue YANTIAN APR/12/2023	
	Total Prepaid	20No. of Original B（s）/L 3		Signed for the Carrier	

 任务测试  参考答案

任务评价

提单签发任务评价见表3-9-10。

表 3-9-10　提单签发任务评价表

序号	考核项目	考核内容	分值	自我评价	小组评价	教师评价	得分
1	知识测试	选择题	20				
		简答题	20				
2	技能训练	托运人收货人通知人填写正确	10				
		港口、船名、航次填写正确	10				
		货物信息填写正确	10				
		其他信息填写正确	10				
3	职业素养	沟通交流	10				
		展示表达	10				

备注：得分＝自我评价20%＋小组评价40%＋教师评价40%。

任务十　海运异常情况处理

知识目标

（1）熟悉常见海运异常情况及原因。
（2）掌握常见处理海运异常情况的方法方式和预防措施。

能力目标

（1）能正确处理海运业务中出现的异常情况。
（2）能正确预防海运业务中出现的异常情况。

素质目标

在学习处理海运异常情况时，培养学生养成积极、严谨、认真、细致的工作态度及工作习惯，培养学生客户至上的职业态度。

任务描述

业务员 Alan 接到客户的索赔邮件，内容见表 3-10-1。

表 3-10-1　索赔邮件

	发件人	Sophia@ gzabcp. com
发送	收件人	Alan@ sdaline. com
	抄送	
主题		货物索赔
附件		

Dear Alan,
　　我公司按 CIF 条件出口货物一批，委托贵公司租船订舱（货运委托书编号×××××），已向中国人民保险公司投保了水渍险，货物在转船过程中遇到大雨，货到目的港后，收货人发现货物有明显的雨水浸渍，损失达 70%。贵公司要赔偿该损失。
Yours faithfully,
Sophia
Guangzhou ABC Packaging Co. , LTD
Email：Sophia@ gzabcp. com
Tel：+8619012345678

任务：根据客户索赔内容，给予处理回复。

任务分析

要完成该任务，必须掌握处理海运异常情况的方法方式和货物保险知识。

任务学习

海运时间长，航线长，各环节业务多且繁杂，各环节都有可能出现问题和异常情况。

一、海运异常情况

常见的海运异常情况有以下几类。

（一）货物上不了船

由于各方面原因导致货物无法上船，常见原因如下。

1. 舱位不足

在每年的贸易高峰期来临前，如欧美重大节日引起的订货量和订货率增加，就会带来海运旺季，这时国内大量出口加工型企业、轻工业企业的集中出货以及部分货主临时性的、紧急突发的出货需求等原因，导致各大港口出现出口繁忙、舱位紧张以及遇到订舱困难等情况。

2. 货物不能及时集港

装箱或集港过程中遇突发事件：如集卡车队运力不足；船公司集装箱量不足（尤其特种集装箱）；货物重量或尺码与委托时不符导致已申报集装箱不适用；装箱地点变更；装箱过程发生事故；集港途中遇交通拥堵、运输事故等使货物不能及时到港。

3. 通关不顺利

常见突发事件：报关资料不全，报关单填写错误，因舱单信息或运抵报告传达问题造成清关不顺，未能在截关时间前提交报关资料或因海关抽验造成延误等。

（二）客户投诉

（1）服务态度不当：客服人员说话或者接待时举止不当，引起客户的不满。

（2）运输时间延迟：送提货时未能按照客户要求操作，可能由于天气、战争、罢工、事故等造成延误。

（3）结算价格与所报价格有差别：某些原因导致价格有差异，价格变动时未能及时通知客户并解释原因。

（4）单据制作不合格：报关单目的地填写错误等导致单据不合格。

（三）货物索赔

（1）货物破损：一是包装破损引起货损；二是在运输、装卸、保管过程中数量或者质量受损。

（2）货差：货物件数多于或者少于运单显示件数。

二、海运异常情况处理流程

（1）道歉，安抚客户。

（2）了解情况，分析异常情况发生的原因。

（3）提出异常情况解决方案/办法。

（一）货物上不了船

如果在订完舱位并办妥通关手续后，因舱位不足、不能及时集港、通关不顺等造成甩货，货代应立即查明原因并及时向货主说明情况，按货主的指示处理。常见的处理方法方式如下。

1. 漏装

漏装是指货物已进港并报完关，在装船时由于各种原因不能上船，由船公司安排上另一条船或延至下一航次出运，中间不需要客户第二次报关。实际上大部分是船公司的缘故造成的，所以由船公司操作，货代配合即可，其操作流程如下。

（1）首先向船公司申请。

（2）船公司批准后汇总向船代发漏装清单。

（3）船代根据清单收齐场站收据向海关申请。

（4）海关批准后船代凭海关签章的漏装清单到码头和理货更改船名航次，码头放关装船，并向船代收取改配费用，这步就相当于做改配。

（5）漏装成功后船公司出提单，收取漏装费用；同时，海关也会批量在海关系统内根据漏装清单更改船名航次，然后给船代打印漏装报关单。

2. 改配

改配与漏装一样，由于各种原因箱子不能上船，由船公司安排上另一条船或延至下一航次出运。实际上大部分是由于客户个人原因（非船东或者港区问题）导致箱子没有按照规定时间上船，然后信息需要更改，需要重新报关。必须由货代自己到现场更改理货和码头信息，当然也会产生相应的费用。

在知道货物需要改配的情况下，应当及时向船公司重新订舱，取得配舱回单。

（1）在本航次船开后，立即到船公司开具未上船证明，一式三份。

（2）让客户出具情况说明正本，并重寄一套报关资料。

（3）与船公司联系，派人抽取场站收据。

（4）把盖了海关放行章的场站收据与客户提供的情况说明，还有船公司开具的未上船证明交报关行，让报关行及时办理注销（原有的通关单下次报关可继续使用）。

（5）办理完注销手续后，把客户新提供的报关资料与新的配舱回单，交报关行重新报关。

3. 退关

已办理了进出境海关手续的货物，由于某种原因，因故未能装上运输工具，发货单位请求将货物退运出海关监管区域不再出口的行为，需要办理退关手续。

出口退关程序是：

（1）出口货物发货人及其代理人应当在得知货物未装上运输工具，并决定不再出口之日起3天内，向海关申请退关。

（2）经海关核准且撤销出口申报后方能将货物运出海关监管场所。

（3）已经缴纳出口税的退关货物，可以在缴纳税款之日起1年内以书面申请的形式向海关申请退税。

（4）出口货物的发货人及其代理人办理出口货物退关手续后，海关应对所有单证予以注销，并删除有关报关电子数据。

备注：

（1）若货主指示退关不再出运，则按退关实施步骤进行。

（2）若货主指示再次装运，最为简便的方法是报漏装，其次是改配。

案例 3-10-1：货物延迟

一票货物原计划 2021 年 4 月 30 日到达欧洲鹿特丹港，但由于苏伊士运河有船舶搁浅，造成河道堵塞，该票货物估计未能按时到达目的港。

任务：请以货代业务员 Alan 身份给货主回一封邮件（表 3-10-2）。

分析：按照异常情况处理流程，第一步：道歉，安抚客户；第二步：了解情况，分析异常情况发生的原因；第三步：提出异常情况解决方案/办法。

表 3-10-2　回复的邮件

发送	发件人	Alan@ sdaline. com
	收件人	Sophia@ gzabcp. com
	抄送	
主题	货物延迟	
附件		

Dear Sir,

您好！

非常抱歉地通知您，您的提单号码为 GLRU1234567 的这票货物未能按计划在 2021 年 4 月 30 日到达欧洲鹿特丹港。因为 2021 年 4 月 13 日苏伊士运河有船舶搁浅，造成河道堵塞。

由于河道堵塞，通航时间未定，该票货物肯定不能如期到达目的港。建议如下：一是等待河道疏通，通航后及时告知您；二是改航道换船，可走好望角航线；三是在就近卸货港卸货，换运输方式或者运输工具。

请尽快回复！谢谢！

Yours faithfully,

Alan

地址：佛山市禅城区五峰三路 11 号口岸大楼一楼（佛山海关对面）

电话：1901234567

邮箱：Alan@ sdaline. com

（二）客户投诉

（1）虚心接受客户投诉，耐心倾听对方诉说。客户投诉时，作为客服人员要专心倾听，并做好记要。待客户叙述完后，复述其主要内容并征询客户意见，对于较小的投诉，自己能解决的应马上答复客户。对于当时无法解答的，要作出解答时间承诺。

（2）设身处地，换位思考。当接到客户投诉时，首先要有换位思考的意识。如果是本方的失误，首先要代表公司表示道歉，并站在客户的立场上为其设计解决方案。

（3）有理谦让，处理结果超出客户预期。纠纷出现后要用积极的态度去处理，不应回避。在客户联系你之前先与客户沟通，让他了解每一步进程，争取圆满解决并使最终结果超出客户的预期，让客户满意，从而达到在解决投诉的同时，也抓住下一次商机。

案例 3-10-2： 业务员 Alan 接到客户的投诉邮件，内容见表 3-10-3。

表 3-10-3　投诉邮件

发送	发件人	Sophia@ gzabcp. com
	收件人	Alan@ sdaline. com
	抄送	
主题	货物被甩柜	

附件	

Dear Alan,
　我公司原定于今天要离港运到日本的货物，被船公司甩柜！贵公司要赔偿因货物未能按期到港产生的所有损失。
Yours faithfully,
Sophia
Guangzhou ABC Packaging Co., LTD
Email：Sophia@ gzabcp. com
Tel：+8619012345678

素材：业务员 Alan 与船公司联系，了解到预订的 9 月 12 日的舱位被取消了，9 月 10—15 日货物较多，舱位紧张，可以预订 9 月 20 日舱位。

任务：根据客户投诉内容，给予处理回复（表 3-10-4）。

分析：按照异常情况处理流程，第一步：道歉，安抚客户；第二步：了解情况，分析异常情况发生的原因；第三步：提出异常情况解决方案/办法。

表 3-10-4　回复投诉邮件

发送	发件人	Alan@ sdaline. com
	收件人	Sophia@ gzabcp. com
	抄送	
主题		货物延迟
附件		

Dear Sir,
　您好！
　听到这个消息很抱歉，我们已经积极联系船公司了。这次甩柜的原因是近期遇到了货运旺季高峰，出现了爆舱情况。通过与船公司进一步交涉，贵公司的货物可预订 9 月 20 日的船。我们真心希望取得您的谅解与原谅，十分感谢！
　请尽快回复！谢谢！
Yours faithfully,
Alan
地址：佛山市禅城区五峰三路 11 号口岸大楼一楼（佛山海关对面）
电话：1901234567
邮箱：Alan@ sdaline. com

（三）货物索赔

（1）根据货物到目地港发生货损，需要在目的港解决并索赔的原则。当发现货物受损时，首先第一时间与当地船公司或代理取得联系，将货损信息第一时间通知他们。要求船公司对货损做出书面的证实，此证明对日后向船公司索赔和向保险公司索赔都是一个非常重要的证据。

（2）发现货损，被保险人马上通知保险公司，让其来检验货物受损情况，之后保险公司会根据货受损情况填写"定损单"。

①对于受损明显的货物，要尽可能地保留现场，并取得承运人或港务理货部门的证明。

②受损不明显的货物，收货人可聘请公证机构进行检验并出具检验证明。

（3）要求客人暂时不要提货，船公司会安排验箱、验货。

（4）索赔用到的单据。

①提单正本。

提单的货物收据作用表明了承运人所收货物的外表状况和数量，在交付货物时，不能按其提交这一事实本身就说明了货损或货差的存在。

②卸货港理货单或货物溢短单、残损单等卸货单证。

这些单证是证明货损或货差发生在船舶运输过程中的重要单证。如果这些卸货单证注明了货损或货差情况，并经船舶大副签认，而在收货单上又未做出同样的批注，就证明了这些货损或货差是发生在运输途中的。

③重理单。

船方对所卸货物件数或数量有疑问时，一般要求复查或重新理货，并在证明货物溢短的单证上做出"复查"或"重理"的批注。这种情况下，索赔时，必须同时提供复查结果的证明文件或理货人签发的重理单，并以此为依据证明货物有否短缺。

④货物残损检验报告。

在货物受损的原因不明显或不易区别，或无法判定货物受损程度时，可以申请具有公证资格的检验人对货物进行检验。在这种情况下，索赔时必须提供检验人检验后出具的"货物残损检验证书"。

⑤商业发票+装箱单。

⑥相关文件证明索赔的起因和索赔数目的计算依据。此外，若有能证明货运事故的原因、损失程度、索赔金额、责任所在等其他单证，都应提供。索赔单证必须齐全、准确，内容衔接一致，不能自相矛盾。

案例 3-10-3：货物理赔

业务员 Alan 接到客户的货损邮件，内容见表 3-10-5。

表 3-10-5　货损邮件

发送	发件人	Sophia@ gzabcp. com
	收件人	Alan@ sdaline. com
	抄送	
主题	货物受损	
附件		

Dear Alan,

您好！

之前委托贵公司帮我办理一批出口货物，货物按 CIF 条件出口，我们公司购买了一切险，不幸的是载货船舶经苏伊士运河曾一度搁浅，后经拖轮施救脱浅，继续航行，至马六甲海峡又遇暴风巨浪，交运的 1 000 箱货物中有 200 箱货物遭不同程度的海水浸湿。

我要咨询一下：拖轮费用和 200 箱货损都应由谁承担赔偿责任？

请尽快回复！

Yours faithfully,

Sophia

Guangzhou ABC Packaging Co. , LTD

Email：Sophia@ gzabcp. com

Tel：+8619012345678

任务：根据客户咨询内容，给予处理回复（表 3-10-6）。

分析：客户已投保一切险。拖轮费用属于共同海损，属于货主与船公司共同分摊的费用；200 箱货物遭不同程度的海水浸湿属于单独海损，货主自行承担。由于货主已投保一切险，船舶搁浅及暴风雨属于一切险的承保范围，造成的费用及损失均由保险公司赔偿。

表 3-10-6　回复咨询邮件

发送	发件人	Alan@ sdaline. com
	收件人	Sophia@ gzabcp. com
	抄送	
主题		货物受损
附件		

Dear Sir,
　您好!
　听到这个消息感到非常遗憾! 拖轮费用属于共同海损, 属于货主与船公司共同分摊的费用; 200 箱货物遭不同程度的海水浸湿属于单独海损, 货主自行承担。由于您已投保一切险, 而船舶搁浅及暴风雨属于一切险的承保范围, 拖轮费用和 200 箱货损均可向保险公司申请赔偿, 赔付金额按照保险条款执行。
Yours faithfully,
Alan
地址: 佛山市禅城区五峰三路 11 号口岸大楼一楼 (佛山海关对面)
电话: 1901234567
邮箱: Alan@ sdaline. com

三、海运异常情况预防

对于可预防性的异常情况, 一般采取可预防性的措施; 对于难以预测和难以控制的异常情况, 一般通过投保转移风险。

(一) 货物无法上船

根据货物无法上船的原因, 结合实际情况, 有针对性采取预防措施。

(1) 舱位不足预防建议: 在旺季来临前要多联系几家船公司或订舱代理, 积累舱位; 积极联系同行, 资源共享, 互配舱位。

(2) 货物不能及时集港预防建议: 加强与客户、集卡车队、船公司、堆场等各方沟通, 密切跟进装箱和集港过程。

(3) 通关不顺利预防建议: 认真核对报关资料和报关单内容, 及时更新报关知识和相关法规, 加强对特定客户及特殊货物通关要求的认识。

(二) 货物索赔

海运保险是指专门为海上运输设立的货物运输过程中涉及载运货物财产损失的保险。一般由承运人负责购买, 也可以由委托方根据需要单独购买, 可有效转移货损风险。

1. 海上货物风险

海上货物运输的风险包括海上风险和外来风险。

(1) 海上风险包括自然灾害和意外事故。

①自然灾害: 不以人的意志为转移的自然界破坏力量所引起的灾害。如恶劣气候、雷电、洪水、流冰、地震、海啸以及其他人力不可抗拒的灾害;

②意外事故: 由于偶然的, 难以预料的原因造成的事故。如船舶搁浅、触礁、沉没、焚毁、互撞或遇流冰或其他固体物体, 如与码头碰撞以及失火、爆炸等原因造成的事故。

(2) 外来风险是指海上风险以外的各种风险, 分为一般外来风险和特殊外来风险。

①一般外来风险: 是指被保险货物在运输途中由于偷窃、雨淋、短量、玷污、渗漏、破

碎、受潮受热、串味、生锈等一般外来原因所造成的风险损失。

②特殊外来风险：是指由于战争、罢工、交货不到、拒收、政府禁令等特殊外来原因所造成的风险损失。

2. 海上货物损失

海上损失可分为全部损失和部分损失。

（1）全部损失又可分为实际全损和推定全损。

船舶或货物全部遇难沉没，或烧毁、炸毁等为实际全损；船舶遇险后，虽未达到全损的程度，但救助费和修理费两项或其中之一项将高于船舶或货物获救后价值，从而无救助价值即为推定全损。

（2）部分损失是船舶或货物在遇难后只受到局部损害的损失。

部分损失按损失性质分为共同海损和单独海损。

①共同海损：船舶和货物等在海上运输中遭遇自然灾害、意外事故，为了解除共同危险而采取合理措施所引起的特殊损失（即牺牲）和合理的额外费用。共同海损应受到补偿，由船、货等受益方按各自的分摊价值比例分摊。

②单独海损：因自然灾害或意外事故直接导致由船舶或货物所有人各自负担的损失。造成单独海损的原因主要有：a. 自然灾害或意外事故；b. 为了单方面的安全（船舶或货物）采取的措施；c. 货物的自然特性。这些原因所致的船舶或货物的损失，都属于应由船、货所有人各自负担。

3. 海上货物保险

我国海洋货物运输保险的险种分为基本险和附加险，其中基本险包括平安险（FPA）、水渍险（WPA）及一切险（All Risks）；其中附加险包括一般附加险（General Additional Risk）和特殊附加险（Special Additional Risks）。

（1）平安险的承保范围：自然灾害造成的全部损失、意外事故造成的全损和部分损失、装卸过程中造成的损失、共同海损（GENERAL AVERAGE G/A）、自然灾害和意外事故先后发生的损失。自然灾害造成的部分损失不赔。

（2）水渍险的承保范围：平安险+自然灾害造成的部分损失。

（3）一切险的承保范围：水渍险+11 种一般附加险。

4. 海运保险期限

海运保险中主险采用"仓至仓"条款。即海上货物运输保险合同规定了关于保险责任起讫日期的条款，保险期间自货物从保险单载明的起运港（地）发货人的仓库或储存处开始运输时生效，包括海上、陆上、内河和驳船运输的整个运输过程，到货物运达保险单载明目的港（地）收发人的最后仓库或被保人用作分配、分派或非正常运输的其他储存处所为止。如未抵达上述仓库或储存处所，则以被保险货物在最后目的港（地）卸离海轮满 60 日为止。

案例 3-10-4：平安险

某年 2 月，中国某纺织进出口公司与大连某海运公司签订了运输 1 000 件丝绸衬衫到马赛的协议。合同签订后，进出口公司又向保险公司就该批货物的运输投保了平安险单。2 月 25 日，装载该批货物的轮船在海上突遇大风暴，船体严重受损，次日沉没。3 月 20 日，纺织品进出口公司向保险公司就该批货物索赔，保险公司以该批货物由自然灾害造成损失为由拒绝赔偿，于是，进出口公司向法院起诉，要求保险公司偿付保险金。

　　分析：平安险指保险人对于因意外事故和自然灾害造成的货物全部损失承担赔偿责任，还有意外事故造成的部分损失也赔，而自然灾害造成的部分损失不赔。

　　案例解读：在本案中，进出口公司投保的是平安险，而所保的货物在船因风暴沉没时全部灭失，发生了实际全损，故保险公司应负赔偿责任。

　　案例 3-10-5：保险合同之"仓至仓"

　　江西赣南卷烟厂从德国进口佛克卷烟包装机组，并向中国平安保险总公司投保。平安保险公司于随后签发了货物运输保险单，承保条件为一切险及战争险，且运输航程为"仓至仓"。该批进口设备于 9 月 12 日顺利运抵黄埔港并卸载货物存放于黄埔港头。赣南卷烟厂于10 月 21 日前往黄埔提货，于 11 月 4 日装载进口设备的 6 辆大货车行驶的路上突发车祸导致货物破碎。事后，赣南卷烟厂向平安保险公司索赔。

　　分析："仓至仓"条款所指的运输包括海上、陆上、内河和驳船运输的整个运输过程（图 3-10-1）。

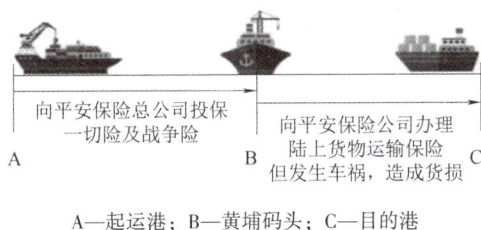

A—起运港；B—黄埔码头；C—目的港

图 3-10-1　运输过程

　　案例解读：采用海运保险中的"仓至仓"条款，保险期间自货物从保险单载明的起运港（地）发货人的仓库或储存处开始运输时生效，到货物运达保险单载明目的港（地）收发货人的最后仓库为止。如未抵达上述仓库或储存处所，则以被保险货物在最后目的港（地）卸离海轮满 60 日为止。货物在运往收发人的仓库时发生货损，保险公司应负赔偿责任。

任务实施

　　分析：接到货物索赔邮件，先分析货损的原因，看是否属于我公司赔偿范围，如果属于就合理地提出赔偿方案；如果不属于就告知货主原因；同时，还要给出指导性的解决办法或方案，安抚好客户（表 3-10-7）。

　　货物有明显的雨水浸渍，属于淡水雨淋险范围，货物只购买了水渍险，保险公司对货损不负责；货物是在转船过程中遇到大雨，货物已经上船，风险已从卖方转移到买方，卖方对货损不负责，由买方负责货损。

表 3-10-7　解决问题邮件

发送	发件人	Alan@ sdaline.com
	收件人	Sophia@ gzabcp.com
	抄送	
主题		货物索赔
附件		

续表

Dear Sir,

　　您好!

　　听到这个消息很抱歉。货物有明显的雨水浸渍，属于淡水雨淋险范围，货物只购买了水渍险，保险公司对货损不负责；根据 CIF 贸易术语条款，货物装上船后，风险已从卖方转移到买方，该损失应由买方负责。建议您准备合同等相关单据，交由买方，买方承担损失。

Yours faithfully，

Alan

地址：佛山市禅城区五峰三路 11 号口岸大楼一楼（佛山海关对面）

电话：1901234567

邮箱：Alan@ sdaline. com

任务测试 　　　　**参考答案**

任务评价

任务评价见表3-10-8。

表 3-10-8　海运异常情况任务评价表

序号	考核项目	考核内容	分值	自我评价	小组评价	教师评价	得分
1	知识测试	选择题	20				
		简答题	10				
2	技能训练	表示歉意	10				
		解释原因	20				
		提出解决方法	20				
3	职业素养	沟通交流	10				
		展示表达	10				

备注：得分＝自我评价 20%＋小组评价 40%＋教师评价 40%。

项目四

国际空运货运代理业务

慎之又慎的货代操作
——以过硬的业务水平助力国家发展战略

党的二十大报告指出："高质量发展是全面建设社会主义现代化国家的首要任务。发展是党执政兴国的第一要务。没有坚实的物质技术基础，就不可能全面建成社会主义现代化强国。必须完整、准确、全面贯彻新发展理念，坚持社会主义市场经济改革方向，坚持高水平对外开放，加快构建以国内大循环为主体、国内国际双循环相互促进的新发展格局。"货代行业通过国际货物运输实务践行国内、国外双循环的发展战略、通过过硬的业务水平、优秀的风险防范和处理能力助力全面建设社会主义现代化国家的战略目标。

相对于国内货物运输来说，国际货物运输里程长、时间长、涉及的因素更复杂，面临的风险也更大，因此，对风险的防范和处理意义更加重大。一般来说，国际货物运输可能会遇到自然灾害风险、危险品风险、海关扣押风险、转运风险，还有政治风险，如战争、政治动荡等，都有可能会影响货物运输的安全和稳定。

试想：一票从我国郑州通过国际普通车经满洲里后运往俄罗斯莫斯科的货物，郑州的托运人承担全程运输费用。该托运人与北京的一家国际货运代理企业订立了国际铁路货物运输委托代理协议，约定由国际货运代理企业代表托运人支付从满洲里至莫斯科区段的运费。同时，托运人与铁路承运人订立了国际联运运输合同。此后货物从郑州某车站发出，并顺利通过满洲里，不久货物抵达莫斯科某车站。到达站通知收货人货物已到，并要求收货人支付俄罗斯区段运费，否则便留置该货物。经调查得知，运单第 20 栏关于俄罗斯区段运费支付人的记载因被涂抹而模糊不清。托运人与铁路公司之间存在铁路联运合同，故铁路公司向托运人追讨俄罗斯区段运费。托运人以已与国际货运代理企业订立委托代理协议为由，拒绝支付。随后，铁路公司将托运人诉至法院，要求其支付运费。

国际货物运输的风险管理和防范是一个复杂的过程，需要考虑多种因素。为了确保货物的安全和顺利运输，需要采取综合性的措施。要处理这起纠纷，必须知晓掌握国际货代业务操作、适用的法律法规和保险政策，具备风险防范与异常情况处理等综合能力和良好沟通交流的职业素养。

项目背景：

Alan 是森大国际货运公司的海外业务员，主要负责空运货代业务，工作职责如下。

（1）用互联网平台，开发有海运需求的国外进口商及货运代理。

（2）有目的、计划地收集潜在客户资料，通过邮件、即时聊天工具开发客户。

（3）熟练运用英语处理海外客户的询价、报价、接单、出货。

（4）完成预定的销售目标，开发、维护及管理好客户。

6月上旬，Alan 收到客户佛山市 AAA 电讯实业有限公司（AAA Communication Ltd.，Foshan）发来的邮件，按照公司的空运出口货代业务流程，及时与客户沟通联系，及时跟进货物情况，保证安排货物顺利出运。

附1：买卖双方信息（表4-0-1）

表 4-0-1　买卖双方信息

出口方	公司：	佛山市 AAA 电讯实业有限公司（AAA Communication Ltd.，Foshan）
	地址：	No. 888 Dongyang San Road, Huanan Hardware Industrial Base, Danzao Town, Nanhai District, Foshan City, Guangdong, China 888888
	联系人：	Sophia　　　　　Sophia @ aaa. com
	电话：	+86-757-888888888　Fax：+86-757-88888888
进口方	公司：	BBB Montaj Biznes
	地址：	888, Ukituvchi str., Iftikhor MSG, Qibray district, Tashkent regior, Uzbekistan
	ATTN：	Biruni　　　　　Biruni @ bbb. com
	TELL：	+999999999999

附2：销售确认书（图4-0-1）

销售确认书 SALES CONFIRMATION	号码（NO.）：KBT2304-1215 日期（Date）：2023/6/2 签约地点（Signed at）：Foshan

卖方（SELLERS）　佛山市 AAA 电讯实业有限公司

AAA Communication Ltd. Foshan　　　　Tel：88888888

地址（ADD）：No. 888 Dongyang San Road, Huanan Hardware Industrial Base, Danzao Town, Nanhai District, Foshan City,　　　　Fax：88888888 Guangdong, China 888888

买方（BUYERS）：BBB Montaj Biznes

地址（ADD）：888, Ukituvchi str., Iftikhor MSG, Qibray district, Tashkent regior Uzbekistan

兹经买卖双方同意按下列条款成交：

The undersigned sellers and buyers have agreed to close the following transactions according to the terms and conditions stipulated below：

货号 Mart No.	品名 Description	单价 Unit Pirce（USD）CIF 深圳	数量（副） QTY	总金额 TTL Amount（USD）
	通信天线	75.820000	50　副	3 791.00
	通信天线配件：双工器	98.000000	1　副	98.00
	TTL：		51　副	USD 3,889.00

数量及总值均有 5% 的增减，由卖方决定。

With 5% more or less both in amount and quantity allowed at the sellers' option.

1. 总值：　　USD
   （Total Value）：　USD 3,889.00
2. 包装：　（Packing）：　CARTON
3. 装运期：　2023 年 6 月 30 日前
   （Time of Shipment）：
4. 装运口岸和目的地：深圳—乌兹别克斯坦
   （Loading Port& Destination）：
5. 付款条件：　T/T
   （Term of Payment）
6. 装船标记：　N/M
   （Shipping Mark）：
7. 备注：　收到款后七天内装运
   （Remarks）

买方
THE BUYERS

卖方
THE SELLERS

希望将本确认书一份签署后寄回本公司
Please sign and return one copy of this Sales Confirmation to us at your earliest convenience.

图 4-0-1　销售确认书

附 3：装箱单（图 4-0-2）

佛山市 AAA 电讯实业有限公司
AAA Communication Ltd. Foshan
佛山市南海区丹灶镇华南五金产业基地东阳山路 888 号
No. 888 Dongyang San Road, Huanan Hardware Industrial Base, Danzao Town, Nanhai District,
Foshan City, Guangdong, China 888888
TEL：（757）88888888　FAX：（757）88888888
装箱单
Packing List

TO：**BBB Montaj Biznes**

Invoice Number：KBT2304-1215

Date：June 2, 2023

Marks& No.	Item No.	Description	Qnty (PCS) 副	Qnty (ctns) 箱	Dimension $L \times W \times H$ / （cm×cm×cm）			CBM m³	Gross Weight kg	Net Weight kg
1-2#	TQJ-150A3F25	通信天线	40	2	162	44	23	0.328	41.40	39.80
3#	TQJ-150A3F25	通信天线	10	1	162	23	23	0.086	10.80	10.00
4#	CD-1501	通信天线配件：双工器	1	1	38	23	14	0.012	1.40	0.60
	TOTAL		51	4				0.426	53.60	50.40

AAA Communication Ltd.

图 4-0-2　装箱单

附4：发票（图4-0-3）

广东省出口形式发票　　　　　　　　　　出口专用

Guangdong Province Export Goods Unify Invoice

发　票　联　　　　　　　　　　发票代码

For Book-keeping　　　　　　　　发票号码

购货单位： BBB Montaj Biznes

Purchaser：

地址：　　　　　　　　　电话：　　　　　　开票日期：2023 年 6 月 5 日

Add：　　　　　　　　　　Tel：　　　　　　　Issued date：Year Month Date

合同号码 Contract No.	KBT2304-1215	贸易方式 Trade Method	一般贸易	收汇方式 Foreign Exchange Collection Form	汇付
开户银行及账号 Bank where account opened & A/C Number		发运港 Port of Departure	深圳	转运港 Port of Transshipment	
信用证号 L/C No.		运输工具 Means of Transportation	航空	目的港 Port of Destination	乌兹别克斯坦

订单号码 P. O. No.	品名规格 Description and Specification of Goods	单位 Unit	数量 Quantity	销售单价 Unit Price	销售总额 Total Sales Amount
	通信天线 （净重：49.8 千克）	副	50	75.820000	3,791.00
	通信天线配件：双工器 （净重：0.6 千克）	副	1	98.000000	98.00
合计金额大写（币种：USD） Total Amount（Currency）	美元　　　叁仟捌佰捌拾玖元整			（小写） Total Amount	USD3 889
备注 Notes					

销售单位（盖章）：　　佛山市 AAA 电讯实业有限公司

地址：佛山市南海区丹灶镇华南五金产业基地东阳山路 888 号。Address of Seller：

电话：0757-88888888　　　　　　Tel：

传真：0757-88888888　　　　　　Fax：

查验发票及查询发票防伪措施请登录广东省国家税务局 http：//portal. gd-n-tax. gov. cn

图 4-0-3　发票

附5：原产地证书（图4-0-4）

ORIGINAL

1. Exporter AAA COMMUNICATION LTD, FOSHAN NO. 888 DONGYANG SAN ROAD, HUANAN HARDWARE INDUSTRIAL BASE,ZHAO TOWN, NANHAI DISTRICT, FOSHAN CITY, GUANGDONG CHINA	Serial No. CCPIT888888222288 Certificate 8No888888888/88888
2. Consignee BBB MONTAJ BIZNES 888. UKITUVCHI STR., IFTIKHOR MSG, QIBRAY DISTRICT,TASHKENT REGION, UZBEKISTAN TEL:+999999999999 ATTN: Biruni	CERTIFICATE OF ORIGIN Certificate OF of Origin THE PEOPLE'S REPUBLIC OF CHINA
3. Means of transport and route FROM SHENZHEN CHINA TO TASHKENT UZBEKISTAN VIA BEIJING CHINA BY AIR	5. For certifying authority use only
4. Country / region of destination UZBEKISTAN	VERIFY URL:HTTP://CHECK.CCPITECO.NET/

6. Marks and numbers	7. Number and kind of packages; description of goods	8. H.S. Code	9. Quantity	10. Number and date of invoices
BBB MONTAJ BIZNES	THREE (3)CARTONS OF TQJ-150A3F25 FIBERGLASS OMNI ANTENNA FREQUENCY RANGE:134-174MHZ GAIN: 3.2DBI VSWR.≤1.5 CONNECTOR: N FEMALE SUPPLIED WITH MOUNTING KIT	851774	50PCS	KBT2304-1215 JUN. 02, 2023
BBB MONTAJ BIZNES	ONE (1) CARTONS OF CD-1501 DUPLEXE R FREQUENCY RANGE:134-174MHZ FREQ. SPACING: 5MHZ VSWR:≤1.5 CONNECTOR : N FEMALE ***	851771	1PC	

11. Declaration by the exporter The undersigned hereby declares that the above details and statements are correct, that all the goods were produced in China and that they comply with the Rules of Origin of the People's Republic of China. JUN. 02. 2023 Place and date, signature and stamp of authorized signatory	12. Certification It is hereby certified that the declaration by the exporter is correct NANHAI, CHINA JUN. 02. 2023 Place and date, signature and stamp of certifying authority

图4-0-4　原产地证书

附6：Alan联系信息

联系人：Alan

电话：19012345678

联系邮箱：Alan@ sdaline.com

地址：佛山市禅城区五峰三路11号口岸大楼一楼（佛山海关对面）

公司官网：http：//www.sdaline.com/

任务一　空运基础知识

知识目标

（1）熟悉航空运输的方式、货物、设备、航线、机场、代码等基础知识。

（2）掌握国际空运货代的身份、责任与作用。

能力目标

能根据货物情况与贸易特点选择合适的航线与航班。

素质目标

在学习空运基础知识中，学生应了解中国航空运输事业的发展，培养学生国家情怀，激发学生航空兴国、科技强国的使命担当。

任务描述

业务员 Alan 接到客户的邮件，内容见表 4-1-1。

表 4-1-1　客户的邮件

发送	发件人	Sophia@ aaa. com
	收件人	Alan@ sdaline. com
	抄送	
主题	货物出口咨询	
附件		

Dear Alan，
　　您好！我公司正在向乌兹别克斯坦出口一批通信天线及天线配件双工器，货物价值 3 889.00 美元，毛重 53.60 kg，体积 0.426 m³。该批货物出口采用哪种运输方式更合适？采用 CIF 贸易术语我方需要承担什么责任？
　　提前谢谢您的解释。
Yours faithfully，
Sophia
AAA Communication Ltd.，Foshan
Email：Sophia@ aaa. com
Tel：+86××××××××××

　　任务：根据客户的咨询，给予专业解答回复。

任务分析

要完成该任务，必须熟练掌握航空运输等基础知识。

任务学习

近年来，航空运输（简称空运）以其迅捷、安全、准时的超高效率赢得了相当大的市场，大大缩短了交货期，对于物流供应链加快资金周转及循环起到了极大的促进作用。

选择空运，一般是比较急需物资、鲜活商品、精密仪器和贵重物品等，还有就是其他运输方式达不到客户要求的时效的情况下，也会选择空运。

一、航空运输方式与货物

（项目二国际货运代理基础知识的任务二运输方式学习中已详细介绍）

（一）航空运输方式

运输速度快（大都为每小时 850~900 km）；不受地面条件限制；安全、准确；运费高，不适合低价值货物；飞机舱容有限，大批量货物有一定的限制；易受恶劣天气的影响。航空运输方式主要有班机运输、包机运输、集中托运和航空快递四种方式（表4-1-2）。

表4-1-2　航空运输方式的区别

运输方式	飞机类型	航线航程	价格	运送时间	常运货物类型
班机运输	客货混合	固定开航时间 固定航线 固定停靠航站	较贵	较快	鲜活商品、急需商品
包机运输	货机	按客户要求开航，停靠航站	较低	较长	大宗货物
集中托运	班机或货机	按选择班机	由货代拼箱	运费较低	各类货物
航空快递	班机或专机	固定开航时间 固定航线 固定停靠航站	单位最高	最快捷 桌到桌运输	急需物品、文件资料、贵重物品

（二）航空运输货物

中国航空运输主要服务于鲜活产品（如水果、鲜花）、精密机械产品（如医疗器械）、电子产品（如计算机）、商务文件、通信产品（如手机）等货物。

二、航空运输组织

（一）国际民用航空组织（International Civil Aviation Organization，ICAO）

国际民用航空组织（以下简称"民航组织"）是联合国的一个专门机构，1944 年为促进全世界民用航空安全、有序的发展而成立。民航组织总部设在加拿大蒙特利尔，制订国际空运标准和条例，是 191 个缔约国（截至 2011 年）在民航领域中开展合作的媒介。2022 年10 月 1 日，在加拿大蒙特利尔举行的国际民航组织第 41 届大会上，中国连任一类理事国。这是自 2004 年以来，中国第七次当选一类理事国。

（二）国际航空运输协会（International Air Transport Association，IATA）

国际航空运输协会是一个国际性的民航组织，总部设在加拿大的蒙特利尔，是一个由承运人（航空公司）组成的国际协调组织，管理在民航运输中出现的诸如票价、危险品运输等问题。协会的基本职能包括：国际航空运输规则的统一、业务代理、空运企业间的财务结算、技术上合作、参与机场活动、协调国际航空客货运价、航空法律工作等。

三、航空运输设备

（一）飞机

目前，航空运输最多的载体还是飞机，载量大，速度快。飞机可以分为以下几类。

1. 按机身尺寸分

（1）窄体飞机：指机身宽度约为 3 m，舱内只有一条通道，一般只能在下舱内装载包装尺寸较小的散件货。如 B737、B757、MD-80、MD-90、A320、A321 等（图 4-1-1）。

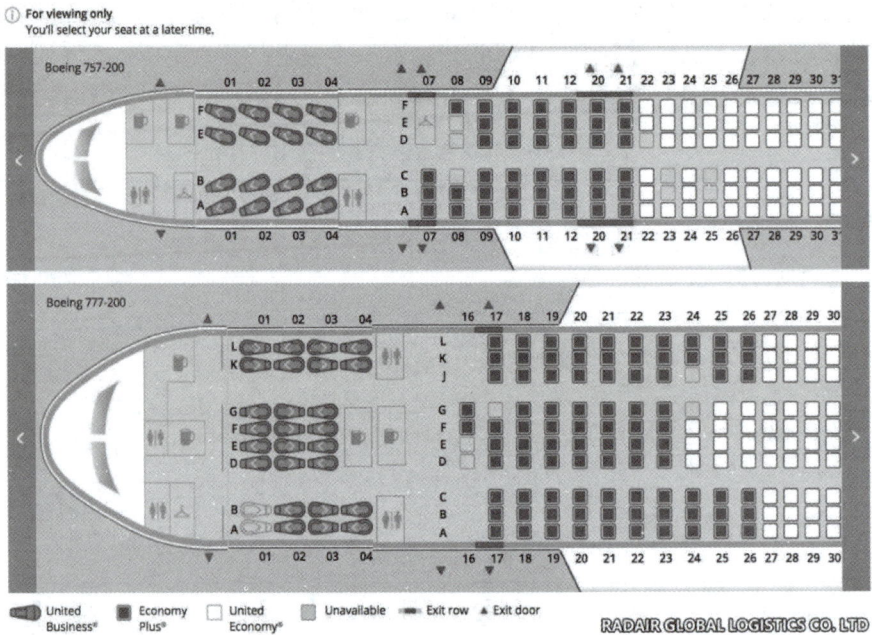

图 4-1-1 飞机机身尺寸

（2）宽体飞机：指机身宽度 ≥4.72 m，舱内有两道通道，下舱可装机载集装箱。如 B767、B777、B747、MD-11、A300、A310、A330、A340、A380 等（图 4-1-2）。

图 4-1-2 机舱装载货物示意

2. 按机舱载货类型分

（1）全货机：指机舱全都用于装载货物的飞机。全货机一般为宽体飞机，主舱可装载大型集装箱。目前，世界上最大的全货机装载量达 250 t，通常的商用大型全货机载重量在 100 t 左右。

（2）客货两用机：即普通客机，上舱（主舱）用于载客，下舱（腹舱）用于载货。

（二）集装器

在空运中，有些货物是散货，有些货物是以集装器形式进行运输。集装器指的是装载货物的载具。常见的集装器主要有集装箱、集装板。

1. 集装板（图 4-1-3）

集装板是具有标准尺寸的，四边带有卡销轨或网带卡销限，中间夹层为硬铝合金制成的平板，以使货物在其上码放。网套是用来把货物固定在集装板上，而网套则靠专门的卡锁装置固定。

2. 集装箱（图 4-1-4）

航空集装箱指在飞机的底舱与主舱中使用的一种专用集装箱，与飞机的固定系统直接结合，不需要借助任何附属设备。

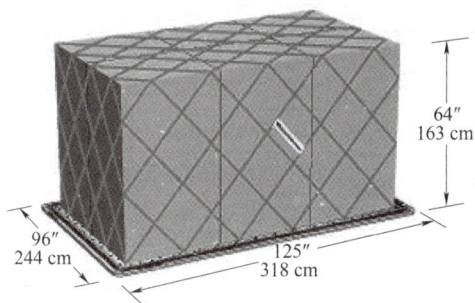

图 4-1-3　集装板

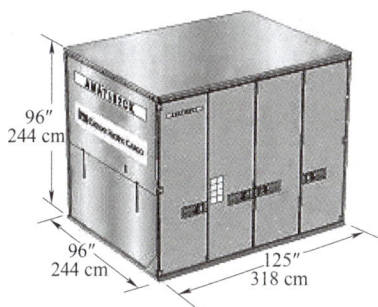

图 4-1-4　集装箱

3. 集装器编号

每个集装器都有 IATA 编号，编号由十位字母与数字组成，如 AKE12032HU。

第一位：集装器的种类码。"A"代表经适航审定的集装箱（Certified Aircraft Container）；"D"代表未经适航审定的集装箱（Non-Certified Aircraft Container）。

第二位：底板尺寸码。"K"代表底面尺寸为 1 534 mm×1 562 mm 的集装箱；"P"代表底面尺寸为 1 534 mm×1 194 mm 的集装箱。

第三位：箱外形、与机舱相容性码（为适配代码）。"E"适配于宽体机型的底舱，无叉槽；"N"适配于宽体机型的底舱，有叉槽。

第四至第七位：集装器序号码。由各航司对其所拥有的集装器来编号。

第八位：校验码，为序列号除以七的余数。

第九至第十位：集装器所属承运人，一般为航司的 IATA 二字代码。

案例 4-1-1：集装器的识别代号 AKE12032HU。

A——经适航审定的集装器代码；K——集装器底板尺寸 1 534 mm×1 562 mm；E——标准拱外形和适配代码；12032——集装器序号码和校验码；HU——集装器所属航空公司。

四、航空代码

IATA 对世界上的国家、城市、机场、加入协会的航空公司制定了统一的编码。通常国家、航空公司采用两字代码，城市、机场采用三字代码。以上航空代码均可通过网络查询。查询网址 https：//www.bmcx.com/。

（一）国家二字代码（表4-1-3）

表4-1-3　常见国家两字代码

英文全称	中文全称	两字代码	英文全称	中文全称	两字代码
China	中国	CN	Japan	日本	JP
United States of America	美国	US	Korea	韩国	KP
United Kingdom	英国	GB	Singapore	新加坡	SG
Germany	德国	DE	Canada	加拿大	CA
France	法国	FR	Australia	澳大利亚	AU

（二）航空公司二字代码（表4-1-4）

表4-1-4　部分航空公司二字代码

航空公司的英文名称	中文名称	两字代码	所在国家	IATA 代码
Air China International Corp	中国国际航空公司	CA	中国	999
China Southern Airlines	中国南方航空公司	CZ	中国	784
China Eastern Airlines	中国东方航空公司	MU	中国	781
America Airlines	美国航空公司	AA	美国	001
Air Canada	加拿大航空公司	AC	加拿大	014
Korean Air	大韩航空公司	KE	韩国	180
Japan Airlines Co., Ltd.	日本航空公司	JL	日本	131
All Nippon Airlines Co., Ltd.	全日空航空公司	NH	日本	205
Lufthansa Germany Airline	汉莎航空公司	LH	德国	020
Northwest Airlines Inc.	美国西北航空公司	NW	美国	012
Asiana Airlines	韩亚航空公司	OZ	韩国	988
Singapore Airlines Ltd.	新加坡航空公司	SQ	新加坡	618
Air France	法国航空公司	AF	法国	057
British Airways	英国航空公司	BA	英国	125

（三）城市三字代码（表4-1-5）

表4-1-5　部分城市三字代码

英文全称	中文全称	三字代码	英文全称	中文全称	三字代码
BEIJING	北京	BJS	DALIAN	大连	DLC
GUANGZHOU	广州	CAN	LONDON	伦敦	LON

英文全称	中文全称	三字代码	英文全称	中文全称	三字代码
SHANGHAI	上海	SHA	NAGOYA	名古屋	NGO
TIANJIN	天津	TSN	SEOUL	首尔	SOL
CHONGQING	重庆	CKG	PARIS	巴黎	PAR
SHENZHEN	深圳	SZX	CHICAGO	芝加哥	CHI
HANGZHOU	杭州	HGH	NEWYORK	纽约	NYC
KUNMING	昆明	KMG	TOKYO	东京	TYO
QINGDAO	青岛	TAO	OSAKA	大阪	OSA
XIAMEN	厦门	XMN			

（四）机场三字代码（表4-1-6）

机场三字代码简称"三字代码"，由IATA制定，每个代码对应一个机场。部分城市机场的三字代码与城市三字代码一样，如HGH表示杭州，也表示杭州萧山国际机场；部分城市机场的三字代码与城市三字代码不一样，如PEK表示北京首都国际机场，BJS表示北京。

表4-1-6　常见机场三字代码

机场的英文名称	中文名称	三字代码	所在国家
Capital International Airport	北京首都国际机场	PEK	中国
Charles de Gaulle Airport	戴高乐机场	CDG	法国
Narita International Airport	成田国际机场	NRT	日本
Kansai International Airport	大阪关西国际机场	KIX	日本
Dulles International Airport	杜勒斯国际机场	IAD	美国
Heathrow International Airport	希斯罗国际机场	LHR	英国
O'Hare International Airport	奥黑尔国际机场	ORD	美国

五、航空运输航线与基本港

（一）航协区

国际航协将全球分成三个区域，简称航协区（IATA Traffic Conference Areas）。

（1）一区（TC1）：包括北美、中美、南美、格陵兰、百慕大和夏威夷群岛。

（2）二区（TC2）：由整个欧洲大陆（包括俄罗斯的欧洲部分）及毗邻岛屿，冰岛、亚速尔群岛，非洲大陆和毗邻岛屿，亚洲的伊朗及伊朗以西地区组成。主要有三个亚区。

①非洲区：含非洲大多数国家及地区，但北部非洲的摩洛哥、阿尔及利亚、突尼斯、埃及和苏丹不包括在内。

②欧洲区：包括欧洲国家和摩洛哥、阿尔及利亚、突尼斯三个非洲国家和土耳其（既包括欧洲部分，也包括亚洲部分）。俄罗斯仅包括其欧洲部分。

③中东区：包括巴林、塞浦路斯、埃及、伊朗、伊拉克、以色列、约旦、科威特、黎巴嫩、阿曼、卡塔尔、沙特阿拉伯、苏丹、叙利亚、阿拉伯联合酋长国、也门等。

（3）三区（TC3）：由整个亚洲大陆及毗邻岛屿（已包括在二区的部分除外），澳大利亚、新西兰及毗邻岛屿，太平洋岛屿（已包括在一区的部分除外）组成。其中：

①南亚次大陆区：包括阿富汗、印度、巴基斯坦、斯里兰卡等南亚国家。

②东南亚区：包括中国（含港、澳、台）、东南亚诸国、蒙古、俄罗斯亚洲部分及土库曼斯坦等独联体国家、密克罗尼西亚等群岛地区。

③西南太平洋次区：包括澳大利亚、新西兰、所罗门群岛等。

④东亚次区，即日韩次区：仅含日本、韩国和朝鲜三个国家。

（二）航空基本港（表4-1-7）

表4-1-7　全球航空基本港

航区	航空港/机场（三字代码）	所属城市	所属国家
IATA 一区	皮尔逊国际机场（YYZ）	多伦多市	加拿大
	蒙特利尔特鲁多国际机场（YUL）	蒙特利尔市	加拿大
	米拉贝尔国际机场（YMX）	蒙特利尔市	加拿大
	温哥华国际机场（YVR）	温哥华市	加拿大
	华盛顿杜勒斯国际机场（IAD）	华盛顿市	美国
	华盛顿国立机场（DCA）	华盛顿市	美国
	巴尔的摩机场（BWI）	华盛顿市	美国
	肯尼迪国际机场（JFK）	纽约市	美国
	纽瓦克自由国际机场（EWR）	纽约市	美国
	拉瓜迪亚机场（LGA）	纽约市	美国
	洛杉矶国际机场（LAX）	洛杉矶市	美国
	旧金山国际机场（SFO）	旧金山市	美国
	西雅图塔科马国际机场（SEA）	西雅图市	美国
	亚特兰大哈茨菲尔德杰克逊国际机场（ATL）	亚特兰大市	美国
	奥黑尔国际机场（ORD）	芝加哥市	美国
	中途国际机场（MDW）	芝加哥市	美国
	巴西利亚国际机场（BSB）	巴西利亚市	巴西
	里约热内卢国际机场（GIG）	里约热内卢市	巴西
	圣保罗国际机场（GRU）	圣保罗市	巴西
	埃塞萨皮斯塔里尼部长国际机场（EZE）	布宜诺斯艾利斯	阿根廷
IATA 二区	多莫杰多沃国际机场（DME）	莫斯科市	俄罗斯
	谢列梅杰沃国际机场（SVO）	莫斯科市	俄罗斯
	伏努科沃国际机场（VKO）	莫斯科市	俄罗斯
	圣彼得堡普尔科夫机场（LED）	圣彼得堡市	俄罗斯
	伦敦希斯罗国际机场（LHR）	伦敦市	英国
	盖特威克机场（LGW）	伦敦市	英国
	伦敦斯坦斯特德机场（STN）	伦敦市	英国
	曼彻斯特机场（MAN）	曼彻斯特市	英国
	巴黎夏尔·戴高乐机场（CDG）	巴黎市	法国

航区	航空港/机场（三字代码）	所属城市	所属国家
IATA 二区	奥利机场（ORY）	巴黎市	法国
	马赛机场（MRS）	马赛市	法国
	柏林泰格尔机场（TXL）	柏林市	德国
	舍内费尔德机场（SXF）	柏林市	德国
	法兰克福国际机场（FRA）	法兰克福市区	德国
	阿姆斯特丹国际机场（AMS）	阿姆斯特丹市	荷兰
	鹿特丹机场（RTM）	鹿特丹市	荷兰
	斯德哥尔摩阿兰达国际机场（ARN）	斯德哥尔摩市	瑞典
	布罗马机场（BMA）	斯德哥尔摩市	瑞典
	赫尔辛基万塔机场（HEL）	赫尔辛基市	芬兰
	图尔库机场（TKU）	图尔库市	芬兰
	坦佩雷机场（TMP）	皮尔卡拉市	芬兰
	开普敦国际机场（CPT）	开普敦市	南非
IATA 三区	大连周水子国际机场（DLC）	东北地区	中国
	哈尔滨太平国际机场（HRB）	东北地区	中国
	沈阳桃仙国际机场（SHE）	东北地区	中国
	北京首都国际机场（PEK）	华北地区	中国
	北京南苑机场（NAY）	华北地区	中国
	天津滨海国际机场（TSN）	华北地区	中国
	上海虹桥国际机场（SHA）	华东地区	中国
	南京禄口国际机场（NKG）	华东地区	中国
	杭州萧山国际机场（HGH）	华东地区	中国
	广州白云国际机场（CAN）	中南地区	中国
	武汉天河国际机场（WUH）	中南地区	中国
	海口美兰国际机场（HAK）	中南地区	中国
	重庆江北国际机场（CKG）	西南地区	中国
	成都双流国际机场（CTU）	西南地区	中国
	西安咸阳国际机场（XIY）	西北地区	中国
	兰州中川国际机场（ZGC）	西北地区	中国
	乌鲁木齐地窝堡国际机场（URC）	西北地区	中国
	羽田国际机场（HND）	东京市	日本
	成田国际机场（NRT）	东京市	日本
	关西国际机场（KIX）	大阪市	日本
	大阪伊丹国际机场（ITM）	大阪市	日本
	仁川国际机场（ICN）	首尔市	韩国
	英迪拉·甘地国际机场（DEL）	新德里市	印度
	贾特拉帕蒂·希瓦吉国际机场（BOM）	孟买市	印度

续表

航区	航空港/机场（三字代码）	所属城市	所属国家
IATA 三区	廊曼国际机场（DMK）	曼谷	泰国
	樟宜国际机场（SIN）	新加坡	新加坡
	雅加达国际机场（CGK）	雅加达市	印度尼西亚
	金斯福德·史密斯机场（SYD）	悉尼市	澳大利亚
	墨尔本国际机场（MEL）	墨尔本市	澳大利亚

（三）中国货运航空枢纽（重要节点）分布

国际机场协会（Airports Council International，ACI）公布的 2022 年全球重要机场货邮吞吐量及货运能力前 20 名数据显示，中国共有 5 个机场上榜。其中，香港国际机场排全球第二（多年排名第一）名，上海国际浦东机场排第三（2019 年同第三），台北桃源国际机场排第七名，广州白云国际机场排第十五名，深圳宝安国际机场为第十九名。

目前，中国 90% 的国际航空货运量集中在了北京、上海、广州、深圳和郑州五大综合机场。其中，东部地区集中了我国航空货运枢纽的三大机场群：以首都国际机场为核心，新启用的北京大兴机场协同发展的京津冀机场群；以上海浦东机场为核心的长三角机场群；以广州白云国际机场、深圳宝安国际机场和香港机场为多个核心枢纽的粤港澳大湾区机场群。相对而言，中西部航空货运量偏低，货运需求不足。

（四）全球主要航线分布

1. 西半球航线

西半球航线是指航程中所有点都在西半球的航线。西半球航线是连接南北美洲的航线，因此，又称为拉丁航线。

西半球航线在北美地区主要有美国南部的迈阿密、达拉斯及西岸和东岸的门户点，墨西哥的墨西哥城，中美的圣何塞、太子港等；在南美的点主要分布在哥伦比亚的波哥大，巴西的巴西利亚、里约热内卢、圣保罗，智利的圣地亚哥，阿根廷的布宜诺斯艾利斯等城市。

2. 东半球航线

东半球航线是指航程中所有的点都在东半球，是世界上航线最多的区域。

3. 北大西洋航线

北大西洋航线是连接欧洲与北美洲之间最重要的国际航线。北美洲和欧洲是世界上航空最发达的地区。欧洲的中枢机场，如伦敦、巴黎、法兰克福、马德里、里斯本等和北美洲的主要城市相连，这使北大西洋航线成为世界上最繁忙的国际航线。

4. 南大西洋航线

南大西洋航线是指经过南部大西洋的航线，具体是指航线在南大西洋地区和东南亚之间，经过大西洋、中非、南非、印度洋岛屿或直飞的航线。它是随着南美旅游经济的兴盛，在传统航线以不能满足市场需要的情况下，开辟出的新航线。需要注意的是：南大西洋航线是经印度洋和大西洋南部的航线，不经过亚欧大陆。

5. 北太平洋航线

北太平洋航线的一端通常为亚洲的东京、首尔、香港、北京、广州、上海和新加坡等城市，另一端通常为北美的温哥华、洛杉矶、旧金山、芝加哥和西雅图等城市。例如，国内旅客选择南航、国航、东航的航班去北美地区，一般是从广州、北京或上海出发直飞洛杉矶、纽约、旧金山和温哥华。

6. 南太平洋航线

南太平洋航线是连接南美和西南太平洋地区并经过北美的航线，但航线不经过北部和中部太平洋。南太平洋航线的一端通常为悉尼、墨尔本、奥克兰和堪培拉等城市；另一端为布宜诺斯艾利斯、里约热内卢和圣地亚哥等城市。

7. 俄罗斯航线

俄罗斯航线是指俄罗斯欧洲部分和三区（详见项目五）之间的航线，在俄罗斯和日本、韩国之间有一段不经停航线。

8. 西伯利亚航线

西伯利亚航线是指 IATA 二区和 IATA 三区之间的航线，在欧洲和日本、韩国之间有一段不经停航线。

9. 欧亚航线

欧亚航线是横穿欧亚大陆、连接欧亚大陆东西两岸的重要航线，又称西欧—中东—远东航线。欧亚航线对东亚、南亚、中东和欧洲各国之间的政治、经济联系起到重要作用。

六、航空货运代理

（一）航空货运代理公司概述

在航空货物运输中，涉及的当事人有航空公司、货主、航空货运代理。

（1）航空公司自身拥有飞机并借以从事航空运输活动，在货运业务中，航空公司一般只负责空中运输，即从某地机场运至另一地机场。

（2）货主一般是各大工厂，外贸公司等。

（3）航空货运代理是服务货主与航空公司的中间人，是货主与航空公司之间的沟通桥梁（图 4-1-5）。出口货物在始发站机场与航空公司之间的揽货、接货、订舱、制单、报关和交运等；进口货物在目的站机场从航空公司接货、接单、制单、报关、送货或转运等。航空公司一般不负责办理这些业务，而由航空货运代理公司负责。

（4）航空货运代理可以是货主的代理，负责办理航空货物运输的订舱，在始发机场和到达机场的交、接货与进口报关等事宜，也可以是航空公司的代理，办理接货并以航空承运人的身份签发航空运单，对运输全程负责，亦可两者兼而有之。

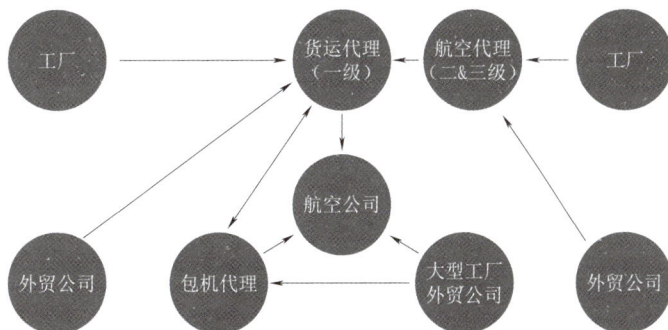

图 4-1-5　航空货物运输当事人及关系

（二）航空货运代理公司的身份

航空货运代理的身份根据具体情况有所不同，可以是代理人或者当事人。

1. 代理人

（1）托运人的代理人。当航空货运代理公司从不同的托运人手中接受货物，以托运人的名义与航空公司签订运输合同时，航空货运代理公司是托运人的代理人代，航空公司是承运人。

（2）承运人的代理人。当航空货运代理公司以承运人的名义与托运人签订运输合同，并向托运人签发航空货运单时，航空货运代理公司则是承运人代理人。

2. 当事人

这种身份常见于航空运输的集中托运业务。

（1）承运人身份：航空货运代理公司以自己的名义从不同的客户手中接受零散货物，并将这些零散货物集中起来以自己的名义与航空公司签订运输合同时，相对于客户而言，它就是空运缔约承运人（航空公司是实际承运人），货主就是托运人。

（2）托运人身份：当航空货运代理公司以自己的名义与航空公司签订运输合同时，相对于航空公司而言，它是托运人，航空公司是承运人。

（3）收货人身份：在目的地，航空货运代理公司可以自己的名义接受货物，同样可以成为收货人。

（三）航空货运代理公司的作用

（1）航空货运代理公司大多对运输环节和有关规章十分熟悉，并与民航、海关、商检和交通运输部门有着广泛而密切的联系。同时，航空货运代理公司在世界各地都设有分支机构和代理人，随时掌握货物运输的动态。因此，委托航空货运代理公司办理进出口运输较为便利。

（2）航空货运代理公司的主要业务是办理集中托运，即把若干单独发运的货物组成一整批货物，用同一份主运单发运到同一个目的站，再由其在当地的代理人负责接货，清关后分拨交给实际收货人。这种托运方式可以从航空公司争取到较低的运价，航空货运代理公司和货主都可以从这种服务中得到好处。

（3）就航空公司而言，虽然航空公司要向其货运代理公司支付一定的酬金，但货运代理公司将众多客户的货物集中起来交运，为其节省了大量的人力、物力和时间，从而有助于进一步开拓空运市场。

（四）航空货运代理公司的类型

一级代理：经营国际及中国香港、澳门、台湾地区航线的代理业务。

二级代理：经营除中国香港、澳门、台湾地区航线外的国内航线代理业务。

七、空运咨询实例

业务员 Alan 收到客户的邮件，内容见表 4-1-8。

表 4-1-8　客户的邮件

	发件人	Sophia@ aaa. com
发送	收件人	Alan@ sdaline. com
	抄送	

主题	货物出口咨询
附件	

Dear Alan,

您好！我公司正在向德国的汉堡通过空运出口一批灭火器。国际贸易术语解释通则：CPT 俄罗斯圣彼得堡。我们将预付运费给你们。

我需要准备订舱委托书、装箱单、报关委托书、发票、合同、商检报检委托书这些资料就可了吧。还需要提供其他资料吗？如果有，请详细告知，并说明原因。

提前谢谢您的解释。

Yours faithfully,

Sophia

AAA Communication Ltd. , Foshan

Email：Sophia @ aaa. com

Tel：+86××××××××××

任务：根据客户的咨询，给予专业解答回复。

实例分析：货物为灭火器，从货物属性判断为危险品。危险品货物属于特种货物，符合限制条件才准许运输，而且提前申报并办理特定的手续，包装也要按照相关规定进行特殊处理。可查询 TACT 规则，危险品出运需要提供危险品申报书、MSDS（安全技术性说明书）、危包证，用于危险品出运申报（表 4-1-9）。

表 4-1-9　回复的邮件

	发件人	Alan@ sdaline. com
发送	收件人	Sophia @ aaa. com
	抄送	
主题	货物延迟	
附件		

Dear Sir,

您好！

出口需要准备订舱委托书、装箱单、报关委托书、发票、合同、商检报检委托书。由于灭火器属于危险品，危险品空运需要提供危险品申报书、MSDS（安全技术性说明书）、危包证，用于危险品出运申报。

Yours faithfully,

Alan

地址：佛山市禅城区五峰三路 11 号口岸大楼一楼（佛山海关对面）

电话：1901234567

邮箱：Alan@ sdaline. com

八、常用航空术语

（1）普通货物：在交运、保管、装卸、运输以及交付过程中没有特殊要求的货物。

（2）轻泡货物：每千克毛重的体积超过 6 000 m^3 的货物，反之叫重货。

（3）运输标签：标明货运单号码、货物流向、重量与件数的标记。

（4）入库：将收运的货物或到达的货物运入仓库进行核对、码放等工作。

（5）分批运输：同一张航空运单上的货物，分成几批运往同一目的地的运输方式。

（6）货物运价：根据货物的重量、距离和种类等因素制定的单位重量货物运输价格。

（7）公布直达运价：一个城市到另一个城市之间直接公布的运价，也称为指定运价。

（8）等级货物运价：在某一规定地区或航线上指定等级的货物运价，通常是在普通货物运价基础上增加或附减一定百分比而构成。

（9）指定商品运价：在特定地区与航线，规定运输种类、指定运输条件的货物的运输。

（10）Volume Weight：体积重量；Chargeable Weight：计费重量；Weight Charge：航空运费。

任务实施

分析：分别从运输方式和贸易术语选择分析。

一、运输方式：国际航空、国际铁路、国际公路、国际海运

1. 国际航空

中国飞往乌兹别克斯坦首都塔什干机场的航班有香港、北京、乌鲁木齐、西安、广州，每周有定期航班，适合时效要求高、货值大、货物体积重量相对较小的货物。

2. 国际铁路

国际铁路是中国至乌兹别克斯坦成本最低、运量最大、时效最好、始发城市最多的运输路线，非常适合大宗货物。中国开往乌兹别克斯坦的货运专列有西安、郑州、广州、济南、上海、义乌等，每周固定的班列，经阿拉山口口岸，过境哈萨克斯坦，到达乌兹别克斯坦首都塔什干。

3. 国际公路

中国开往乌兹别克斯坦的国际公路通道有新疆霍尔果斯口岸和伊尔克什坦口岸两条线路。两条路线差别在于过境国家的不同，运输里程不同，新疆霍尔果斯口岸需经过哈萨克斯坦，伊尔克什坦口岸经过吉尔吉斯斯坦，均最终到达乌兹别克斯坦。由于过境国家境内通关口岸在操作上存在差别，两条路线运输时效略有不同，但两条路线都已十分成熟、安全，适合整车、零担拼车、集装箱、商品车及大件货物。

4. 国际海运

中国至乌兹别克斯坦无法实现单独海运完成，必须海陆联运。国际海陆联运有两条路线，第一条路是从中国港口始发，到达巴基斯坦卡拉其港，通过国际公路运输过境阿富汗到达乌兹别克斯坦；第二条路是从中国港口始发，到达伊朗的阿巴斯港，通过公路过境土库曼斯坦，最终到达乌兹别克斯坦境内。两条路线各有利弊，运输成本差异较大，转运环节多，而且服务一直未能实现标准化，同时由于过境国家的特殊性，运输时效一直无法保证，所以非必要的情况下不建议使用该运输方式。

该票业务货物价值较高：3 889.00 美元，体积较小：0.426 m^3，路程较远：约 1 000 km，非常适合航空运输（表 4-1-10）。

二、贸易术语

从责任和费用角度考虑，在拼装货物的情况下卖方负责运费+保险费，负责货物出口清关以及把货物从生产地佛山集港到深圳，安排货物装上运输工具，负责把货物从深圳运输到乌兹别克斯坦的塔什干，并且做好各种单证的准备、审核、签发等工作。如果采用航空运输，结合 IATA，查询该票货物的运输包装要求。

表 4-1-10　回复的邮件

发送	发件人	Alan@ sdaline.com
	收件人	Sophia@ aaa.com
	抄送	
主题		货物出口咨询
附件		

Dear Sir,

您好！

该票业务货物价值较高：3 889.00 美元，体积较小：0.426 m³，路程较远：约 1 000 km，适合航空运输，装运机场中国深圳，目的机场乌兹别克斯坦塔什干。

该票货物为通信天线及天线配件双工器，出口需提供原产地证书，按照普通货物包装即可。CIF 下卖方负责运费+保险费，负责货物出口清关，负责把货物从生产地佛山集港到深圳，负责把货物从深圳运输到乌兹别克斯坦的塔什干，并且做好各种单证的准备、审核、签发等工作。

Yours faithfully,

Alan

地址：佛山市禅城区五峰三路 11 号口岸大楼一楼（佛山海关对面）

电话：1901234567

邮箱：Alan@ sdaline.com

任务测试　　参考答案　

任务评价

任务评价见表 4-1-11。

表 4-1-11　空运基础知识任务评价

序号	考核项目	考核内容	分值	自我评价	小组评价	教师评价	得分
1	知识测试	选择题	40				
2	技能训练	选择合适运输方式	20				
		正确阐述理由	20				
3	职业素养	沟通交流	10				
		讨论表达	10				

备注：得分=自我评价 20%+小组评价 40%+教师评价 40%。

任务二　空运报价

知识目标

掌握航空运输运价的构成及航空报价表的形式。

能力目标

能根据实际业务确定货物适用运价，正确计算空运运费，并提供报价方案。

素质目标

在学习航空运价中，培养学生的计算思维与逻辑思维，培养学生精益求精的工匠精神。

任务描述

客户佛山市 AAA 电讯实业有限公司基于业务员 Alan 的邮件回复，决定采用 CIF 塔什干（乌兹别克斯坦），航空运输的方式出运该批货物。

客户佛山市 AAA 电讯实业有限公司现要求 Alan 就该票货物报价。货物信息见表4-2-1。

表4-2-1　货物信息

Marks& No.	Item No.	Description	Qnty (PCS) 副	Qnty (ctns) 箱	Dimension L×W×H/ (cm×cm×cm)			CBM m³	Gross Weight kg	Net Weight kg
1—2#	TQJ-150A3F25	通信天线	40	2	162	44	23	0.328	41.40	39.80
3#	TQJ-150A3F25	通信天线	10	1	162	23	23	0.086	10.80	10.00
4#	CD-1501	通信天线配件：双工器	1	1	38	23	14	0.012	1.40	0.60
	TOTAl		51	4				0.426	53.60	50.40

任务：选择合适的航班，计算该票货物航空运费，制作报价单。

任务分析

要完成该任务，必须熟练掌握航空运价的构成与计算。

任务学习

作为货代，在向客户进行空运业务报价时，必须从航空公司处取得相应的价格标准计算货物运费，加上其他费用与公司的利润后才能对客户进行报价，所以航空货物运费计算很重要。

一、基本概念

（一）运价（rate）/费率

运价，又称费率，是指承运人对所运输的每一重量单位货物（kg 或 lb）所收取的自始发地机场至目的地机场的航空费用。

1. 货币

用以公布航空货物运价的货币，一般为运输始发地货币，也有以美元代替其本国货币公布。

2. 货物运价的有效期

航空货运单所使用的运价应为填制货运单之日的有效运价，即在航空货物运价有效期内适用的运价。

（二）航空运费（Weight Charge）

货物的航空运费是指航空公司将一票货物自始发地机场运至目的地机场所应收取的航空运输费用。该费用根据每票货物所适用的运价和货物的计费重量计算而得。

（三）其他费用（Other Charges）

其他费用是指由承运人、代理人或其他部门收取的与航空货物运输有关的费用。

在组织一票货物自始发地至目的地运输的全过程中，除包括航空运输外，还包括地面运输、仓储、制单、国际货物的清关等环节，提供这些服务的部门所收取的费用即为其他费用。

（四）计费重量（Chargeable Weight）

计费重量是指用以计算货物航空运费的重量。货物的计费重量或者是货物的实际毛重，或者是货物的体积重量，或者是较高重量分界点的重量。

1. 实际毛重（Actual Gross Weight）

包括货物包装在内的货物重量，称为货物的实际毛重。

2. 体积重量（Volume Weight）

按照国际航协规则，将货物的体积按一定的比例折合成的重量，称为体积重量。

不论货物的形状是否为规则的长方体或正方体，计算货物体积时，均应以最长、最宽、最高的三边的厘米长度计算。长，宽、高的小数部分按四舍五入取整。体积重量的折算，换算标准为每 6 000 cm³ 折合 1 kg。

体积重量（kg）= 货物体积（cm³）/6 000（cm³/kg）

3. 计费重量（Chargeable Weight）

一般地，采用货物的实际毛重与货物的体积重量两者比较取高者；但当货物按较高重量分界点的较低运价计算的航空运费较低时，则此较高重量的分界点的货物起始重量作为货物的计费重量。

国际航协规定，国际货物的计费重量以 0.5 kg 为最小单位，重量尾数不足 0.5 kg 的，按 0.5 kg 计算；0.5 kg 以上不足 1 kg 的，按 1 kg 计算。例如：103.2 kg→103.5 kg，103.6 kg→104 kg。

空运计费
重量及类别

（五）最低运费（Minimum Charge）

最低运费是指一票货物自始发地机场至目的地机场航空运费的最低限额。货物按其适用的航空运价与其计费重量计算所得的航空运费，与货物最低运费相比，取高者。

二、航空国际货物运价

目前，国际货物运价按制定的途径划分，主要分为协议运价和国际航协运价。

（一）协议运价

协议运价是指航空公司与托运人签订协议，托运人保证每年向航空公司交运一定数量的货物，航空公司则向托运人提供一定数量的运价折扣。

目前航空公司使用的运价大多是协议运价（表4-2-2），但在协议运价中又根据不同的协议方式进行细分。

表4-2-2　航空国际货物协议运价构成表

协议定价		包板（舱）	死包板（舱）
			软包板（舱）
长期协议	短期协议	返还	销售量返还
			销售额返还
自由销售			

（二）国际航协运价

国际航协运价是指IATA在TACT运价资料上公布的运价。按照IATA货物运价公布的形式划分，国际货物运价（表4-2-3）可分为公布直达运价和非公布直达运价。

表4-2-3　IATA运价体系

IATA运价	公布直达运价（Published Through Rates）	普通货物运价（General Cargo Rate）
		指定商品运价（Specific Commodity Rate）
		等级货物运价（Commodity Classification Rate）
	非公布直达运价（un-Published Through Rates）	集装货物运价（Unit Load Device Rate）
		比例运价（Construction Rate）
		分段相加运价（Combination of Rate and Charges）

国际航协运价是国际航协通过运价手册向全世界公布，主要目的是协调规范各国的货物运价，是各个航空公司的参照运价，所以每个航空公司在制定本公司运价时，都是按照国际航协这个标准运价进行的。对于特种货物运输，各国一般采用国际航协运价；对于一般货物运输，大多在国际航协运价基础上有一定的折扣。现有定价遵照如下原则。

1. 重量分段对应运价

在每一个重量范围内设置一个运价。例如：北京到首尔的运价表"N"运价表示的重量在45 kg以下的运价是每公斤23.95元，也就是运价23.95元适用的重量为0~45 kg，在这个重量范围用的都是同一个运价。

2. 数量折扣原则

随着运输重量的增大，运价越来越低，这实际上是使用定价原则中的数量折扣原则，通过这个原则，保证飞机的舱位有充分的货物。例如：从北京到首尔运价表中，45 kg 的运价是 18 元，100 kg 的运价是 17.17 元，300 kg 的运价是 15.38 元，重量越大，运价越低。

3. 运距的因素

这是一个基本因素。运距越长运价越高，这是因为运距越长，运输的消耗越大，因此运价越高。例如：北京到新加坡和北京到悉尼的运价对比（表 4-2-4）。

表 4-2-4　北京到首尔、新加坡和北京到悉尼的运价

北京—首尔		北京—新加坡		北京—悉尼	
（重量分级，kg）	（运价，元）	（重量分级，kg）	（运价，元）	（重量级，kg）	（运价，元）
N	23.95	N	36.66	N	54.72
45	18.00	45	27.50	45	41.04
300	17.17	300	15.38	300	32.83

从北京到悉尼的距离大概是到新加坡的两倍左右。从表中可以看出 300 kg 的运价，到悉尼是到新加坡的两倍左右，距离越长这种趋势越明显，但在低重量级别，往往运价相差比距离比之差要小，原因在于地面操作成本的大小。

4. 根据产品的性质分类

国际航协根据产品的性质分为在普货运价的基础上运价附加和运价附减。例如，对于活体动物、骨灰、灵柩、鲜活易腐物品、贵重物品、急件等货物采取附加的形式，而对于书报杂志、作为货物运输的行李采取附减的形式。

三、航空运费

（一）普通货物运价（GCR）

普通货物运价是指除了等级货物运价和指定商品运价以外的适用于普通货物运输的运价。一般地，普通货物运价根据货物重量的不同，分为若干个重量等级分界点运价。

（1）"N" 表示标准普通货物运价，指的是 45 kg 以下的普通货物运价。

航空运费
的计算

（2）"Q" 表示标准普通货物运价，指的是 45 kg 以上的普通货物运价。例如 "Q45" "Q100" "Q300" 等不同重量等级分界点的运价。这里 "Q45" 表示 45 kg 以上（包括 45 kg）普通货物的运价、依次类推。

（3）"M" 表示最低收费标准。货物的计费重量和其适用的普通货物运价计算而得的航空运费，不得低于运价资料上公布的航空运费的最低收费标准（M）。

（4）运费计算

案例 4-2-1：根据素材计算该票货物的航空运费。

routing：Beijing，CHINA（BJS）to TOKYO，JAPAN（TYO）

Commodity：Sample

Gross weight：25.2 kgs

Dimensions：82 cm×48 cm×32 cm

公布运价见表 4-2-5。

表 4-2-5　公布运价（案例 4-2-1）

BEIJING	CN		BJS
Y. RENMINBI	CNY		kgs
TOKYO	JP	M	230. 00
		N	37. 51
		45	28. 13

案例 4-2-1 分析：

Volume：　　　　　　82 cm×48 cm×32 cm＝125 952 cm³

Volume weight：　　125 952/6 000＝20. 99 kgs＝21. 0 kgs

Gross weight：　　　25. 2 kgs

Chargeable：　　　　25. 5 kgs

Applicable rate：　　37. 51 CNY/kg

Weight charge：　　　25. 5×37. 51＝CNY956. 51

航空货运单运费计算栏填制见表 4-2-6。

表 4-2-6　航空货运单运费计算填制（案例 4-2-1）

No. of pieces RCP	Gross weight	Kg Lb		Rate class	Chargeable Weight	Rate/charge rate class	Total	Nature and quantity of goods
1	25. 2	K	N	Commodity item No. —	25. 5	37. 51	956. 51	SAMPLE DIMS： 82 cm×48 cm×32 cm

案例 4-2-2：根据素材计算该票货物的航空运费。

routing：Beijing，CHINA（BJS）to AMSTERDAM，HOLLAND（AMS）

commodity：PARTS

gross weight：38. 6 kgs

dimensions：101 cm×58 cm×32 cm

公布运价见表 4-2-7。

表 4-2-7　公布运价（案例 4-2-2）

BEIJING	CN		BJS
Y. RENMINBI	CNY		kgs
AMSTERDAM	NL	M	230. 00
		N	50. 22
		45	41. 53

案例 4-2-2 分析：

（1）按实际重量计算：

Volume：　　　　　　101 cm×58 cm×32 cm＝187 456 cm³

Volume weight：　　187 456/6 000＝31. 24 kgs

Gross weight：　　　38. 6 kgs

Chargeable weight：　39. 0 kgs

Applicable rate：　　　　　　50. 22 CNY/kg

Weight charge：　　　　　　39. 0×50. 22＝CNY1 958. 58

（2）采用较高重量分界点的较低运价计算：

Chargeable weight：　　　　45. 0 kgs

Applicable rate：　　　　　　41. 53 CNY/kg

Weight charge：　　　　　　41. 53×45. 0＝CNY 1 868. 85

（1）与（2）比较，取运费较低者。

Weight charge：CNY 1 868. 85

航空货运单运费计算栏填制见表4-2-8。

表4-2-8　航空货运单运费计算栏填制（案例4-2-2）

No. of pieces RCP	Gross weight	Kg Lb		Rate class		Chargeable Weight	Rate/charge rate class	Total	Nature and quantity of goods
1	38.6	K	N	Commodity item No.		45.0	41.53	1 868. 85	SAMPLE DIMS：101 cm×58 cm×32 cm
				—					

案例4-2-3：根据素材，计算该票货物的航空运费。

Routing：SHANGHAI, CHINA（BJS）to PARIS, FRANCE（PAR）

Commodity：TOY

Gross weight：5. 6 kgs

Dimensions：40 cm×28 cm×22 cm

公布运价见表4-2-9。

表4-2-9　公布运价（案例4-2-3）

SHANGHAI	CN		BJS
Y. RENMINBI	CNY		kgs
PARIS	FR	M	320. 00
		N	50. 37
		45	41. 43
		300	37. 90
		500	33. 42
		1000	30. 71

案例4-2-3分析：

Volume：　　　　　　　40 cm×28 cm×22 cm＝24 640 cm^3

Volume weight：　　　　24 640/6 000＝4. 1 kg

Gross weight：　　　　　5. 6 kg

Chargeable：　　　　　6. 0 kgs

Applicable rate：　　　　50. 37 CNY/kg

Weight charge：　　　　6. 0×50. 37＝CNY 302. 22

Minimum charge：　　　320. 00 CNY

此票货物的航空运费应为320. 00 CNY

航空货运单运费计算栏填制见表4-2-10。

表 4-2-10　航空货运单运费计算栏填制（案例 4-2-3）

No. of pieces RCP	Gross weight	Kg Lb		Rate class		Chargeable Weight	Rate/charge rate class	Total	Nature and quantity of goods
1	5.6	K	M	Commodity item No. —		6.0	320.00	320.00	TOY 40 cm×28 cm×22 cm

（二）指定商品运价（SCR）

指定商品运价是指适用于自规定的始发地至规定的目的地运输特定品名货物的运价。在通常情况下，指定商品运价低于相应的普通货物运价。鉴于此，指定商品运价在使用时，对于货物的起讫地点、运价使用期限，货物运价的最低重量起点等均有特定的条件。

1. 指定商品运价传统的分组和编号

在 TACT RATES BOOKS 的 SECTION 2 中，根据货物的性质、属性以及特点等对货物进行分类，共分为十个大组，每组又分为十个小组。同时，对其分组形式用四位阿拉伯数字进行编号。该编号即为指定商品货物的品名编号（表4-2-11）。

表 4-2-11　指定商品货物的分组及品名编号

序号	编号	品名
1	0001～0999	edible animal and vegetable products（可食用的动植物产品）
2	1000～1999	live animals and non-edible animal and vegetable products（活动物及非食用的动植物产品）
3	2000～2999	2000～2999 textiles, fibers and manufactures（纺织品、纤维及其制品）
4	3000～3999	metals and manufactures，excluding machinery、vehicles and electrical equipment（金属及其制品，不包括机器、汽车和电器设备）
5	4000～4999	machinery，vehicles and electrical equipment（机器、汽车和电器设备）
6	5000～5999	non-metallic minerals and manufactures（非金属材料及其制品）
7	6000～6999	chemicals and related products（化工材料及其相关产品）
8	7000～7999	paper，reed，rubber and wood manufactures（纸张、芦苇、橡胶和木材制品）
9	8000～8999	scientific，professional and precision instrument，apparatus and supplies（科学仪器、专业仪器、精密仪器、器械及配件）
10	9000～9999	miscellaneous（其他）
备注	9700～9799	为了减少常规的指定商品品名的分组编号，IATA 推出了试验性的指定商品运价，该运价用 9700～9799 内的数字编出。主要特点是一个代号包括了传统指定商品运价中分别属于不同指定商品代号的众多商品品名，如 9735 这个指定商品代号就包括了属于 20 多个传统指定商品运价代号的指定商品

2. 从中国始发的常用指定商品代码

从整个国际航协来看，指定商品代码非常多，但我们主要了解从北京始发的货物的指定商品代码（表4-2-12），记住常用的指定商品代码。

表 4-2-12　北京始发的货物的指定商品代码

序号	编号	品名
1	0007	fruit，vegetables（水果，蔬菜）
2	0008	fruit，vegetables-fresh（新鲜的水果，蔬菜）
3	0300	fish（edible），seafood［鱼（可食用的），海鲜、海产品］
4	1093	worms（沙蚕）
5	2195	yarn，thread，fiber，cloth—not further processed or manufactured：exclusively in bales，bolts，pieces，cloth（成包、成卷、成块未进一步加工或制造的纱、线、纤维、布） wearing apparel，textile manufactures（服装、纺织品）
6	2199	yarn，thread，fiber，textiles（纱、线、纤维、纺织原料） textile manufactures（纺织品） wearing. apparel［服装（包括鞋、袜）］
7	2211	yarn，thread，fiber-not further pried or manufactured：excluhvely in bales，bolts，pieces，wearing apparel，textile manufactures（成包、成卷、成块未进一步加工或制造的纱、线、纤维、服装、纺织品）
8	7481	rubber tyrb，rubber tubes（橡胶轮胎、橡胶管）

3. 指定商品运价的使用规则

在使用指定商品运价时，只要所运输的货物满足下述三个条件，则运输始发地和运输目的地就可以直接使用指定商品运价。

（1）运输始发地至目的地之间有公布的指定商品运价。

（2）托运人所交运的货物，其品名与有关指定商品运价的货物品名相吻合。

（3）货物的计费重量满足指定商品运价使用时的最低重量要求。

备注：使用指定商品运价计算航空运费的货物，其航空货运单的"Rate Class"一栏，用字母"C"表示。

4. 运费计算

（1）先查询运价表，如有指定商品代号，则考虑使用指定商品运价。

（2）查找 TACT RATES BOOKS 品名表，找出与运输品名对应指定商品代号。

（3）如果货物计费重量超过指定商品运价的最低重量，则优先使用指定商品运价。

（4）如果货物计费重量没有达到指定商品运价的最低重量，则需要比较计算。

案例 4-2-4：根据素材计算航空运费。

Routing：Beijing，CHINA（BJS）to OSAKA，JAPAN（OSA）

Commodity：FRESH APPLES

Gross weight：EACH 65.2 KGS，TOTAL 5 PIECES

Dimensions：102 cm×44 cm×25 cm×5

公布运价见表 4-2-13。

表 4-2-13　公布运价（案例 4-2-4）

BEIJING	CN		BJS
Y. RENMINBI	CNY		kgs
OSAKA	JP	M	230. 00
		N	37. 51
		45	28. 13
	0008	300	18. 80
	0300	500	20. 61
	1093	100	18. 43
	2195	500	18. 80

案例 4-2-4 分析：

查找 TACT RKTES BOOKS 的品名表，品名编号 "0008" 所对应的货物名称为 "FRUIY, VEGETABLES-FRESH"，现在承运的货物是 FRESH APPLES，符合指定商品代码 "0008"。由于货主交运的货物重量符合 "0008" 指定商品运价使用时的最低重量要求。运费计算如下：

Volume：102 cm×44 cm×25 cm×5 = 561 000 cm^3

Volume weight：561 000/6 000 = 93. 5 kgs

Gross weight：65. 2×5 = 326. 0 kgs

Chargeable weight：326. 0 kgs

Applicable rate：SCR 0008/Q300　18. 80 CNY/kg

Weight charge：326. 0×18. 80 = CNY 6 128. 80

航空货运单运费计算栏填制见表 4-2-14。

表 4-2-14　航空货运单运费计算栏填制

No. of pieces RCP	Gross weight	Kg Lb		Rate class		Chargeable Weight	Rate/charge rate class	Total	Nature and quantity of goods
5	326. 0	K	C	Commodity item No.	0008	326. 0	18. 80	6 128. 8	FRESH APPLES DIMS：101 cm×58 cm×32 cm×5

案例 4-2-5： 根据素材计算航空运费。

Routing：Beijing, CHINA（BJS）to NAGOVA, JAPAN（NGO）

Commodity：FRESH ORANGES

Gross weight：EACH 47. 8 kgs TOTAL 6 PIECES

dimensions：128 cm×42 cm×36 cm×6

公布运价见表 4-2-15。

表 4-2-15　公布运价（案例 4-2-5）

BEIJING	CN		BJS
Y. RENMINBI	CNY		kgs
NAGOYA	JP	M	230.00
		N	37.51
		45	28.13
	0008	300	18.80
	0300	500	20.61
	1093	100	18.43
	2195	500	18.80

案例 4-2-5 分析：

（1）按普通运价使用规则计算。

Volume：128 cm×42 cm×36 cm×6＝1 161 216 cm^3

Volume weight：1 161 216/6 000＝193.536 kg

Gross weight：47.8×6＝286.8 kg

Chargeable weight：287.0 kg

由于计费重量没有满足指定商品代码 0008 的最低重量要求 300 kg，先用普货来算。

Applicable rate：GCR/Q45 28.13CNY/kg

Weight charge：287 kgs×28.13＝CNY 8 073.31

（2）按指定商品运价使用规则计算。

Actual gross weight：286.8 kgs chargeable weight：300.0 kgs

Applicable rate：SCR 0008/Q300 18.80CNY/kg

weight charge：300.0 kgs×18.80＝CNY 5 640.00

对比（1）与（2），取运费较低者。

Weight charge：CNY 5 640.00

航空货运单运费计算栏填制见表 4-2-16。

表 4-2-16　航空货运单运费计算栏填制（案例 4-2-5）

No. of pieces RCP	Gross weight	Kg Lb	Rate class		Chargeable Weight	Rate/charge rate class	Total	Nature and quantity of goods
6	286.8	K	C	Commodity item No. 0008	300.0	18.80	5 640.00	FRESH ORANGE 128 cm×42 cm×36 cm×6

注：在使用指定商品运价计算运费时，如果其指定商品运价直接使用的条件不能完全满足（例如，货物的计费重量没有达到指定商品运价使用的最低重量要求），使得按指定商品运价计得的运费高于按普通货物运价计得的运费时，则按低者收取航空运费。

案例 4-2-6：根据素材，计算航空运费。

Routing：Beijing, CHINA（BJS）to NAGOVA, JAPAN（NGO）

Commodity：FRESH ORANGES

Gross weight：EACH 47.8 kgs TOTAL 4 PIECES

dimensions：128 cm×42 cm×36 cm×4

公布运价见表4-2-17。

表4-2-17　公布运价（案例4-2-6）

BEIJING	CN		BJS
Y. RENMINBI	CNY		kgs
NAGOYA	JP	M	230.00
		N	37.51
		45	28.13
	0008	300	18.80
	0300	500	20.61
	1093	100	18.43
	2195	500	18.80

案例4-2-6分析：

（1）按普通运价使用规则计算：

Volume：128 cm×42 cm×36 cm×4＝774 144 cm^3

Volume weight：774 144 cm^3÷6 000 cm^3/kgs＝129.024＝129.5 kgs

Gross weight：47.8×4＝191.2 kgs

Chargeable weight：191.5 kgs

由于计费重量没有满足指定商品代码0008的最低重量要求300公斤，先用普货来算。

Applicable rate：GCR/Q45 28.13CNY /kg

weight charge：191.5 kgs×28.13＝CNY5 386.9

（2）按指定商品运价使用规则计算：

Actual gross weight：191.2 kgs

Chargeable weight：300.0 kgs

Applicable rate：SCR 0008/Q300 18.80CNY/kg

Weight charge：300.0 kgs×18.80＝CNY5 640.00

对比（1）与（2），取运费较低者，则 Weight charge：CNY5 386.9。

航空货运单运费计算栏填制见表4-2-18。

表4-2-18　航空货运单运费计算栏填制（案例4-2-6）

No. of pieces RCP	Gross weight	Kg Lb	Rate class		Chargeable Weight	Rate/charge rate class	Total	Nature and quantity of goods
4	191.2	K	Q	Commodity item No.　—	191.2	28.13	5 386.9	FRESH ORANGE 128 cm×42 cm×36 cm×4

（三）等级货物运价（CCR）

等级货物运价是指在规定的业务区内或业务区之间运输特别指定的等级货物的运价。等级货物运价是在普通货物运价基础上附加（S）或附减（R）一定百分比的形式构成，附加或附减规则公布在 TACT RULES 中，运价须结合 TACT RAYES BOOKS 一同使用。

IATA 规定，等级货物包括下列各种货物：活动物；贵重货物；书报杂志类货物；作为货物运输的行李；尸体、骨灰；汽车等。

1. 等级货物运价使用规则

（1）当表中出现"the Normal GCR"时，表示使用运价表中的 45 kgs 以下普货运价，即 N 运价，此时，运价的使用与货物的计费重量无关。

（2）当表中出现"the Normal GCR 的百分比"（如 150% of the Normal GCR）时，表示在运价表中 N 运价的基础上乘以这个百分比（如150%N）。此时，运价的使用与货物的计费重量无关。

（3）当表中出现"appl. GCR"时，表示使用运价表中的适合普货运价。此时，运价的使用与货物的计费重量有关。

（4）当表中出现"appl. GCR 的百分比"（如 110% of appl. GCR）时，表示在适用的普货运价上乘以这个百分比。此时，运价使用与货物计费重量有关。

2. 活动物运价（live animals）

（1）活动物运价可参看 TACT Rules 3，7，2。

（2）最低运费，活体动物的最低运费标准为200%M。

例如：Rates covering all are as，excluding between countries in the ECAA 表（表 4-2-19）

表 4-2-19　Rates covering all are as，excluding between countries in the ECAA

	IATA AREA (see Rules 1.2.2 Definitions of Area)					
	Within 1	Within 2 (see also Rule 3.7.1.3)	Within 3	Between 1 & 2	Between 2 & 3	Between 3 & 1
ALL LIVE ANIMALS Except：Baby Poultry less than 72 hours old	175% of Normal GCR	175% of Normal GCR	150% of Normal GCR Except：1 below	175% of Normal GCR	150% of Normal GCR Except：1 below	150% of Normal GCR Except：1 below
BAB Y POULTRY Less than 72 hours old	Normal GCR	Normal GCR	Normal GCR Except：1 below	Normal GCR	Normal GCR Except：1 below	Normal GCR Except：1 below

Exception：1 Within and from the south West Pacific sub-area：200% of the applicable GCR。

（3）运费计算。

案例 4-2-7：根据素材计算航空运费（表 4-2-20）。

Routing：Stuttgart，Germany（SRT）-Barcelona，Spain（BCN）

Commodity：dog（狗）

Gross weight：40 kg（dog+kennel）

Dimensions：90 cm×50 cm×868 cm×1

Payment：全部预付

表 4-2-20　公布运价（案例 4-2-7）

Date/ type	note	item	min weight	local curr
STUTTGART		DE		STR
EURO		EUR		kgs
BARCELONA		ES	M	76. 69
			N	5. 47
			100	4. 45
			300	3. 86
			500	3. 73

案例 4-2-7 分析：

根据表 4-2-19（Rates covering all are as, excluding between countries in the ECAA）IATA 二区之内运输一般活体动物，运价为：175%N。

Volume weight：90×50×68/6 000＝51 kgs

Gross weight：40 kgs

Chargeable：51 kgs

Applicable rate：175%N＝175%×5. 47＝9. 572 5EUR＝9. 57EUR

Wight charge：51×9. 57＝488. 07EUR

航空货运单运费计算栏填制见表 4-2-21。

表 4-2-21　航空货运单运费计算栏填制（案例 4-2-7）

No. of pieces RCP	Gross weight	Kg Lb	Rate class		Chargeable Weight	Rate/charge rate class	Total	Nature and quantity of goods
1	40	K	S	Commodity item No. N175	51	9. 57	488. 07	DOG 90 cm×50 cm×68 cm LIVE ANIMAL

（1）运价类别栏：填入活体动物运价代号"S"。

（2）货物品名及数量栏：填入活体动物规则"N175"，表示使用了 175% 的 N 运价。

（3）运价/运费栏：填写按照活体动物规则计算出的运价"9. 57"。

（4）货物品名和数量栏：要求有"活体 LIVE ANIMAL"字样。

（5）货币（Currency）栏：填写运价表中的当地货币代码"EUR"。

（6）付款方式栏：均在 PP 上打"×"，表示全部预付（表 4-2-22）。

表 4-2-22　付款方式栏（案例 4-2-7）

Currency EUR	CHGS Code	WT/VAL		Other	
		PPD	COLL	PPD	COLL
		×		×	

案例 4-2-8：根据素材计算航空运费。

Routing：Brussels, Belgium（BRU）– Sharjah, United Arab Emirates（SHJ）

Commodity：出生不到 72 小时的家禽（Baby poultry less than 72 hours）

Chargeable weight：70 kgs

Dimensions：100 cm×60 cm×20 cm×10

Payment：全部预付（表4-2-23）

表4-2-23　公布运价（案例4-2-8）

Date/ type	note	item	min weight		local curr
Brussels EURO			BE EUR		BRU kgs
SHARJAH			AE	M	61.97
				N	11.58
				45	8.75
				100	3.92
				500	2.88
				1000	2.45

案例4-2-8分析：

根据表4-2-19（Rates covering all are as，excluding between countries in the ECAA）

IATA 二区内运输72 小时以内家禽，运价为 N

Volume weight：$100×60×20×10/6\,000 = 200$ kgs

Gross weight：70 kgs

Chargeable weight：200 kgs

Applicable rate：Normal GCR＝11.58EUR

Weight charge：$200×11.58 = 2\,316.00$EUR

航空货运单运费计算栏填制见表4-2-24。

表4-2-24　航空货运单运费计算栏填制（案例4-2-8）

No. of pieces RCP	Gross weight	Kg Lb	Rate class		Chargeable Weight	Rate/charge rate class	Total	Nature and quantity of goods
10	70	K	S	Commodity item No. N100	200	11.58	2 316.00	Baby poultry less than 72 hours Dims 100 cm×60 cm×20 cm×10 LIVE ANIMAL

（1）品名代号栏：填写所使用的规则"N100"表示使用100%的 N 运价。

（2）货物品名及数量栏：填写"活体动物（LIVE ANIMAL）"字样。

案例4-2-9：根据素材计算航空运费（表4-2-25）。

routing：Mexico（MEX）-Rome，Italy（ROM）

commodity：一日龄鸡（day old chicks）

gross weight：72 kgs

dimension：50 cm×18 cm×20 cm×30

payment：全部预付

IATA 一区与二区之间运输 Baby Poultry，运价为 N，不属于例外 1。

表 4-2-25　公布运价（案例 4-2-9）

Date/ type	note	item	min weight		local curr
MEXICO CITY U. S. DOLLAR			MX USD		MEX kgs
ROME			IT	M	100. 00
				N	11. 93
				45	10. 01
				100	7. 68
				300	6. 02
				500	4. 93
				1000	3. 42
		0016		1000	1. 47
		0495		1000	1. 70

案例 4-2-9 分析：

根据表 4-2-6（Rates covering all are as, excluding between countries in the ECAA）

Volume weight：50×18×20×30/6 000＝90 kgs

Gross weight：72 kgs

Chargeable weight：90 kgs

Applicable rate：N＝11. 93

Weight charge：90×11. 93＝1 073. 70USD

航空货运单运费计算栏填制见表 4-2-26。

表 4-2-26　航空货运单运费计算栏填制（案例 4-2-9）

No. of pieces RCP	Gross weight	Kg Lb		Rate class	Chargeable Weight	Rate/charge rate class	Total	Nature and quantity of goods
30	72	K	S	Commodity item No. N100	90	11. 93	1 073. 70	day old chicks Dims 50 cm×18 cm×20 cm×30 LIVE ANIMAL

案例 4-2-10：根据素材计算航空运费（表 4-2-27）。

Routing：Shanghai, China（SHA）–Rome, Italy（ROM）

Commodity：鹦鹉（parrots）

Gross weight：3 kgs

Dimension：40 cm×30 cm×30 cm×1

Payment：全部预付

表4-2-27　公布运价（案例4-2-10）

表4-2-27　公布运价（案例4-2-10）

Date/ type	note	item	min weight		local curr
Shanghai		VE			CCS
U. S. DOLLAR		USD			kgs
Rome		PH	M		125. 00
			N		16. 43
			45		12. 08
			100		11. 08
			300		9. 17
			500		7. 96

IATA 二区与三区之间运输一般动物，运价为150％N。

案例4-2-10分析：

根据表4-2-6（Rates covering all are as，excluding between countries in the ECAA）

Volume weight：$40×30×30/6\ 000=6$ kgs

Chargeable weight：6 kgs

Applicable rate：$150\%N=150\%×16. 43=24. 645=24. 65CNY$

Weight charge：$6×24. 65=147. 90CNY$

Minimum charge：$200\%M=200\%×125. 00=250. 00CNY$

航空货运单运费计算栏填制见表4-2-28。

表4-2-28　航空货运单运费计算栏填制（案例4-2-10）

No. of pieces RCP	Gross weight	Kg Lb	Rate class		Chargeable Weight	Rate/charge rate class	Total	Nature and quantity of goods
1	3	K	S	Commodity item No. N200	6	250. 00	250. 00	Parrots Dims 40 cm×30 cm×30 cm×1 LIVE ANIMAL

3. 贵重货物运价（Valuable Cargo）

（1）贵重货物定义。

①货物每公斤申报价值大于或等于1 000美元的任何货物。

②金块、混合金、金币和黄金制品（各种形状）。

③现钞、证券、股票、旅行支票、邮票及银行发行的各种卡和信用卡。

④钻石（含工业用钻石）、红宝石、蓝宝石、蛋白石、珍珠（含人工养殖）。

⑤以上各种质地的珠宝饰物。

⑥珠宝和金、银、铂的手表。

⑦金、铂制品（不含镀金、镀铂制品）。

（2）运价。

贵重物品按45 kg以下普通货物运价的200％收取（在ECAA国家之间运输除外）。另外，从法国始发，按45 kg以下普通货物运价的250％收取。从俄罗斯始发（至美国、加拿大除外），按45 kg以下普通货物运价的300％收取（表4-2-29）。

表 4-2-29　运价

Area:	Rate:
ALL IATA area	200% of the Normal GCR

例如：IATA 一区与三区之间且经北或中太平洋（除朝鲜半岛至美国本土各点外），1 000 kg 或 1 000 kg 以上贵重货物的运费，按普通货物 45 kg 以下运价 150% 收取（150% of the Normal GCR）。

（3）最低运费。

贵重货物的最低运费按公布最低运费的 200% 收取，同时不低于 50 美元或等值货币。

（4）运费计算。

案例 4-2-11：根据素材计算航空运费。

Routing：Beijing，CHINA（BJS）to Boston，U.S.A.（BOS）

Commodity：Gold Watch

Gross weight：32.0 kgs

Dimensions：1 Piece 61 cm×51 cm×42 cm

公布运价见表 4-2-30。

表 4-2-30　公布运价（案例 4-2-11）

BEIJING	CN		BJS
Y. RENMINBI	CNY		KGS
BOSTON	US	M	630
		N	79.97
		45	60.16
		100	53.19
		300	45.80

案例 4-2-11 分析：

Volume：	61 cm×51 cm×42 cm=130 662 cm^3
Volume weight：	130 662/6 000=21.78 kg
Chargeable weight：	32 kgs
Applicable rate：	S 200% of the Normal GCR
	200%×79.97CNY/kg=154.94CHY/kg
Minimum charge：	32.0×154.94=CNY4 958.08

因此，运费为 CNY4 958.08。

航空货运单运费计算栏填制见表 4-2-31。

表 4-2-31　航空货运单运费计算栏填制（案例 4-2-11）

No. of pieces RCP	Gross weight	Kg Lb	Rate class		Chargeable Weight	Rate/charge rate class	Total	Nature and quantity of goods
2	32.0	K	S	Commodity item No. N200	32.0	154.94	4 958.08	Gold Watch Dims：61 cm×51 cm×42 cm

4. 书报、杂志运价

（1）货物范围：报纸、杂志、期刊、图书、盲人读物及设备。

（2）运价（表4-2-32）。

表4-2-32　运价

Area：	Rate：
With IATA Area 1；	67% of the Normal GCR
Between IATA Area 1 and 2	
All Other Areas	50% of the Normal GCR

（3）最低运费：按公布的最低运费M收取。

（4）可以使用普通货物的较高重量点的较低运价。

（5）运费计算。

案例4-2-12：根据素材计算航空运费。

Routing：Beijing，CHINA（BJS）to London，United Kingdom（LON）

Commodity：Books

Gross weight：980.0 kgs

Dimensions：20 Piece 70 cm×50 cm×40 cm each

公布运价见表4-2-33。

表4-2-33　公布运价（案例4-2-12）

BEIJING	CN		BJS
Y. RENMINBI	CNY		KGS
LONDOH	GB	M	320
		N	63.19
		45	45.22
		100	41.22
		500	33.42
		1000	30.71

案例4-2-12分析：

Volurme：70 cm×50 cm×40 cm×20＝2 800 000 cm^3

Volume weight：2 800 000/6 000＝466.67 kg

Chargeab1e weight：980.0 kgs

Applicable rate：R50%of the Normal GCR；

50%×63.19CNY/kg＝31.595CNY/kg＝31.60 CNY/kg

Weight charge：980.0×31.60＝CNY30 968.00

由于计费重量已经接近下一个较高重量点1 000 kg，因此，用较高重量点的较低运价；

chargeable weight：1 000.0 kgs；

weight charge：1 000.0×30.71＝CNY30 710.00。

因此，运费为CNY30 710.00。

航空货运单运费计算栏填制见表4-2-34。

表4-2-34 航空货运单运费计算栏填制（案例4-2-12）

No. of pieces RCP	Gross weight	Kg Lb	Rate class		Chargeable Weight	Rate/charge rate class	Total	Nature and quantity of goods
20	980.0	K	Q	Commodity item No. —	N200	1 000.0	30 710.00	Books Dims: 70 cm×50 cm×40 cm×20

5. 计价法的使用原则

在相同运价种类、相同航程、相同承运人的条件下，公布的直达运价应按照下列顺序使用：优先使用指定商品运价 CCR，其次使用等级货物运价 SCR，最后使用普通货物运价 GCR。

四、其他费用

在实际工作中，对于航空公司或代理人将收运的货物自始发地（或从托运人手中）运至目的地（或提取货物后交给提货人）整个运输组织过程，除发生航空运费外，还有在运输始发站、中转站、目的站经常发生与航空运输有关其他费用。

（一）航空保险费

（1）在航空运输中，托运人可以要求办理航空货物运输保险。航空货运代理根据货物的性质，货物的易损程度，按照保险公司提供的保险费率表，为托运人办理航空货物运输保险。

（2）保险费率（表4-2-35）。

表4-2-35 保险费率

类别	费率/%	货物名称
第一类	1	一般物资，如机器设备、一般金属材料、电子元器件、马达、变压器、磁带、10EC（等效浓度）以下的针剂、金属桶或听装液体、半液体商品、中西药材等
第二类	4	易损货物，如仪器仪表、医疗器械、录像机、电视机、复印机、电冰箱、洗衣机、电风扇、收录机、图书纸张、服装、皮货、块状粉状物资、2公斤以下的瓶装液体、有毒危险品和较易挥发物品等
第三类	8	特别易损物资，如各种玻璃制品、陶瓷制品、箱装玻璃、2公斤以上的瓶装液体、半液体、显像管、电子管以及各种灯泡、灯管、特别易损的高度精密仪器仪表以及水果和菜类
第四类	12	冰鲜易腐物品，一般植物及冻、水产品，如冻肉、冻鱼
第五类	20	鲜活易腐物品，一般动物，如鱼苗、种蛋、成雏畜禽和鲜花或插花等
第六类	30	珍奇动物、植物，国家重点保护的珍贵动物和植物及其他珍奇活物

（3）托运人不能同时办理航空运输保险和声明价值。

（4）航空运输保险只在始发地办理，保险费需全部预付。

（二）地面运输费

（1）定义：使用车辆在机场和市内货运处之间运送货物的费用。

（2）地面运输费的收取规定（该费用收取各地均有差异）。

①在出发地使用车辆者，每千克收取 0.20 元。

②在到达地使用车辆者，每公斤收取 0.20 元，由到达站收取。

③轻泡货物按计费重量计收地面运输费。

④每份航空货运单最低地面运输费为 5.00 元。

（三）货物退运手续费

（1）国内货物运输：每份航空货运单的退运手续费为 20.00 元。

（2）国际货物运输：每份航空货运单的退运手续费为 40.00 元。

（四）货运单费

货运单费又称航空货运单工本费，此项费用为填制航空货运单之费用。航空公司或其代理人销售或填制航空货运单时，该费用包括逐项逐笔填制航空货运单的成本。对于航空货运单工本费，各国的收费水平不尽相同。依 TACT RULES 4.4 及各航空公司的具体规定来操作。中国每份国际货运单收取 50.00 元。

货运单费应填制在货运单的"其他费用"一栏，用两字代码"AW"表示（Air Waybill）。根据《华沙公约》等有关公约，国际上多数 IATA 航空公司作如下规定。

（1）由航空公司来销售或填制航空货运单，此项费用归出票航空公司（Issuing Carrier）所有，表示为 AWC。

（2）由航空公司的代理人销售或填制航空货运单，此项费用归销售代理人所有，表示为 AWA。

中国民航各航空公司规定：无论货运单是由航空公司销售还是由代理人销售，填制 AWB 时，货运单中"OTHER CHARGES"一栏均用 AWC 表示，意为此项费用归出票航空公司所有。中国每份国内货运单收取 10.00 元。

（五）运费到付手续费

在国际货物运输中，当货物的航空运费及其他费用到付时，在目的地的收货人，除支付货物的航空运费和其他费用外，还应支付到付货物手续费。

此项费用由最后一个承运航空公司收取，并归其所有。一般 CC Fee 的收取，采用目的地开具专门发票，但也可以使用货运单（此种情况在交付航空公司无专门发票，并将 AWB 作为发票使用时使用）。

对于运至中国的运费到付货物，到付运费手续费的计算公式及标准如下。

到付运费手续费 =（货物的航空运费+声明价值附加费）×5%

各个国家 CC Fee 的收费标准不同。在中国，CC Fee 最低收费标准为 100.00 元。

（六）危险品处理费

国际航空货物运输中，对于收运的危险品货物，除按危险品规则收运并收取航空运费外，还应收取危险货物收运手续费，该费用必须填制在货运单"其他费用"栏内，用"RA"表示费用种类。TACT RULES 规定，危险品处理费归出票航空公司所有。在货运单中，危险品处理费表示为"RAC"。

（七）声明价值和声明价值附加费

（1）在国内货物运输中，当托运人托运的货物毛重每公斤价值超过 100 元时可以办理货物声明价值手续。国内货物声明价值附加费的计算公式为：

声明价值附加费（以元为单位）=（声明价值−实际毛重×100 元/kg）×0.5%

（2）在国际货物运输中，托运人托运货物毛重每千克价值超过 19 元特别提款权（SDR）时，可以办理货物声明价值手续。国际货物声明价值附加费的计算公式为：

声明价值附加费（以元为单位）＝（声明价值－实际毛重×19SDR）×0.5%

案例 4-2-13：

Routing：Beijing，CHINA（BJS）to Osaka，JAPAN（OSA）

Gross weight：10.0 kg　　Declared value for carriage：CNY10 000.00

Carrier's max liability for the entire consignment（10 kgs）：

10 kgs×19SDR＝SDR190.00

查询：17SDR＝CNY175.00，19SDR＝CNY195.59，

10 kgs×CNY195.59＝CNY1 955.90

TOTAL VALUE IN EXCESS：CNY10 000.00－CNY1 955.90＝CNY8 044.10

VALUATION CHARGE＝CNY8 044.10×0.5%＝CNY40.22

（3）声明价值附加费的计算的基础是货物的实际毛重，不是体积重量或者货物的计费重量。办理货物声明价值时，托运人需在托运书及货运单的"运输声明价值"栏内注明一票货物声明价值的金额。不办理声明价值的货物，由托运人在托运书及货运单上注明"无"。

（八）燃油附加费 FSC

一般情况下，航空公司均收取燃油附加费，燃油附加费的涨幅基本会根据国际原油的价格进行调整。

五、航空报价

不同航空公司的空运费是有区别的，所提供的服务也不一样，空运费便宜的在时效方面相对会较长一些，空运费高一点的航班，时效相对要快一些，所以航空货运代理公司在报价给客户时，一定要了解客户真正的需求。航空货运代理需从客户了解到以下 8 个方面的基本信息，根据其要求提供运价及航班安排。

（1）品名（是否危险品，危险品运输的要求是有区别与普货的）。

（2）重量、体积（尺寸大小，涉及运费及确实是否是轻泡货物）。

（3）包装（是否木箱，有无托盘，根据包装选择合适的航班及机型）。

（4）目的机场。

（5）要求时间（直飞或转飞，客户时间上的需求）。

（6）要求航班（各航班服务及价格差异）。

（7）提单类别（主单及分单）。

（8）所需运输服务（报关方式，代办单证，是否清关派送等）。

任务实施

按照货代业务流程，Alan 经过查找咨询，确定在航空运输中该批货物为普通货物，货物毛重 53.6 kg，货物体积 0.426 m³，货物运输日期 2023 年 6 月 30 日前，装运港深圳港，目的港塔什干。

Alan 根据客户的要求，并与客户 Sophia 多次沟通联系，最终确定由中国南方航空公司运输货物，路线：深圳（SZX）—北京（PKX）—塔什干（TAS）。相关费用信息如下。

（1）中国南方航空（CZ）深圳始发至塔什干（TAS）相关费用（表4-2-36）。

（2）深圳机场本地收费明细（表4-2-37）

（3）货代公司利润组成（表4-2-38）

表4-2-36　中国南方航空（CZ）深圳始发优惠报价

深圳始发					Airway Bill charges：	
	普通货物				CNY50.00	
直达点	45 kg	100 kg	300 kg	500 kg	1 000 kg	
TAS	￥37.30	￥36.50	￥36.00	￥35.50	￥35.00	Fuel Surcharge：
CDG	￥37.10	￥36.50	￥36.00	￥35.50	￥35.00	CNY 9.00/kg chargeable wei
FRA	￥34.10	￥33.50	￥33.00	￥32.50	￥32.00	
LHR	￥40.10	￥39.50	￥39.00	￥38.50	￥38.00	Security Surcharge：
LGW	￥34.10	￥33.50	￥33.00	￥32.50	￥32.00	CNY 1.20/kg chargeable wei
AMS	￥38.10	￥37.50	￥37.00	￥36.50	￥36.00	
ARN	￥38.10	￥37.50	￥37.00	￥36.50	￥36.00	Dangerous goods surcharge：
MAD	￥46.10	￥45.50	￥45.00	￥44.50	￥44.00	CNY 400.00
SVO	￥46.10	￥45.50	￥45.00	￥44.50	￥44.00	
MUC	￥37.10	￥36.50	￥36.00	￥35.50	￥35.00	
MXP	￥40.10	￥37.50	￥37.00	￥36.50	￥35.00	
ATH	￥46.10	￥45.50	￥45.00	￥44.50	￥44.00	
GRU	￥61.10	￥60.50	￥60.00	￥59.50	￥59.00	
					普通货物	
区域	始发口岸	中转口岸	目的口岸	毛重<100 K	+100 kg	+300 kg	+500 kg
SZX	PKX		TAS	￥37.10	￥27.00	￥27.00	￥26.00
			CDG	￥36.00	￥28.00	￥28.00	￥27.00
			LHR	￥36.00	￥27.00	￥27.00	￥26.00
			MXP	￥36.00	￥28.00	￥28.00	￥27.00
			STO	￥36.00	￥35.50	￥35.50	￥35.00
			ATH	￥31.00	￥30.00	￥30.00	￥29.50
			VIE	￥28.00	￥27.00	￥27.00	￥26.50
			CPH	￥36.00	￥35.50	￥35.50	￥35.00
			MSQ	￥41.00	￥40.00	￥40.00	￥39.50
			MAD	￥37.00	￥36.00	￥36.00	￥35.50
			WAW	￥31.00	￥30.00	￥30.00	￥29.50

表4-2-37　深圳机场本地费用收费明细表

费用说明	收费标准	最低收费	备注
（1）普货报关费	￥250.0/HAWB		单证报关
（2）防疫物资报关费	￥350.0/HAWB	￥350.00	物资单证报关，不区分医用/非医用
（3）续页费	￥30.0/页		每份报关单超过5项后产生
（4）磁性检测费	￥500.0/份		100件及以下
（5）鉴定货物加班费	￥100.0/份		做鉴定时收取
（6）锂电池代理操作费	￥600.0/SHPT	￥600.00	我司代理入仓锂电池货物时产生
（7）垫板费	￥300.0/SHPT	￥300.00	加垫板时收取

表4-2-38　Air freight rates are buying rates

Please add 0.50 CNY/kg chargeable weight as freight forwarding profit.
Please add 2.5 CNY/kg chargeable weight as freight forwarding profit live animals.
Please add 6 CNY/kg chargeable weight as freight forwarding profit valuable goods and dangerous goods

The freight forwarding profit shall be included in the air fright when quoting

　　Alan根据航空公司运价、机场收费明细和货代公司利润，制作报价单，以邮件的形式回复客户（表4-2-39）。

表4-2-39　回复客户邮件

Dear Sir，
　　Hello！
　　Thank you for your trust. We will give you quotation as follow：
　　Goods 货物：通信天线，通信天线配件，双工器
　　Gross weight 毛重：53.6 kg　Measurement 体积：0.426CBM
　　ETD 装运港：SZX 深圳；　　ETA 目的港：TAS 塔什干；
　　Carrier：CZ 中国南方航空公司（It is the cheapest）；
　　Origin terminal charge：CNY250. 00
　　Air Freight（SZX-PKX-TAS）：37.6×71＝CNY2 669.60
　　Air bill charge：CNY50.00
　　Fuel surcharge：9.00×71＝CNY639.00
　　Security surcharge：1.20×71＝CNY85.20
　　Total：CNY3 693.80
　　We look forward to your early reply.
　　Alan@ sdaline.com

任务测试 　　参考答案

任务评价

任务评价见表4-2-40。

表4-2-40　空运报价任务评价

序号	考核项目	考核内容	分值	自我评价	小组评价	教师评价	得分
1	知识测试	选择题	20				
2	技能训练	计算毛重、体积、体积重量	20				
		选择正确的运价，计算运费	20				
		提供报价方案	20				
3	职业素养	沟通交流	10				
		展示表达	10				

备注：得分＝自我评价20%＋小组评价40%＋教师评价40%。

任务三　空运货代业务作业

知识目标

掌握空运货代业务作业流程。

能力目标

根据客户要求正确合理安排货物运输及交接等货代作业。

素质目标

在学习空运货代业务作业中，培养学生沟通与组织管理能力，激发学生热爱航空货运事业。

任务描述

任务二中Alan邮件回复了客户佛山市AAA电讯实业有限公司的报价，客户佛山市AAA电讯实业有限公司同意以该报价方案委托森大国际货运公司安排货物出运，并增加货物集港运输（费用另计）。双方签订空运货代业务委托书（表4-3-1）。

任务：按照空运货代业务作业流程，Alan要处理哪些工作？

任务分析

要完成该任务，必须熟练掌握空运货代业务作业流程，掌握正确、合理安排货物运输及交接的方法。

表 4-3-1　空运货代业务委托书

深圳森大国际货运有限公司　SDA SDA LOGISTICS CO. , LTD. Rm415, Baofeng Building, Dongmen South Road#2006, Luohu Shenzhen, China	: 航班/日期 FLIGHT/DAY
发货人公司名，地址及联系方式 SHIPPPER'S NAME AND ADDRESS CONTACT PERSON, TEL.　必填 佛山市 AAA 电讯实业有限公司（AAA Communication Ltd. , Foshan） No. 888 Dongyang San Road, Huanan Hardware Industrial Base, Danzao Town, Nanhai District, Foshan City, Guangdong, China Sophia　+86-757-888888888　Fax：+86-757-88888888	国际空运托运单 Attn：Alan Email：Alan@ sdaline. com
收货人公司名，地址，联系方式必填 CONSIGNEE'S NAME, ADDRESS CONTACT PERSON, TEL. AND USCI BBB Montaj Biznes 888, Ukituvchi str, Iftikhor MSG, Qibray district, Tashkent regior, Uzbekistan Biruni　+999999999999	Terms of payment PREPAID（√） COLLECT（　　）
代理的名称和城市　ISSUING CARRIER'S AGENT NAME AND CITY	
始发站　AIRPORT OF DEPARTURE 必填 深圳，中国	通知人　ALSO NOTIFY：
到达站　AIRPORT OF DESTINATION 必填 塔什干，乌兹别克斯坦	
托运人声明价值 DECLARED VALUE	所附文件 DOCUMENTS TO ACCOMPANY AIR WAYBILL
供运输用 FOR CHARRIAGE / 供海关用 FOR COUSTOMS / 保险金额 AMOUNT OF INSURANCE	

处理情况（包括包装方式货物标志及号码等） HANDLING INFORMATION（INC. METHOD OF PACKING IDENTIFYING MARKS AND NUMBERS. ETC. ）			
件数 （必填）	实际毛重千克 （必填）	尺寸 （必填）	货物详细信息 （必填）
4	53. 6 kg	0. 426 m³	英文品名：Fiberglass　Omni Antenna, Duplexer 中文品名：通信天线，通信天线配件：双工器 货好时间：2023.6.3 日已备好货物 货物是否全新：是 是否含电池，液体，粉末，磁性，气体，颗粒或化学品：不含 国内是否委托我司代理出口清关：委托 是否有出口清关单证：有

🎯 任务学习

　　当客人询价后，一般情况下，货运代理会提供合适的报价方案给客人选择。当客户确定报价方案后，货运代理安排空运业务作业。

　　空运业务作业，分为空运进口业务作业和空运出口业务作业。

一、空运出口业务作业

（一）货物委托/订舱

货物委托书/托运单（表4-3-1）上尽可能注明发货人、收货人、目的地、预配航班日及航空公司、目的地、件数、重量、体积以及运价。发货人在备齐货物，收到开来的信用证经审核（或经修改）无误后，就可办理托运，即按信用证和合同内有关装运条款，以及货物名称、件数、装运日期、目的地等填写《托运单》并提供有关单证，送交货代公司作为订航班的依据。

订舱：货代接到发货人的托运书后，向航空公司订舱，同时提供相应的信息：货物的名称、体积、重量、件数、目的地、要求出运的时间等。航空公司根据实际情况安排舱位和航班，并告知货代，货代再告知客户。

（二）货物集港

1. 发货人自己送货

货运代理应提供货物进仓图给发货人，注明入仓号、联系人、电话、送货地址、时间等，以便货物及时准确入仓。

2. 货运代理安排提货

发货人需向货运代理提供具体接货地址、联系人、电话、时间等相关信息，以确保货物及时入仓。

（三）货物报关

报关资料应包括以下几种。

A：报关单，B：核销单，C：报关委托书，D：发票 invoice，E：装箱单 packing list，F：换单凭证/电子转单信息，G：许可证书，H：其他根据需要提供。（A、B、C、D、E 这五个证件是必须提供的）。报关所需资料基本相同，均可当天报关完成。

（四）定仓

（1）当天报关，当天下午的飞机运输通常叫作现场，做现场的货物一般要求上午 9 点左右货单送入机场，因为上午报好关后要配下午的飞机，21 点以后的飞机货最迟在 13 点左右货单送到机场。

（2）配第二天的飞机一般要求货单最迟在当天 14 点以前必须到达机场，因为海关一般要求在 14：30 点以前必须把报关信息预录到海关电脑系统里。

（3）特别急的货物，为了配上最快的航班，在单已到机场时，货物还未入仓库，可先去报关，这种做法叫作预报关，预报关是按客户报过来的重量打在提单上去报的，所以要求报过来的重量与实际进仓库的重量误差率控制在3%以内，误差太大会影响交货及核销。

预报关的货物必须在飞机起飞前 6 小时送入仓库。货入仓库后由货代公司把实际到仓库后秤出来的货物重量与体积报给客户确认，客户有要求的，可用传真机发送仓库入库单给客人。

（五）安检

空运的货物均需要安全检测。一般化工品需提供化工品检定书或 DGN 报告，化工品检定书或 DGN 报告是化工研究院出具此化工品符合航空出货要求的证书，主要是指该货物对航空运输无危害性、无毒、非易爆易燃的，并符合包装要求的。不符合航空出货要求的属危险品，危险品是专门按危险品的运价及出货方式出货。

（六）打板

低板限量4.5 T（4 500 kg）限体积12 m³，中板限量4.8 T或6 T（4 800 kg或6 000 kg）限体积14~15 m³，高板限量6.5 T（6 500 kg）限体积18 m³，箱子重量为800~1 300 kg限体积3 m³。一块板上，一般是重货与抛货装在一起的，这样可吃抛。

（七）随机

有的货物客户要求随机发票、装箱单、产地证（证明货物原产地的）、熏蒸证明（证明木质包装是不会生虫的）等，是提供给国外客人清关用的。产地证，熏蒸证明一般要求客户用快件寄给收货人，客户一定要求随机的需出具书面保函（内容大致是如发生遗失，责任客户自负）。因为做随机容易遗失，发票、装箱单弄丢了，补个复印件可清关，但产地证、熏蒸证明则一定要正本才可清关，弄丢了特别麻烦。出代理的货物一般要求附上分运单。

（八）运单（总运单/分单）

货物装机完毕，由中国民航签发航空总运单，货代公司签发航空分运单，航空分运单有正本三份、副本十二份。正本三份，第一份交给发货人，第二份由货代公司留存，第三份随货同行交给收货人。副本十二份作为报关、财务结算、国外代理、中转分拨等用途。

（九）通知

货物装机后，即可向买方发出装运通知，以便对方准备付款、赎单、办理收货。

二、空运进口业务作业

航空货物进口业务作业，是指货代公司对于货物从入境到提取或转运整个流程的各个环节所需办理的手续及准备相关单证的全过程。航空货物进口运输代理业务流程包括代理预报、交接单货、理货与仓储、理单与到货通知、制单与报关、发货与收费、送货与转运等。

（一）代理预报

在国外发货前，由国外代理公司将运单、航班、件数、重量、品名、实际收货人及其他地址、联系电话等内容发给目的地代理公司。

（二）交接单、货

航空货物入境时，与货物相关的单据也随机到达，运输工具及货物处于海关监管之下。货物卸下后，交货物存入航空公司或机场的监管仓库，进口货物舱单录入，将舱单上总运单号、收货人、始发站、目的站、件数、重量、货物品名、航班号等信息通过电脑传输给海关留存，供报关用。交接时做到单、单核对，即交接清单与总运单核对；单、货核对，即交接清单与货物核对。

（三）理货与仓储

1. 理货

逐一核对每票件数，再次检查货物破损情况，确有接货时未发现的问题，可向航空公司提出交涉；按大货、小货、重货、轻货、单票货、混载货、危险品、贵重品、冷冻品、冷藏品、分别堆存、进仓；登记每票货储存区号，并输入电脑。

2. 仓储

注意防雨、防潮；防重压；防变形；防变质；防暴晒；独立设危险品仓库。

(四) 理单与到货通知

1. 理单

集中托运，总运单项下拆单；分类理单、编号；编制种类单证。到货通知：尽早、尽快、尽妥地通知货主到货情况。

2. 正本运单处理

电脑打制海关监管进口货物入仓清单一式五份用于商检、卫检、动检各一份，海关二份。

(五) 制单、报关

1. 制单、报关、运输的形式

货代公司代办制单、报关、运输；货主自行办理制单、报关、运输；货代公司代办制单、报关，货主自办运输；货主自行办理制单、报关后，委托货代公司运输；货主自办制单，委托货代公司报关和办理运输。

2. 进口制单

货代公司代办制单，通知客户准备好进口批文、证明手册等，发出到货通知后，即可制单、报关，通知货主运输或代办运输。

3. 进口报关

报关一切大致分为初审、审单、征税、验放四个主要环节。

4. 报关期限与滞报金

进口货物报关期限为自运输工具进境之日起的 14 日内，超过这一期限报关的，由海关征收滞报金；征收标准为货物到岸价格的万分之五。

5. 开验工作的实施

客户自行报关的货物，一般由货主到货代监管仓库借出货物，由代理公司派人陪同货主一并协助海关开验。客户委托代理公司报关的，代理公司通知货主，由其派人前来或书面委托代办开验。开验后，代理公司须将已开验的货物封存，运回监管仓库储存。

(六) 收费、发货

1. 发货

办完报关、报检等手续后，货主须凭盖有海关放行章、动植物报验章、卫生检疫报验章的进口提货单到所属监管仓库付费提货。

2. 收费

货代公司仓库在发放货物前，一般先将费用收妥。收费内容有：到付运费及垫付佣金；单证、报关费；仓储费；装卸、铲车费；航空公司到港仓储费；海关预录入、动植检，卫检报验等代收代付费；关税及垫付佣金。

(七) 送货与转运

1. 送货上门业务

主要指进口清关后货物直接运送至货主单位，运输工具一般为汽车。

2. 转运业务

主要指将进口清关后货物转运至内地的货运代理公司，运输方式主要为飞机、汽车、火车、水运、邮政。

任务实施

（1）按照空运货代业务作业流程，Alan 与客户佛山市 AAA 电讯实业有限公司（AAA Communication Ltd.，Foshan）签订空运货代业务委托书后，即刻与中国南方航空公司多次沟通协调后，确定航班信息：CZ169，2023.6.8，并及时将航班信息告知客户。

（2）2023.6.8 前，Alan 需要安排货物从佛山运输到深圳机场，集港费用另计。经过多方咨询，征得客户同意后，选定 Shenzhen AAA 运输公司（表 4-3-2）安排货物集港运输（费用合计为 CNY540），Alan 要特别注意货物的准备和交接工作，预留足够的时间报关和入仓。

（3）2023.6.8 前，Alan 需要安排货物报关，申报要素见表 4-3-3，报关单见表 4-3-4，特别注意单证的准备和交接工作，预留足够的时间报关和定仓。

（4）报关完成后，Alan 配合机场完成定仓、安检和打板等工作，保证货物按时、顺利地装上飞机。

表 4-3-2　Shenzhen AAA Transportation Co.，Ltd

No. 23，Lianhua Road，Xuhui District，Shanghai，China　　　　　　　　　　　Tel：+86-021-88888888				
LTL pick-up quotation sheet　　（Door-SZX Airport，CNY/Shipment）				
Place of pick up	100 kgs	101~299 kgs	300~499 kgs	500~999 kgs	Over 1 000 kgs
广州	580	980	1 500	1 890	2 600
佛山	540	900	1 380	1 880	2 500
东莞	600	1 000	1 640	2 200	2 800

Remarks：

The rates are selling rates including profit share.

表 4-3-3　申报要素

佛山市 AAA 电讯实业有限公司
AAA Communication Ltd.，Foshan
佛山市南海区丹灶镇华南五金产业基地东阳山路 888 号
No. 888 Dongyangsan Road，Huanan Hardware Industrial Base，Danzao Town，
Nanhai District，Foshan City，Guangdong，China 888888
TEL：(0757) ××××××××　　　　FAX：(0757) ××××××××

（1）天线用途：用于无线通信系统的定向发射和接收
（2）材料：主要由金属、塑料、玻璃钢材料组成
（3）通信天线及配件组成部件：天线罩，接头，夹码，振子
（4）中文品名：通信天线、双工器
（5）牌子：无牌
（6）型号：

TQJ-150A3F25
CD-150I

AAA Communication Ltd.，Foshan

（备注：此文件仅供报关用。）

表 4-3-4　中华人民共和国海关出口货物报关单

预录入编号：		海关编号：			
境内发货人（xxxxxxxxxx） 88888888MA8UP88U8F 佛山市 AAA 电讯实业有限公司		出口口岸	出口日期		申报日期
境外收货人 BBB Montaj Biznes		离境口岸	原产国 　　　中国		自报自缴
生产销售单位（xxxxxxxxxx） 佛山市 AAA 电讯实业有限公司		运输方式 （5）航空运输	运输工具名称		提运单号
申报单位		监管方式：0110 一般贸易	征免性质		备案号
贸易国（地区） 乌兹别克斯坦	运抵国（地区） 乌兹别克斯坦		指运港		境内货源地 佛山其他
许可证号	成交方式 CIF	运费	保费		杂费
合同协议号 KBT2304-1215	件数 4	包装种类 纸箱	毛重（kg） 53.60		净重（kg） 50.40
集装箱号	随附单证及编号				
标记唛头及备注 结汇退税，牌子：无牌，型号详见装箱单，主要材料：金属、塑料、玻璃钢 品牌类型：无牌　出口享惠情况：不享受优惠					

项号	商品编号	商品名称、规格型号	数量及重量	最终目的国（地区）	单价	总价	币制	征免
1	8517710000 999	通信天线 （用于无线通信系统）	50 副 49.80 kg	乌兹别克斯坦	75.820 000	3 791.00	502 美元	1 照章 征税
2	8517710000 999	通信天线配件：双工器 （用于无线通信系统）	1 副 0.60 kg	乌兹别克斯坦	98.000 000	98.00	502 美元	1 照章 征税

特殊关系确认：	价格影响确认：	支付特许权使用费确认：	
录入员　　　录入单位		兹声明对以上内容承担如实申报、依法纳税之法律责任	海关批注及签章
报关人员			
		申报单位（签章）	

 任务测试　　　　 参考答案

任务评价

任务评价见表4-3-5。

表4-3-5 空运货代业务作业任务评价

序号	考核项目	考核内容	分值	自我评价	小组评价	教师评价	得分
1	知识测试	选择题	10				
		简答题	30				
2	技能训练	计算毛重、体积、体积重量	10				
		选择正确的运价，计算运费	20				
		提供报价方案	10				
3	职业素养	沟通交流	10				
		展示表达	10				

备注：得分＝自我评价20%＋小组评价40%＋教师评价40%。

任务四　单证签发

知识目标

熟练掌握航空运单的分类、作用与填写要点。

能力目标

能根据业务要求及相关单据缮制航空运单。

素质目标

在学习填制航空运单中，培养学生勤于思考、善于钻研、一丝不苟的工匠精神。

任务描述

按照空运货代业务流程将货物装上飞机后，Alan需要审核签发航空运单。装箱单、发票、航班、运费等信息如下。

（1）航班信息：CZ169，2023.6.8，中国南方航空公司两字代码：CZ，LATA票证代码：784；路线：深圳（SZX）—北京（PKX）—塔什干（TAS）。

（2）装箱单（图4-4-1）。

佛山市 AAA 电讯实业有限公司

AAA Communication Ltd. Foshan

佛山市南海区丹灶镇华南五金产业基地东阳三路 888 号

No. 888 Dongyang San Road, Huanan Hardware Industrial Base, Danzao Town, Nanhai District, Foshan City, Guangdong, China

TEL:（757）×××××××× FAX:（757）××××××××

装箱单

Packing List

TO: **BBB Montaj Biznes**

Invoice Number: KBT2304-1215

Date: June 2, 2023

Marks& No.	Item No.	Description	Qnty	Qnty	Dimension			CBM	Gross Weight	Net Weight
			（PCS）副	（ctns）箱	$L\times W\times H$（cm）			m^3	kg	kg
1～2#	TQJ-150A3F25	通信天线	40	2	162	44	23	0.328	41.40	39.80
3#	TQJ-150A3F25	通信天线	10	1	162	23	23	0.086	10.80	10.00
4#	CD-1501	通信天线配件：双工器	1	1	38	23	14	0.012	1.40	0.60
TOTAI			51	4				0.426	53.60	50.40

AAA Communication Ltd.

图 4-4-1　装箱单

（3）原产地证书（图 4-4-2）。

ORIGINAL

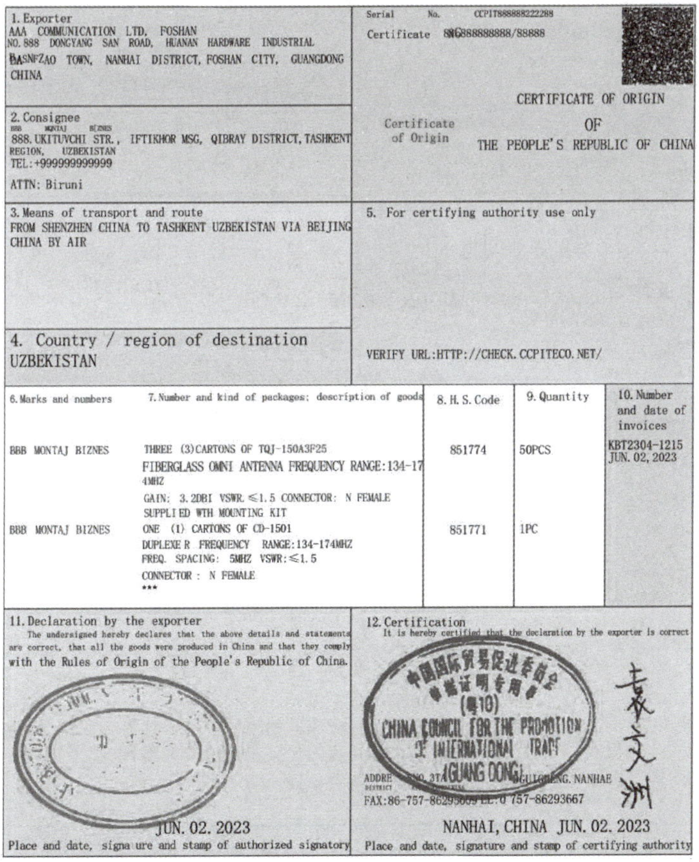

1. Exporter
AAA COMMUNICATION LTD. FOSHAN
NO. 888 DONGYANG SAN ROAD, HUANAN HARDWARE INDUSTRIAL BASNFZAO TOWN, NANHAI DISTRICT, FOSHAN CITY, GUANGDONG CHINA

Serial No. CCPIT888888222288
Certificate 8NG888888888/88888

CERTIFICATE OF ORIGIN
Certificate of Origin
OF
THE PEOPLE'S REPUBLIC OF CHINA

2. Consignee
BBB MONTAJ BIZNES
888. UKITUVCHI STR., IFTIKHOR MSG, QIBRAY DISTRICT, TASHKENT REGION, UZBEKISTAN
TEL: +999999999999
ATTN: Biruni

3. Means of transport and route
FROM SHENZHEN CHINA TO TASHKENT UZBEKISTAN VIA BEIJING CHINA BY AIR

5. For certifying authority use only

4. Country / region of destination
UZBEKISTAN

VERIFY URL: HTTP://CHECK.CCPITECO.NET/

6. Marks and numbers	7. Number and kind of packages; description of goods	8. H. S. Code	9. Quantity	10. Number and date of invoices
BBB MONTAJ BIZNES	THREE (3) CARTONS OF TQJ-150A3F25 FIBERGLASS OMNI ANTENNA FREQUENCY RANGE: 134-174MHZ GAIN: 3.2DBI VSWR ≤1.5 CONNECTOR: N FEMALE SUPPLIED WTH MOUNTING KIT	851774	50PCS	KBT2304-1215 JUN. 02, 2023
BBB MONTAJ BIZNES	ONE (1) CARTONS OF CD-1501 DUPLEXER FREQUENCY RANGE: 134-174MHZ FREQ. SPACING: 5MHZ VSWR: ≤1.5 CONNECTOR: N FEMALE ***	851771	1PC	

11. Declaration by the exporter
The undersigned hereby declares that the above details and statements are correct, that all the goods were produced in China and that they comply with the Rules of Origin of the People's Republic of China.
JUN. 02. 2023
Place and date, signature and stamp of authorized signatory

12. Certification
It is hereby certified that the declaration by the exporter is correct.
中国国际贸易促进委员会
CHINA COUNCIL FOR THE PROMOTION OF INTERNATIONAL TRADE
GUANG DONG
FAX: 86-757-86293667
NANHAI, CHINA JUN. 02. 2023
Place and date, signature and stamp of certifying authority

图 4-4-2　原产地证书

（4）货运委托书/托运单（表4-4-1）。

表4-4-1　托运单/货运委托书

深圳森大国际货运有限公司　SDA SDA LOGISTICS CO., LTD. Rm415, Baofeng Building, Dongmen South Road#2006, Luohu Shenzhen, China	委托日期： 航班/日期 FLIGHT/DAY
发货人公司名，地址及联系方式 SHIPPPER'S NAME AND ADDRESS CONTACT PERSON, TEL. （必填） 佛山市 AAA 电讯实业有限公司（AAA Communication Ltd., Foshan） No. 888 Dongyang San Road, Huanan Hardware Industrial Base, Danzao Town, Nanhai District, Foshan City, Guangdong, China Sophia　+86-757-××××××××　Fax：+86-757-××××××××	国际空运托运单 Attn：Alan Email：Alan@ sdaline. com
收货人公司名，地址，联系方式（必填） CONSIGNEE'S NAME, ADDRESS CONTACT PERSON, TEL. AND USCI BBB Montaj Biznes 888，Ukituvchi str, Iftikhor MSG, Qibray district, Tashkent regior, Uzbekistan Biruni	Terms of payment PREPAID（√） COLLECT（　　）
代理的名称和城市　ISSUING CARRIER'S AGENT NAME AND CITY	
始发站　AIRPORT OF DEPARTURE（必填） 深圳，中国 到达站　AIRPORT OF DESTINATION（必填） 塔什干，乌兹别克斯坦	通知人　ALSO NOTIFY：

托运人声明价值 DECLARED VALUE		保险金额 AMOUNT OF INSURANCE	所附文件 DOCUMENTS TO ACCOMPANY AIR WAYBILL
供运输用 FOR CHARRIAGE	供海关用 FOR COUSTOMS		

处理情况（包括包装方式货物标志及号码等）
HANDLING INFORMATION (INC. METHOD OF PACKING IDENTIFYING MARKS AND NUMBERS. ETC.)

件数 （必填）	实际毛重千克 （必填）	尺寸 （必填）	货物详细信息 （必填）
4	53.6 kg	0.426 m³	英文品名：Fiberglass　Omni Antenna, Duplexer 中文品名：通信天线，通信天线配件：双工器 货好时间：2023.6.3 日已备好货物 货物是否全新：是 是否含电池，液体，粉末，磁性，气体，颗粒或化学品：不含 国内是否委托我司代理出口清关：委托 是否有出口清关证单：有

（5）报关单（表4-4-2）。

表4-4-2 中华人民共和国海关出口货物报关单

预录入编号：		海关编号：			
发货人 88888888MA8UP88U8F 佛山市AAA电讯实业有限公司（8888888DWX）		出口口岸	出口日期		申报日期
境外收货人 BBB Montaj Biznes		离境口岸	原产国 　　　　中国		自报自缴
生产销售单位 佛山市AAA电讯实业有限公司（8888888DWX）		运输方式 5航空运输	运输工具名称	提运单号	
申报单位		监管方式：0110一般贸易	征免性质		备案号
贸易国（地区） 乌兹别克斯坦	运抵国（地区） 乌兹别克斯坦	指运港		境内货源地 佛山其他	
许可证号	成交方式 CIF	运费	保费		杂费
合同协议号 KBT2304-1215	件数 4	包装种类 纸箱	毛重（kg） 53.60		净重（kg） 50.40
集装箱号	随附单证				

标记唛头及备注
结汇退税，牌子：无牌，型号详见装箱单，主要材料：金属、塑料、玻璃钢
品牌类型：无牌　出口享惠情况：不享受优惠

项号	商品编号	商品名称、规格型号	数量及单位	最终目的国（地区）	单价	总价	币制	征免
1	8517710000 999	通信天线 （用于无线通信系统）	50副 49.80 kg	乌兹别克斯坦	75.82	3 791.00	USD	照章 征税
2	8517710000 999	通信天线配件：双工器 （用于无线通信系统）	1副 0.60 kg	乌兹别克斯坦	98.00	98.00	USD	照章 征税

特殊关系确认：是　　价格影响确认：否　　支付特许权使用费确认：否			
录入员　　　　录入单位	兹声明对以上内容承担如实申报、依法纳税之法律责任	海关批注及签章	
报关人员 申报单位（签章）			

（6）运价（表4-4-3）。

表4-4-3　运价

SHENZHEN	CN		SZX
Y. RENMINBI	CNY		kg
TASHKENT	UZ	M	230.00
		100	37.60
		300	27.50
		500	26.50
		1000	25.50

Airway Bill charges：CNY50.00

Fuel Surcharge：CNY 9.00 /kg chargeable weight

Security Surcharge：CNY 1.20 /kg chargeable weight

Dangerous goods surcharge：CNY 400.00

任务分析

要完成该任务，必须知晓掌握航空运单的缮制与签发。

任务学习

航空运单是进行航空货物运输必不可少的单据，是一种运输合同，不可转让（non-negotiable），它并不代表所托运货物的所有权。接下来一起学习航空运单知识。

一、航空运单的概述

（一）航空运单（Air Waybill）

由空运承运人或其代理人签发的货运单据。它是承运人收到货物的收据，也是托运人同承运人之间的运输契约，但不具有物权凭证的性质，因此空运单是不可以转让的。

（二）航空运单分类

1. 一般按照签发人分类（图4-4-3）

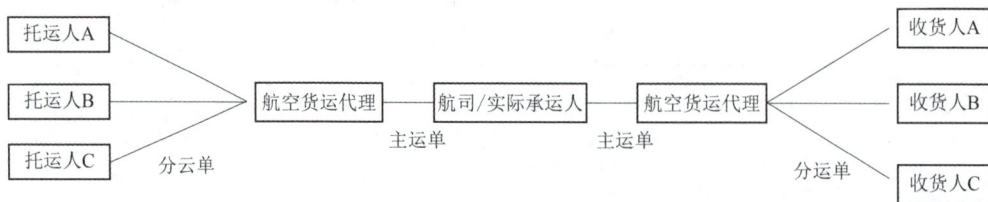

图4-4-3　航空主运单与分运单

（1）主运单（Master Air Waybill，MAWB）凡由航空运输公司签发的航空运单就称为主运单。就是航空公司跟一级货运代理之间签发的，它是航空运输公司据以办理货物运输和交付的依据，是航空公司和托运人订立的运输合同，每一批航空运输的货物都有自己相对应的航空主运单。

（2）分运单（House Air Waybill，HAWB）集中托运人（货代）在办理集中托运业务时签发的航空运单被称作航空分运单。

（三）航空运单构成

我国国际航空货运单由一式十二联组成，包括三联正本，六联副本和三联额外副本。

根据《华沙公约》第 6 条第（1）款和第（5）款规定，航空运单应当由托运人填写，为了方便操作，托运人会以托运书或委托书的形式授权航空公司或其代理人代替填写航空运单。托运人应对货运单所填各项内容的正确性、完备性负责。

（四）航空运单性质与作用

1. 航空运单是货物运输合同

航空运单是发货人与航空运输承运人之间缔结的货物运输合同，在双方共同签署后产生效力，等货物到达目的地交给收货人之后就没有效力了。

2. 航空运单是承运人签发的已接收货物的证明

航空运单也是货物收据，在发货人将货物发运后，承运人或其代理人就会将其中一份交给发货人（即发货人联），作为已经接收货物的证明。

3. 航空运单是承运人据以核收运费的账单

航空运单分别记载着属于收货人负担的费用，属于应支付给承运人的费用，并详细列明费用的种类、金额，因此可作为运费账单和发票。

4. 航空运单是报关单证之一

出口时航空运单是报关单证之一。在货物到达目的地机场进行清关时，航空运单也通常是海关查验放行的基本单证。

5. 航空运单同时可作为保险证书

如果承运人承办保险或发货人要求承运人代办保险，则航空运单也可用来作为保险证书。

6. 航空运单是承运人内部业务的依据

航空运单随货同行，证明了货物的身份。运单上载有该票货物发送、转运、交付的有关事项，承运人会据此对货物的运输做出相应安排。

（五）航空运单的使用

航空运单的正本一式三份，每份都印有背面条款，第一份交发货人，是承运人或其代理人接收货物的依据；第二份由承运人留存，作为记账凭证；第三份随货同行，在货物到达目的地，交付给收货人时作为核收货物的依据。

二、航空运单制作

（一）航空运单样式

航空运单有正面与背面条款之分，不同的航空公司有自己的航空运单格式，但内容差别不大（表4-4-4）。

航空货物
运单的缮制

表 4-4-4　航空运单样表

1A　　1B	1C	1D											
Shipper's Name and Address 2A	Shipper's Account Number 2B	Not negotiable **Air Waybill** Issued by											
Consignee's Name and Address 3 A	Consignee's Account Number 3B												
Issuing Carrier's Agent Name and City 4A													
Agent's IATA Code 4B	Account No. 4C	Accounting information 6											
Airport of Departure and Requested Routing 5													

To	By first Carrier	Routing & Destination	To	By	To	By	Currency	CHGS Code	WT/VAL		Other		Declared Value for Carriage	Declared Value for Customs
									PPD	COLL	PPD	COLL		
7A	7B		7C	7D	7E	7F	8	9	9A	9A	9B	9B	10	11

Airport of Destination 12	Flight/ Date	For Carrier use only 13	Flight/ Date	Amount of Insurance 14		

No of Piece RCP 15A	Gross Weight 15B	Kg Lb 15 C	Rate class 15D	Commodity Item No. 15E	Chargeable Weight 15F	Rate/Charge 15G	Total 15H	Nature and Quantity of Goods (incl. Dimensions or Volume) 15I
15J	15K						15L	

Prepaid 17	Weight charge	Collect	Other charges	
Prepaid 18	Valuation charge	Collect	16	
Prepaid 19	Tax	Collect	Shipper certifies that the particulars on the face hereof are correct and that insofar as any part of the consignment contains restricted articles; such part is properly described by name and is in proper condition for carriage by air according to the Applicable Dangerous Goods Regulations.	
Prepaid 20	Total other Charges Due Agent	Collect		
Prepaid 21	Total other Charges Due Carrier	Collect	Signature of Shipper or its Agent　23	
Total prepaid 22	Total Collect			
Currency Conversion Rate	CC Charges in Dest. Currency		Executed on　　　　　(Date) at　　　　　(Place)　　　Signature of Issuing Carrier or its Agent　24	

（二）航空运单填写说明

航空运单填写说明如表4-4-5所示。

表4-4-5　航空运单填写说明

序号	栏目	填写要求
1A	航空公司三字代码	IATA 统一编制的航空公司代码，如中国国际航空公司的代码就是 999，在项目四的任务一中已详细介绍
1B	始发站机场三字代码	IATA 统一制定的始发站机场三字代码，这一栏应该和 11 栏相一致。如上海浦东国际机场的三字代码就是 PVG，在项目四的任务一中已详细介绍
1C	运单号	该票货物的运单号，一般由航空公司或其代理编制该号码，一般为 8 位数字。每票货都对应着一个独立的运单号，就像身份证明一样，主单号可直接在航空公司网站上查询货物状态
1D	空运提单号	空运单的右上角，1A+1C 组成，即航空公司三字代码+8 位数字的运单号，共 11 位数字组成
2A	发货人姓名、住址（Shipper's Name and Address）	填写发货人姓名、地址、所在国家及联络方法
2B	发货人账号（Account NO）	只在必要时填写
3A	收货人姓名、住址（Consignee's Name and Address）	填写收货人姓名、地址、所在国家及联络方法
3B	收货人账号（Account NO）	只在必要时填写

序号	栏目	填写要求
4A	代理人的名称和所在城市 （Issuing Carrier's Agent Name and City）	航空货运代理公司名称、所在城市
4B	代理人的 IATA 代号 （Agents IATA Code）	一般 8 位数字，只在必要时填写
4C	代理人账号 （Account NO）	只在必要时填写
5	始发站机场及所要求的航线 （Airport of Departure and Requested routing）	填写始发站机场的英文全称。该始发站机场应与 1B 的始发站机场一致
6	特殊说明 （Accounting Information）	此栏适用于特别说明，例如说明通知人、付款方式等补充信息
7A	（C、E）TO	分别填入第一（二、三）中转站机场的 IATA 的三字代码。如果没有中转，只需填 7A，目的机场的三字代码
7B	（D、F）By	分别填入第一（二、三）段运输的承运人的 IATA 的二字代码。如果没有中转，只需填 7B，航空公司的二字代码
8	货币（Currency）	填入 ISO 货币代码。如使用人民币，则填写 CNY
9	收费代号	表明支付方式，预付或到付，也可以不填写
9A	运费及声明价值费 （WT/VAL, weight charge/ valuation charge）的支付方式	只能在预付（Prepaid, PPD）和到付（Collect, COLL）中二选一。需要注意的是，航空货物运输中运费与声明价值费支付的方式必须一致，不能分别支付
9B	其他费用（Other）	也是只能在预付（Prepaid, PPD）和到付（Collect, COLL）中二选一
10	运输声明价值 （Declared Value for Carriage）	发货人要求运输声明价值。如果发货人不要求声明价值，则填入 "NVD（No Value Declared）"。
11	海关声明价值 （Declared Value for Customs）	发货人对海关的声明价值。如果不需要对海关声明价值，则填入 "NCV（No customs valuation）"
12	目的地机场 （Airport of Destination）	最终目的站机场的英文全称
13	航班及日期 （Flight/Date）	货物所搭乘航班及日期
14	保险金额 （Amount of Insurance）	只有在航空公司提供代保险业务而客户也有此需要时才填写
15A	货物件数和运价组成点 （No. of Pieces RCP）	货物包装件数，如 10 包即填 "10"。当需要组成比例运价或分段相加运价时，在此栏填入运价组成机场的 IATA 代码
15B	毛重（Gross Weight）	货物总毛重
15C	重量单位（Weight）	公斤（kg）或磅（lb）只能二选一
15D	运价等级 （Rate Class）	航空运价共有 6 种，它们是 M（Minimum，起码运费）、C（Specific Commodity Rates，特种运价）、S（Surcharge，高于普通货物运价的等级货物运价）、R（Reduced，低于普通货物运价的等级货物运价）、N（Normal，45 公斤以下货物适用的普通货物运价）、Q（Quantity，45 公斤以上货物适用的普通货物运价），只能在 6 种代码中选择一种填入

续表

序号	栏目	填写要求
15E	商品代码 （Commodity Item No.）	只有商品使用特种运价时需要在此栏填写商品代码，其余填写"—"即可
15F	计费重量 （Chargeable Weight）	航空公司据以计算运费的计费重量
15G	运价 （Rate/Charge）	该货物适用的费率，具体的金额。如果运价等级（Rate Class）中选择了M，则该栏填写M的具体金额
15H	运费总额 （Total）	运价与计费重量两栏数值的乘积，即15F×15G。如果运价等级（Rate Class）中选择了M，则该栏填写M的具体金额
15I	货物的品名、数量，含尺码或体积 （Nature and Quantity of Goods incl. Dimensions or Volume）	货物名称常规表示；货物的尺码应以厘米或英寸为单位，尺码分别以货物最长、最宽、最高相乘表示，同时乘以件数；体积则是上述三边乘以件数的乘积，单位为立方厘米或立方英寸
15J	货物信息最后一栏	该运单项下货物总件数。不一定要填写，一般2种以上货物才填写
15K	货物信息最后一栏	该运单项下货物总毛重。不一定要填写，一般2种以上货物才填写
15L	货物信息最后一栏	该运单项下货物总运费。不一定要填写，一般2种以上货物才填写
16	其他费用 （Other Charges）	指除运费和声明价值附加费以外的其他费用，一一列出金额。根据IATA规则各项费用分别用三个英文字母表示。其中前两个字母是某项费用的代码，如运单费就表示为AW（Air Waybill Fee）。第三个字母是C或A，分别表示费用应支付给承运人（Carrier）或货运代理人（Agent）
17~19	其他费用 （Other Charges）	运费（Weight Charge）、声明价值费（Valuation Charge）和税款金额（Tax），有预付（Prepaid）与到付（Collect）两种方式，只能在两种付款方式中选择其中一种，在其付款方式下填写金额
20~21	其他费用 （Other Charges）	需要支付给货运代理人（Due Agent）和承运人（Due Carrier）的其他费用合计金额。有预付（Prepaid）与到付（Collect）两种方式，只能在两种付款方式中选择其中一种，在其付款方式下填写金额
22	预付、到付的总金额 （Total Prepaid/Total Collect）	有预付（Prepaid）与到付（Collect）两种方式，只能在两种付款方式中选择其中一种，在其付款方式下填写合计总金额
23	发货人的签字 （Signature of shipper or his agent）	发货人或其代理人签字
24	Executed on At Signature of Issuing Carrier or its Agent	签单时间（日期）、地点、承运人或其代理人的签字

备注：以上所有内容不一定要全部填入航空运单，IATA也并未反对在运单中写入其他所需的内容。但这种标准化的单证对航空货运经营人提高工作效率，促进航空货运业向电子商务的方向迈进有着积极的意义

三、航空运单实例

任务素材：

1. 托运人

SHIPPER：ABC TRADING CO.，LTD

TIANHE INDUSTRY PARK，INDUSTRIAL CONCENTRATION

DISTRICT，TIANHE COUNTY，Fang Cun，Guangzhou，Guangdong Province，CHINA

TEL：+86-020-81405555

2. 收货人

CONSIGNEE：DDD VIETNAM CO．，LTD

LOT M，BINH XUYEN INDUSTRIAL ZONE，

HUONG CANH TOWN，BINH XUYEN DISTRICT，VINH PHUC

TAX ID：2222111111

TEL：+84（0）22223333

3. 装运信息

INCO TERMS：CFR

POL：GUANGZHOU，CN

POD：HANOI.VN（河内，越南）

4. 货物信息

货物信息如表4-4-6所示。

表4-4-6　货物信息

ITM	PART NO.	DESCRIPTION	QTY /SET	NET WEIGHT/kg	GROSS WEIGHT/kg	PACKING /CARTON	SIZE /PACKAGE/cm
1	aaa	CAMSHAFT WTTH LP（1A015894）	35	6.25	7.5	1	36 cm×25 cm×14 cm
2	bbb	CAMSHAFT WTTH LP（1A015897）	35	6.25	7.5	1	36 cm×25 cm×14 cm
TOTAL AMOUNT：			70	12.5	15	2	0.025CBM

5. 运价及费用相关信息

运价及费用相关信息如表4-4-7、表4-4-8所示。

表4-4-7　运价及费用

ITEM	CHARGE	UNIT	REMARK
AWC	50.00	AWB	—
Export Customs Clearance	300.00	ENTRY	—
THC	0.70	kg	MIN CNY15.00/SHPT

任务：根据素材填制空运单。

实例分析：

aaa 货物体积=36 cm×25 cm×14 cm=12 600 cm^3；

bbb 货物体积=36 cm×25 cm×14 cm=12 600 cm^3，

货物体积合计=25 200 cm^3；体积重量=25 200/6 000=4.2 kg

aaa 货物毛重：7.5 kg；bbb 货物毛重：7.5 kg；货物毛重合计：15 kg

货物计费重量：15.0 kg

运费计算：1.1×15=16.5CNY；起码运费：500.00CNY　航空运费为：500.00CNY

FSC：50.00CNY　SSC：60.00CNY　AWC：50.00 CNY

Export Customs Clearance：300.00

THC：0.70×15=10.5<15　　15.00CNY

Currency : CNY

表 4-4-8　运价

Country	Destination airport	Airport code	Descriptions	UNIT	AIR FREIGHT RATE:CNY/kg								FSC	SSC
					Min	0~45	+45	+100	+300	+500	+1000			
VIETNAM	Ho Chi Minh City Tan Son Nhat International Airport	SGN 胡志明	Air freight-standard service	CWT	450.00	1.00	1.00	0.80	0.80	0.70	0.70	included	included
			Air freight-express service	CWT	No service	No service	No service	No service	No service	No service	No service		
VIETNAM	Noibai airport	HAN 河内	Air freight-standard service	CWT	500.00	1.10	1.10	0.90	0.90	0.80	0.80	1/kg. MIN CNY50.00/shpt	1/kg. MIN CNY60.00/shpt
			Air freight-express service	CWT	No service	No service	No service	No service	No service	No service	No service		
VIETNAM	Hai Phong Cat BiInternational Airport	HPH 海防	Air freight-standard service	CWT	600.00	1.20	1.20	1.00	1.00	0.90	0.90	1/kg. MIN CNY50.00/shpt	1/kg. MIN CNY60.00/shpt
			Air freight-express service	CWT	No service	No service	No service	No service	No service	No service	No service		

空运单填制见表 4-4-9。

表 4-4-9　空运单

| Shipper's Name and Address

[1]Shipper:ABC TRADING CO.,LTD
TIANHE INDUSTRY PARK, INDUSTRIAL
CONCENTRATION DISTRICT, TIANHE
COUNTY, Fang Cun, Guangzhou, Guangdong
Province, CHINA
TEL：+86-020-81405555 | | Shipper's Account Number | | Not negotiable | | | | |
| Consignee's Name and Address

[2]

Consignee: DDD VIETNAM CO.,LTD
LOT M,BINH XUYEN INDUSTRIAL ZONE,
HUONG CANH TOWN,BINH XUYEN DISTRICT, VINH PHUC
TAX ID:2222111111
TEL：+84(0)22223333 | | Consignee's Account Number | | Air Waybill

Issued by | | | | |

To	By first Carrier	Routing & Destination	To	By	To	By	Currency	CHGS Code	WT/VAL		Other		Declared Value for Carriage	Declared Value for Customs
									PPD	COLL	PPD	COLL		
[3]HAN	CZ		[4]HAN	CZ										

| Airport of Destination | Flight/ Date | For Carrier use only. Date | Flight/ Date | Amount of Insurance | | | |

No of Piece RCP [7]	Gross Weigh [5]	Kg Lb [6]	Rate class [7]	Commodity Item No. [8]	Chargeable Weight [9]	Rate/Charge [10]	Total [11]	Nature and Quantity of Goods (incl. Dimensions or Volume) [12]
1 CARTON	7.5 K							**aaa CAMSHAFT WTTH LP** **(1A015894)** 36 cm×25 cm×14 cm
1 CARTON	7.5 K							**bbb CAMSHAFT WTTH LP(1A015897)**
								36 cm×25 cm×14 cm
2 CARTON	15.0 K	M	—		15.0 kg	500.00	500.00	0.025CBM

Prepaid	Weight charge		Collect	Other charges
[13] **500.00 CNY**				[14]
				FSC:50.00CNY
				SSC:60.00CNY
				AWC:50.00 CNY
				Export Customs Cleance:300.00 CNY
Prepaid	Valuation charge		Collect	**THC :15.00CNY**
Prepaid		Tax	Collect	Shipper certifies that the particulars on the face hereof are correct and that insofar as any part of the consignment contains restricted articles; such part
Prepaid 300.00	Total other Charges Due Agent		Collect	is properly described by name and is in proper condition for carriage by air according to the Applicable Dangerous Goods Regulations.
Prepaid [15] **175.00 CNY**	Total other Charges Due Carrier		Collect	Signature of Shipper or its Agent
Total prepaid [16] **975.00 CNY**	Total Collect			
Currency Conversion Rate	CC Charges in Dest. Currency			Executed on at Signature of Issuing Carrier or its Agent

任务实施

Alan 根据装箱单、发票、航班信息、托运单等素材，审核缮制航空运单（图 4-4-4）。

784 SZX 39516676							784-39516676	
Shipper's Name and Address AAA COMMUNICATION LTD.FOSHAN NO.888 DONGYANG SAN ROAD, HUANAN HARDWARE INDUSTRIAL BASE,DANZAO TOWN,NANHAI DISTRICT, FOSHAN CITY, GUANGDONG, CHINA 888888		Shipper's Account Number		NOT NEGOTIABLE **Air Waybill** Issued by CHINA SOUTHERN AIRLINES CO., LTD				

图 4-4-4　航空运单

任务测试  参考答案

任务评价

任务评价如表 4-4-10 所示。

表 4-4-10　单证签发任务评价

序号	考核项目	考核内容	分值	自我评价	小组评价	教师评价	得分
1	知识测试	选择题	20				
		简答题	20				
2	技能训练	托运人、收货人等信息填写正确	10				
		机场、航次信息等填写正确	10				
		货物信息填写正确	10				
		其他信息填写正确	10				
3	职业素养	沟通交流	10				
		展示表达	10				

备注：得分＝自我评价 20%＋小组评价 40%＋教师评价 40%。

任务五　空运异常情况处理

知识目标

（1）掌握常见空运异常情况及原因。
（2）掌握常见处理空运异常情况的方法和预防措施。

能力目标

（1）能正确处理空运业务中出现的异常情况。
（2）能正确预防空运业务中出现的异常情况。

素质目标

在学习处理空运异常情况时，培养学生养成积极、严谨、认真、细致的工作态度及工作习惯，培养客户至上的职业态度。

任务描述

业务员 Alan 接到客户的投诉邮件，内容见表 4-5-1。

表 4-5-1　投诉邮件

发送	发件人	Sophia@ aaa. com
	收件人	Alan@ sdaline. com
	抄送	
主题	投诉	
附件		

Dear Alan,

　　我公司空运进口一批香料至深圳，今天还没有收到货，之前和我说的是今天到货，能告诉我这是怎么回事吗？

Yours faithfully,

Sophia

AAA Communication Ltd. Foshan

Email：Sophia @ aaa. com

Tel：+86××××××××××

同时收到航空公司邮件：

Dear Alan,

　　7 月 26 日，日本部分地区出现 4.5 级地震，飞往日本的部分航班延迟；7 月 27 日，东南亚地区台风红色预警，多数航班延误，目前已经有部分航班停运，具体恢复时间还不确定。7 月 29 日，中国华南部地区连续多雨天气，飞往深圳的航班由于天气原因未能正常到达，部分航班延误严重。如果您有预订相关航次请注意。

　　预知航班新动态，请关注我公司官网：www. arabiaairline. ajk. com。

　　Arabia 航空公司

　　任务：根据客户投诉内容，给予处理回复。

任务分析

要完成该任务，必须知晓掌握处理空运异常情况及其处理方法方式。

任务学习

一、航空异常情况

航空运输的异常情况主要可分为航空提货异常情况和航空交货异常情况两种（表 4-5-2）。

表 4-5-2　航空异常情况

航空运输的异常情况	航空提货异常情况	货物拉货
		无单无货
		有单无货
		到货件数多于运单显示件数
		到货件数少于运单显示件数
		货物破损
		货物受潮
		货物丢失
	航空交货异常情况	预订航班出现异常
		无法准时交运
		未过安检
		危险品破损

二、航空异常情况处理

（一）航空提货异常情况处理

航班提货异常情况主要是指提货员在提货时发生的一些异常情况，主要分为以下几种。

1. 货物拉货

（1）全部拉货：进出港联络员及时跟进后续航班配载情况，积极协调配载下一个航班。

（2）部分拉货：进出港联络员同航空公司地面部门沟通，优先提取先到的货物，避免整批货物延误。

2. 无单无货

提货员立即转告进出港联络员，由进出港联络员联系上一环节的操作单位，确认货物和单据情况，及时确定新的航班信息运输货物。

3. 有单无货

提货员立即转告进出港联络员，由进出港联络员联系上一环节的操作单位，确认货物情况，及时确定新的航班信息运输货物。

4. 有货无单

提货员立即转告进出港联络员，进出港联络员即刻与上一环节的操作单位，确认货物和单据情况，上一环节的操作单位须马上协调航空公司，拍发航空公司内部电报，并将内部电报号转告进出港联络员，以便及时提出货物。

5. 到货件数多于运单显示件数

实际到达货物多于航空运单上显示的件数时，航空公司不允许提货。此时，提货员应立即转告进出港联络员，联络员即刻通过上一环节的操作单位，请其通过航空公司电报更改航空运单件数，并将电报号转告本集散中心进出港联络员，以便及时提出货物。

6. 到货件数少于运单显示件数

实际到达货物少于航空运单上显示的件数时，提货员需与航空公司的地面服务人员积极配合，仔细寻找各库区及异常货物堆放区域有无本公司的货物。同时，还要通过进出港联络员，请其向上一操作单位确认应到货数量，如果数量有误，而又搜寻无果，则先将已到货物全部提出，再针对缺少的货物在提货时要求相关部门开立"异常情况货物证明"，并加盖公章，同时向上级汇报该情况。

7. 货物破损

立即要求提货处开具"异常情况货物证明"或"航空货物破损证明"，内容须详细描述货物状况，并加盖公章。对已破损的货物合理安排装车，轻拿轻放，避免再次受到挤压或碰撞；对疑似丢失货物要清点货物内装件数，回站后，将情况通知上级和内场操作员，在上级监督下对实物拍照，并对包装进行修补或加固。

8. 货物受潮

立即要求提货处填写异常情况货物证明或航空货物受潮证明，内容须详细描述货物状况，并加盖公章。对于受潮严重的货物，回站后要将情况通知上级和内场操作员，在上级监督下对实物拍照，然后将货物晾干或擦干后更换外包装。

9. 货物丢失

立即要求提货处填写异常情况货物证明或航空货物运输异常证明，内容须详细描述货物状况，并加盖公章。

（二）航空交货异常情况处理

航班交货异常情况主要是指发货时发生的一些异常情况，主要有以下几种。

1. 预订航班出现异常

若出现计划首选航班未配载上，航班临时取消、拉货、延误等情况，应立即选用候补航班或采用其他备选方案，如就近转至其他集散地航班等。对异常情况应该做好记录，以便日后分析，如果某个航班出现异常情况的频率较高，可考虑变更航班计划。

2. 无法准时交运

班车延误、进港航班延误、拉货等原因导致中转货物无法准时交运时，应立即在第一时间改变航班订舱计划，选用候补航班，并在系统中备注说明。

3. 未过安检

若因包装不合格而未过安检，则应重新包装，以保障快件顺利安检配舱。如快件中夹带禁运品未能过安检，交货员需同机场安检部门沟通，及时将禁运品货物退回，以保障其他快件顺利安检配舱。进出港交接员及时通知集散中心客服，并将禁运品带回。如果被警方扣押，须按照有关法律程序办理。

4. 危险品被没收

如快件中夹带禁运品未能过安检，应及时将危险品货物退回，酌情进行无害化处理，保障其他快件顺利安检配舱。如果快件中的禁运品被警方扣押，须按照有关法律程序处理。如果产生罚款，按照与客户的协议书由客户及当事人承担。

（三）异常情况处理流程

（1）道歉，安抚客户。

（2）了解情况，分析异常情况发生的原因。

（3）提出异常情况解决方案/办法。

案例 4-5-1：业务员 Alan 接到客户的投诉邮件，内容见表 4-5-3。

表 4-5-3　投诉邮件

发送	发件人		Sophia@ aaa. com
	收件人		Alan@ sdaline. com
	抄送		
主题			投诉
附件			
Dear Alan,　　之前委托向 Air Arabia 航空公司预定 7 月 27 日舱位，现在都 7 月 29 日了，货物还没有出运，请问这是什么情况？ Yours faithfully, Sophia AAA Communication Ltd. Foshan Email：Sophia @ aaa. com Tel：+86××××××××××			

同时收到航空公司邮件（表4-5-4）。

表4-5-4　航空公司邮件

Dear Alan， 　　很抱歉地通知您，由于北京实行空中交通管制，您预订的7月29日早上9：00的航班将要取消，管制持续至7月29号18：00，7月29日飞往北京的航班都将全部取消。给您带来的不便请谅解，很抱歉。预知航班新动态，请关注公司官网：www.arabiaairline.ajk.com 　　Arabia 航空公司

任务：根据客户投诉内容，给予处理回复。

案例4-5-1分析：从航空公司邮件可知，货物未出运的原因是实行了空中交通管制；处理方法是及时跟进航班信息，第一时间联系客户。

给客户回复邮件见表4-5-5。

表4-5-5　给客户回复邮件

发送	发件人	Alan@ sdaline. com
	收件人	Sophia @ aaa. com
	抄送	
主题		投诉处理
附件		

Dear Sir，
　　您好！
　　听到这个消息很抱歉。由于北京实行空中交通管制，原预定的7月29日航班取消，导致货物未能按时出运。给您造成损失很是抱歉，我们会持续跟进航班信息，有消息第一时间联系您。谢谢理解！
Yours faithfully，
Alan
地址：佛山市禅城区五峰三路11号口岸大楼一楼（佛山海关对面）
电话：1901234567

案例4-5-2：业务员Alan接到客户的索赔邮件，内容见表4-5-6。

表4-5-6　索赔邮件

发送	发件人	Sophia@ aaa. com
	收件人	Alan@ sdaline. com
	抄送	
主题		货物被甩柜
附件		

Dear Alan，
　　之前委托向 Air China 航空公司预定8月12日的舱位，现在通知被甩柜，这是什么情况？
Yours faithfully，
Sophia
AAA Communication Ltd. Foshan
Email：Sophia @ aaa. com
Tel：+86××××××××××

同时收到航空公司通知，见表4-5-7。

表 4-5-7　航空公司通知

通知
您预订的 8 月 12 日舱位被取消，很抱歉，由于我们需要运送特殊货物，舱位不足。我们可以给您预订下一趟 8 月 15 日的航班，如有需要请尽快联系我们。

任务：根据客户投诉内容，给予处理回复。

案例 4-5-2 分析：从航空公司通知可知，货物被甩柜的原因是舱位不足；处理方法是安排最近的航班，第一时间通知客户。

给客户回复邮件见表 4-5-8。

表 4-5-8　给客户回复邮件

发送	发件人	Alan@ sdaline. com
	收件人	Sophia @ aaa. com
	抄送	
主题		回复：货物被甩柜
附件		

Dear Sir,
　　您好！
　　听到这个消息很抱歉。由于航空公司舱位不足，原预订 8 月 12 日的舱位被取消，导致货物被甩柜。我们可以预订下一趟 8 月 15 日的舱位，您如果需要安排请及时告知我们。希望可以得到您的谅解，并希望我们可以继续合作。
Yours faithfully,
Alan
地址：佛山市禅城区五峰三路 11 号口岸大楼一楼（佛山海关对面）
电话：1901234567

三、货物索赔

货物在空运过程中任何异常，都是收货方发货方以及航空公司等承运人不愿意遇到的，可是万一发生了该怎么办呢？

航空货运
事故的处理

（一）发货人需要做的

（1）查找保存货物原始底单，核实货物信息（确认运单号，件数，品名，重量，始发地，目的地，航班日期。

（2）向航空公司或者货代公司查询此货物在始发港口/中转港/目的港是否有货物异常的信息。

（3）准备相关文件向航空公司或代理公司提交，申请赔偿。

（二）收货人需要做的

（1）提货时发现货物出现异常，现场让航空公司出事故签证，再依情况看是否将货提走。

（2）及时联系发货方，沟通了解货物的具体信息，以及货物在运输中是否出现异常。

（3）一旦确认货物确实丢失，缺少或破损，请向航空公司或保险公司申请赔付。相关文件包括：①收货人提货运单证明，破损证明；②提供当时的报关发票箱单，货损清单（实际损失金额）；③索赔函，货损照片。

（三）关于货物赔偿的相关说明

（1）如果上了保险，建议向保险公司申请赔偿。航空公司和保险公司只能向一方申请赔付。

（2）若未上保险，仍向航空公司申请赔偿，航空公司会参照《中国民用航空货物国内运输规则》酌情赔付，如果托运货物时未声明货物价值，应按货物毛重每千克 20 元作为赔偿标准，国际运输则以每千克 20 美元计算。

（3）收货人在收到货物时已经发现货物损失、短缺或延误，对于货物的损失、短缺，收货人应当在实际收到货物之起 14 日内提出异议；对于货物的延误，收货人应当在货物交付收货人处置之日起 21 日内提出异议。而且，异议必须以书面形式提出，或者直接写在航空运单等运输凭证上，或者另行提交异议通知。

（四）货物破损常见情况

货物破损、货物丢失和货物灭失（宠物死亡）（图 4-5-1～图 4-5-3）是航空运输最常见的异常情况，也是货物索赔最常见的情况。货物破损的主要原因有：

（1）货物在承运人掌管期间内发生盗窃、遗失等原因造成货物的丢失。

（2）承运人原因造成货物包装方法或容器质量不符合运输要求，使包装破损、货物泄漏等原因造成货物的内容短缺。

（3）承运人没有注意到货物本身性质所引起的变质、污染、损坏。

（4）不适当的积载造成货物的污染、损坏。

（5）承运人没有按照指示标志进行装卸作业造成货物的变质、污染、损坏。

（6）运输过程中保管货物不当造成货物的变质、污染、损坏。

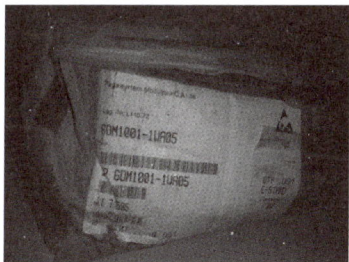

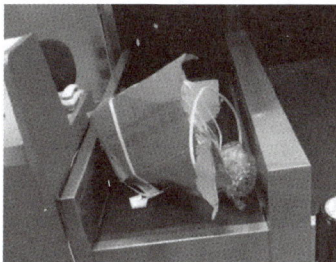

图 4-5-1　货物破损　　　　图 4-5-2　货物丢失　　　　图 4-5-3　货物灭失（宠物死亡）

（五）货物索赔处理

当货物出现破损等情况时，货主或其代理可以提出索赔。一般货物索赔处理流程如下：

1. 提交货物运输事故签证

当航空地面代理在卸货时发生货物破损，即由航空公司或地面代理人填写货物运输事故签证。

2. 提出索赔申请书

自发现货物出现问题后，一定要按照公约规定的赔偿时限提出赔偿要求，需要向航空公司提出书面索赔申请书。

3. 航空公司审核所有的资料和文件

包括正式索赔函（2 份）、货运单正本或副本、货物商业发票、装箱清单、货物舱单、货物运输事故签证、商检证明、运输事故记录等文件。

4. 填写航空货物索赔单

由航空公司填写航空货物索赔单，索赔人签字盖章，表明航空公司正式认可索赔的有关事项。

5. 货物索赔审批单

航空货物的索赔根据货物的金额不同，需要各级领导审批。

6. 责任解除协议

在索赔人收到索赔款时签署责任解除协议书，放弃诉讼权及进一步索赔权。

案例4-5-3：客户在上海机场进口清关完毕后，发现货物破损。业务员 Alan 接到客户的索赔函，内容如下。

素材1：索赔函

2022年1月16日，我司从德国购买货物，货物品名为洗碗机，毛重69 kg，货物价值1 600欧元。到深圳机场后物流车去机场提货时发现货物破损1件。

本次事件不但使我公司设备损坏，遭受二次紧急调运设备的损失，而且使我公司对客户逾期交货，信誉受损并要承担逾期交货的违约责任。我公司向贵公司郑重要求立即赔偿该设备的损失。货物损伤如图4-5-4所示。

图4-5-4　货物损伤

素材2：根据中国民航法、华沙公约和蒙特利尔公约，空运，赔偿上限为19SDR/kg，其中 SDR 1 = USD 1.371，1USD = 1.176ERU。

任务：请根据索赔标准责任计算赔偿金额并回复客户。

案例4-5-3分析：

SDR 1 = USD 1.371，货物毛重69 kg，空运赔偿19SDR/kg，69 kg×19 SDR = SDR1 311 = 1 797.38USD

1.176×1 797.38 = 2 113.72EUR

客户索赔 EUR1 600，显然 EUR1 600＜SDR1 311，则可以赔付给客户金额为 EUR1 600。

任务实施

分析：从航空公司邮件可知，货物未收到货的原因是由于天气原因，航班延误，飞往深圳的航班未能正常到达；处理方法是及时跟进航班信息，第一时间联系客户。

给客户回复邮件见表4-5-9。

表4-5-9　给客户回复邮件

发送	发件人	Alan@ sdaline. com
	收件人	Sophia@ aaa. com
	抄送	
主题	投诉处理	
附件		

Dear Sir,
　您好！
　听到这个消息很抱歉。由于近期深圳天气原因造成航班延误，导致货物未能正常送达。给您造成损失很是抱歉，我们会持续跟进航班信息，有消息第一时间联系您。请见谅！
Yours faithfully,
Alan
地址：佛山市禅城区五峰三路 11 号口岸大楼一楼（佛山海关对面）
电话：1901234567
邮箱：Alan@ sdaline. com

任务测试 　　**参考答案**

任务评价

任务评价见表4-5-10。

表4-5-10　空运异常情况任务评价

序号	考核项目	考核内容	分值	自我评价	小组评价	教师评价	得分
1	知识测试	案例题	20				
		简答题	10				
2	技能训练	表示歉意	10				
		解释原因	20				
		提出解决方法	20				
3	职业素养	沟通交流	10				
		展示表达	10				

备注：得分＝自我评价20%＋小组评价40%＋教师评价40%。

项目五

国际多式联运货运代理业务

素质拓展

与时俱进的货代发展
——第一大港的雄心壮志

党的二十大报告指出："世界百年未有之大变局加速演进，新一轮科技革命和产业变革深入发展，国际力量对比深刻调整，我国发展面临新的战略机遇。机遇的价值，在于是否得到了有效运用。"面临新的战略机遇，货代业的发展也要与时俱进，在新的技术革命和产业变革走向深入之际，积极拥抱新技术、服务产业转型和升级，加快建设和改革步伐，巩固传统业务优势的同时，完成智慧化转型。

在国际货物运输行业中，上海港是全球货物吞吐量第二、集装箱吞吐量第一的综合性港口，加快建设上海国际航运中心，是党中央、国务院、交通部、上海市委和市政府的重大战略决策，也是集团明确的战略发展目标。

上海国际港务（集团）股份有限公司（简称"上港集团"，SIPG，股票代码600018）是上海港公共码头运营商，2006年10月26日在上交所上市，成为全国首家整体上市的港口股份制企业。

上港集团主营业务分四大板块，即：集装箱码头业务、散杂货码头业务、港口物流业务和港口服务业务，目前已形成了包括码头装卸、仓储堆存、航运、陆运、代理等服务在内的港口物流产业链。公司上海地区下辖分公司11家及内设机构2家，二级（全资及控股）子公司30家、参股企业16家。

2021年上海港（公司母港）集装箱吞吐量4 703.3万TEU，连续第十二年位居全球首位。截至2021年12月31日，公司总资产1 707.87亿元，实现归母净利润146.82亿元，A股总市值1 275.67亿元。在本报告期内，公司的每股社会贡献值为1.177 5元。

集团发展战略中表示保持集装箱产业持续较快健康发展，是建设上海国际航运中心的重中之重，也是上港集团战略发展的核心任务。未来，上港集团将通过实施长江战略、东北亚战略和国际化战略，力求保持集装箱产业持续较快健康发展，实现中转业务突破，确立和巩固上海港东北亚国际航运枢纽港地位。除此之外，集团也将积极推动推动港口智慧化转型。

智慧化转型是新时代港口发展的必然阶段，国内的大型港口如上海港、宁波港、青岛港、天津港、广州港等都在积极推动智慧化转型。自智慧港口发展建设以来，洋山四期按照集团部署要求，以现代化设施设备为基础，以完善的发展规划、管理机制为引导，不断推进物联网、移动互联网、云计算、大数据、人工智能等新一代信息技术与港口功能深度融合。自主研发的自动化码头作业管控系统，在全球港口行业首次实现全流程自动化和核心业务智能化，实现了关键技术自主可控，并积极推动码头数字孪生系统、电子签证平台、超远程智慧指挥控制中心、智能重卡示范运营等前沿项目应用落地。

"2023 智慧港口大会"期间，举行了中国港口协会智慧港口等级评价获评项目授牌仪式，集团洋山四期自动化集装箱码头以 98.25 分的优秀成绩顺利通过评审，获颁五星级"智慧港口"，成为绿色、智慧"双五星"港口。上海港推进智慧绿色、安全韧性港口建设的生动、集团洋山四期这一成绩，将进一步巩固上海港在港口行业的技术领先优势，进一步树立智慧引领、科技赋能的新标杆。

项目背景：

Alan 是森大国际货运公司的海外业务员，主要负责国际多式联运货运代理业务，平时工作职责如下。

（1）用互联网平台，开发有国际多式联运需求的国外进口商及货运代理。

（2）有目的、计划地收集潜在客户资料，通过邮件、聊天工具、会面开发客户。

（3）熟练运用英语处理海外客户的询价、报价、接单、出货。

（4）完成预定的销售目标，开发、维护好客户。

8 月上旬，Alan 接到陕西西安一家客户的订单，需要承担该公司出口运输 30 个标准集装箱的货物到美国芝加哥。

Alan 需要向客户提供合理的运输方案，并核算总成本，向客户报价。

附 1：订单基本情况

海铁联运一批货物，采用的是 20 英尺集装箱整箱运输，运输条件为 Station-to-Station，指定目的地：芝加哥，启运地：西安。

附 2：Alan 联系信息

联系人：Alan

电话：19012345678

联系邮箱：Alan@ sdaline.com

地址：佛山市禅城区五峰三路 11 号口岸大楼一楼（佛山海关对面）

公司官网：http：//www. sdaline. com/

任务一　国际多式联运认知

知识目标

掌握国际多式联运的定义、构成条件、优劣性等基本概念。

能力目标

能分析国际多式联运的优势和劣势。

素质目标

在学习国际多式联运认知中，引导学生了解中国的伟大成就，增强民族自豪感；同时激发学生对国际多式联运货运业的兴趣。

任务描述

森大国际货运代理公司（SDA）正在奋力开拓发展国际多式联运业务，希望 Alan 能说服陕西西安客户采用国际集装箱多式联运方式完成这票货物。

任务分析

要完成该任务，需要知晓掌握国际多式联运的概念、构成条件和优劣势等知识。

任务学习

一、国际多式联运的定义

1980 年《联合国国际货物多式联运公约》中对国际多式联运（Multimodal Transport）的定义：按照多式联运合同，以至少两种不同的运输方式，由国际多式联运经营人将货物从一国境内接管货物的地点运至另一国境内指定交付货物的地点交付的货物运输。公约中强调为履行单一方式运输合同而进行的该合同所规定的货物接送业务，不应视为国际多式联运。

国际多式联运

随着国际多式联运和集装箱的迅速发展，国际多式联运指在集装箱运输的基础上产生和发展起来的一种综合性的连贯运输方式。它一般以集装箱为媒介，把海、陆、空各种单一运输方式有机地结合起来，组成一种国际间的连贯运输。

鉴于国际多式联运是在集装箱运输基础上发展、并以集装箱为媒介的运输，所以后续讨论的国际多式联运即为国际集装箱多式联运。

二、国际多式联运的条件与特征

1. 必须订立国际多式联运合同

在国际多式联运中，国际多式联运经营人必须与托运人订立多式联运合同。所谓多式联运合同，是指国际多式联运经营人凭其收取全程运费，使用两种或两种以上不同运输工具，负责组织完成货物全程运输的合同。在分段联运中，托运人必须与不同运输区段承运人分别订立不同的合同，而在多式联运中，无论实际运输有几个区段，也无论有几种不同运输方式，均只须订立一份合同——多式联运合同。货主（托运人）只与国际多式联运经营人有业务和法律上的关系，至于各区段实际承运人，货主（托运人）不与他们发生任何业务和法律上的关系。

2. 必须由国际多式联运经营人对全程运输负责

按照多式联运合同，国际多式联运经营人必须对接货地至交货地的全程运输负责，货物在全程运输中的任何实际运输区段的灭失损害以及延误交付，均由国际多式联运经营人以本人身份直接负责赔偿，尽管国际多式联运经营人可向事故实际区段承运人追偿，但这并不能改变国际多式联运经营人作为多式联运合同当事人的身份。

3. 必须是两种或两种以上不同运输方式组成的连贯运输

多式联运至少由两种不同的运输方式相互衔接、转运而共同完成的运输过程，如海—铁、海—公、海—空联运等。因此判断一个联运是否为多式联运，不同运输方式的组成是一个重要因素。例如，目前许多船公司开展的海—海联运，由契约承运人签发全程联运提单，对全段运输负责，通过一程船、二程船的接力形式，将货物从起运港运至最终目的地，但这种联运只是使用一种运输方式的海—海联运，不是多式联运的范畴。

4. 必须是国际间的货物运输

国际多式联运所承运的货物必须是从一国境内接管货物的地点运至另一国境内指定交付货物的地点，是一种国际间货物运输，这有别于同一国境内采用不同运输方式组成的联合运输。例如，国际海运与国内陆路运输属于多式联运。

5. 必须签发多式联运单证

国际多式联运经营人作为多式联运的总负责人，在接管货物后必须签发多式联运单证，从发货地直至收货地，一单到底，发货人凭多式联运单证向银行结汇，收货人凭多式联运单证向国际多式联运经营人或其代理人提领货物。因此，多式联运单证一经签发，表明国际多式联运经营人已收到托运人的货物，并对货物的全程运输开始负有责任。多式联运单证的签发；同时，这也证明了多式联运合同，即托运人和国际多式联运经营人是在多式联运合同下进行货物的交接和多式联运单证签发的。

6. 必须是单一的运费率

海运、铁路、公路以及航空各种单一运输方式的成本不同，因而其运费率也不同，在多式联运中，尽管组成多式联运的各运输区段运费率不同，但托运人与国际多式联运经营人订立的多式联运全程中的运费率是单一的，即以一种运费率结算从接货地至交货地的全程运输费用，从而大大简化和方便了货物运费计算。

三、国际多式联运的优越性

(一) 统一化、简单化

所谓统一化、简单化，主要表现为：在国际多式联运下，不管货物运程有多远，也无论使用几种运输方式完成对货物的运运，也不论运输途中经过多少次转换，所有一切运输事宜均由国际多式联运经营人负责办理。当货物发生货损、货差时，国际多式联运经营人对全程运输负责，每一运输区段的承运人对本区段的货物运输负责。但这丝毫不会影响国际多式联运经营人对每个运输区段实际承运人的任何追偿权利。

(二) 减少中间环节，缩短货运时间，降低货损、货差，提高货运质量

多式联运通过集装箱进行直达运输，货物在发货人工厂或仓库装箱后，可直接运至收货人门或仓库，运输途中无须拆箱、装箱，减少了很多中间环节。货物虽经多次换装，但由于都使用机械装卸，并且不涉及箱内货物，因此，货损、货差和货物被窃事故大为减少，从而在一定程度上提高了货运质量。此外，在各个运输环节和各种运输工具之间，配合密切，衔接紧凑，货物所到之处，中转迅速及时，减少了停留时间，因此，保证了货物安全、迅速、

准确、及时地运抵目的地。

（三）降低运输成本，节省运杂费用

多式联运可实现货物门到门运输。因此，对货主来说，货物在交由第一承运人后即可取得货运单据进行结汇，结汇时间提早，有利于加速货物资金的周转，并减少利息的支出；又由于货物装载集装箱，从某种意义上讲，可节省货物的包装费用和保险费用；此外，多式联运可采用一张单据，统一费率，因而也就简化了制单和结算手续，节省了人力、物力。

（四）提高运输组织水平，实现合理运输

国际多式联运可提高运输组织水平，实现合理运输，改善不同运输方式间的衔接协作。在国际多式联运开展之前，各种运输方式经营人各自为政、自成体系，因而经营的范围受到限制，货运量相应也有限。一旦由不同的运输业者参与国际多式联运，其经营范围可大大扩大，并且可以最大限度地发挥其现有设备的作用，选择最佳运输路线，组织合理运输。

（五）其他

从政府角度来看，发展国际多式联运具有重要意义：①有利于加强政府对整个货物运输链的监督与管理；②保证本国在整个货物运输过程中获得较大的运费收入比例；③有助于引进新的先进运输技术；④减少外汇支出；⑤改善本国基础设施的利用状态；⑥通过国家的宏观调控与指导职能保证使用对环境破坏最小的运输方式，达到保护本国生态环境的目的。

四、国际多式联运公约

（一）国际多式联运的公约

由于国际多式联运中使用了两种或者两种以上的运输方式，并且由国际多式联运经营人对全程运输负责。因此，统一规定国际多式联运经营人的责任制度，是开展多式联运所必须解决的问题。在国际货物多式联运领域内，较有影响的国际公约主要有三个，见表5-1-1。

表5-1-1　国际多式联运公约

序号	时间	公约
1	1975年《1975年国际商会关于联合运输单证的统一规则》	海运发达国家通过国际航运商会，制定了供国际多式联运经营人采用的非强制性的《1975年国际商会关于联合运输单证的统一规则》，它沿袭了70年代初海运发达国家主张，但为发展中国家所拒绝的责任制度
2	1980年《联合国国际货物多式联运公约》	发展中国家为了摆脱海运发达国家对国际多式联运的控制，发展自己的多式联运业务，从1973年开始，经过7年的谈判，在联合国贸易和发展会议的主持下，于1980年5月制定了《联合国国际货物多式联运公约》。按公约规定，公约在30个国家批准或加入后12个月开始生效，但截至目前，也没有满足生效条件
3	1991年《1991年国际商会关于多式联运单证的规则》	1991年由联合国贸易和发展会议与国际商在1975年国际商会关于《联合运输单证的统一规则》的基础上，参考《联合国国际货物多式联运公约》共同制定的，是一项国际规则，供当事人自愿采纳

目前，国际多式联运领域缺乏具有强制性的国际公约。因而，国际多式联运的规则体系目前仍建立在各运输区段存在不同程度统一化的国际公约，如《海牙维斯比规则》，以及各运输区段所在国的国内法之上。因而，对于发生在某一区段的损失，通常适用该区段具有强制性的国际公约或者国内法。

（二）我国的国际集装箱多式联运管理规则

由于之前并没有生效的、规范的国际货物多式联运的国际公约，1997 年，我国交通部和铁道部联合颁布了《国际集装箱多式联运管理规则》。《国际集装箱多式联运管理规则》在参考我国《海商法》《联合国国际货物多式联运公约》《1991 年国际商会关于多式联运单证的规则》等法律、公约及国际惯例的基础上，从多式联运发展的实际出发，就多式联运单据、托运人的责任、国际多式联运经营人的责任、索赔与诉讼等作出了许多具体的规定，成为我国国际货物多式联运合同的准据法。

五、我国多式联运的发展

我国从 20 世纪七八十年代开始从事国际多式联运，目前已开展国际多式联运路线十多条，新的路线正在不断发展中，联运形式也更为灵活多样。

（一）公海联运是主要运输形式

受到铁路管理体制和运力的限制，我国与铁路相关的联运形式，如海铁联运和公铁联运，虽然取得了一定的发展，但总体规模较小。其他一些联运方式，如空铁联运和空水联运，虽然近年来也取得了一些发展，但总体规模很小。从我国实际的运作情况来看，公海联运仍然是我国多式联运主要的运输方式。

（二）大陆桥运输是特色运输形式

大陆桥运输是指使用横贯大陆的公路、铁路运输系统，使用集装箱运输，把大陆两端的海洋连接起来的运输方式，贯穿大陆的公路、铁路运输系统起中间桥梁作用，所以俗称大陆桥运输。大陆桥运输借助于集装箱运输，借助于海运、陆运（公路、铁路）运输方式组合，把辽阔的大陆、狭窄的地峡、两个互不毗连的大洋和海域连接起来，目的在于海陆联运，缩短运输距离，减少运输时间和节约运输总费用支出。

我国进行大陆桥运输（任务三详细介绍大路桥运输）具有天然的优势，亚欧大陆桥和新亚欧大陆桥运输线（陆运部分）分别经满洲里和阿拉山口陆路口岸与俄罗斯及欧洲各国相连接。运距的缩短加之运速的加快，不仅使运输时间大为缩短，还使运输费用节省了20%～30%。

六、国际多式联运实例

业务员 Alan 收到客户的咨询邮件，内容见表 5-1-2。

表 5-1-2　客户的咨询邮件

发送	发件人	Sophia@ aaa. com
	收件人	Alan@ sdaline. com
	抄送	
主题		运输方式咨询
附件		

Dear Alan,
　　我公司打算出口一批 1 000 t 新鲜水果至缅甸滚弄港。适合选择国际多式联运方式吗？希望您能给出一些建议。
Yours faithfully,
Sophia
AAA Agricultural Products Ltd. Kunming
Email：Sophia @ aaa. com
+86-871-888888888

实例分析：Alan 建议客户选择公铁联运的国际多式联运方式（图 5-1-1）。

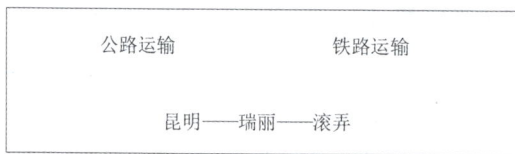

图 5-1-1　国际多式联运方式

　　货物在昆明装箱后，由公路运输到瑞丽口岸，再由铁路运输到滚弄。这样既节省了运输时间，又降低了运输成本和货物损耗。同时，该票业务还享受了国际多式联运提供的"一次托运、一票到底、一个国际多式联运经营人、一个费率、一次保险、一体运输"的便利服务，简化了通关手续和单证管理。

　　（1）该票业务必须在一个国际多式联运经营人的组织和责任下，由公路和铁路两种不同的运输方式组成的从昆明到滚弄港的国际货物运输。

　　（2）该票业务的国际多式联运经营人与货主签订多式联运合同，提供一站式的多式联运服务；签发一份多式联运单据，作为货物交付、结算、索赔和保险等事项的依据；为货物投保了一次保险，对货物全程负责，并在货物损失或损毁时承担赔偿责任。

　　（3）该票业务的货物从中国出口到缅甸，涉及两个不同国家的跨境货物流动；货物由公路和铁路两种不同的运输方式组成，充分利用各种运输方式的优势，实现最佳的综合效果，既节省了时间，又降低了成本和损耗。

　　业务员 Alan 给客户回复邮件，内容见表 5-1-3。

表 5-1-3　给客户的回复邮件

发送	发件人	Alan@ sdaline. com
	收件人	Sophia@ aaa. com
	抄送	

主题	运输方式咨询
附件	

Dear Sir,

　　新鲜水果不适宜运输时间过长，从昆明到缅甸滚弄港，若采用海运，时间太长；若采用空运，货物质量达 1 000 t，成本太高。

　　1 000 t 新鲜水果从昆明出口至缅甸滚弄港，可采用公铁联运的国际多式联运。货物由货代公司在昆明装箱后，由公路运送到瑞丽口岸，再由铁路运输到滚弄。这样既节省了运输时间，又降低了运输成本和货物损耗。同时，货物还可以享受了国际多式联运提供的"一次托运、一票到底、一个国际多式联运经营人、一个费率、一次保险、一体运输"的便利服务，简化了通关手续和单证管理。

　　贵公司可以选择我们公司作为多式联运负责人。我们将竭诚为贵公司服务！

Yours faithfully,

Alan

地址：佛山市禅城区五峰三路 11 号口岸大楼一楼（佛山海关对面）

电话：1901234567

邮箱：Alan@ sdaline.com

任务实施

Alan 从以下 4 方面介绍国际集装箱多式联运的优越性，建议客户选用该运输方式。

（1）选用国际多式联运，统一化、简单化。

在国际多式联运下，不管货物运程有多远，无论使用几种运输方式完成对货物的运输，也不论运输途中经多少次转换，所有一切运输事宜均由国际多式联运经营人负责办理。当货物发生货损、货差时，国际多式联运经营人对全程运输负责。

（2）选用国际多式联运，减少中间环节，缩短货运时间，降低货损、货差，提高货运质量。

多式联运通过集装箱进行直达运输，货物在发货人的工厂或仓库装箱后，可直接运至收货人的工厂或仓库，运输途中换装时无须拆箱、装箱，从而减少了很多中间环节。尽管货物经多次换装，但由于都使用机械装卸，并不涉及箱内货物，因此，货损、货差和货物被窃事故大为减少。此外，由于各个运输环节和各种运输工具之间配合密切，衔接紧凑，货物所到之处中转迅速及时，减少了停留时间，因此，从根本上保证了货物安全、迅速、准确、及时地运抵目的地。

（3）降低运输成本，节省运杂费用。

由于多式联运可实现货物门到门运输，因此，对货主来说，货物在交由第一承运人后即可取得货运单据进行结汇，结汇时间提前，不仅有利于加速货物资金的周转，而且减少了利息的支出；又由于货物装载集装箱，可省货物的包装费用和保险费用。此外，多式联运可采用一张货运单证，统一费率，因而简化了制单和结算手续，节省了人力、物力。

（4）提高运输组织水平，实现合理化运输。

多式联运可提高运输组织水平，实现合理化运输，改进不同运输方式间的衔接工作。在国际多式联运开展之前，各种运输方式的经营人各自为政、自成体系。因而，其经营的业务范围受到限制，货运量相应也是有限的。但一旦由不同的运输业者共同参与多式联运，经营的业务范围可大大扩展，并且可以更大限度地发挥其现有设备的作用，选择更好的运输路线，组织合理运输。

任务测试 　　　**参考答案**

任务评价

国际多式联运认知任务评价见表5-1-4。

表 5-1-4　国际多式联运认知任务评价

序号	考核项目	考核内容	分值	自我评价	小组评价	教师评价	得分
1	知识测试	选择题	10				
		填空题	10				
2	技能训练	运输方式组合	20				
		国际多式联运优缺点	20				
		国际多式联运影响因素	20				
3	职业素养	沟通交流	10				
		展示表达	10				

备注：得分＝自我评价20%＋小组评价40%＋教师评价40%。

任务二　国际多式联运经营人

知识目标

掌握国际多式联运经营人的概念、特征、责任形式和法律地位。

能力目标

能分析国际多式联运经营人责任。

素质目标

在学习国际多式联运经营人中，培养学生的法治意识；同时，还要树立对国际多式联运事业的责任感和使命感，培养学生正确的人生观。

任务描述

业务员 Alan 收到客户的咨询邮件，内容见表5-2-1。

表 5-2-1　客户的咨询邮件

发送	发件人	Sophia@ aaa. com
	收件人	Alan@ sdaline. com
	抄送	
主题		责任咨询
附件		

Dear Alan,
　　我公司打算出口 30×20GP 货物（西安—芝加哥）。如果采用多式联运方式，货物在运输途中出现货损货差，由谁负责？
Yours faithfully,
Sophia
AAA Agricultural Products Ltd. Kunming
Email：Sophia@ aaa. com
+86-871-888888888

任务分析

要完成该任务，需要知晓掌握国际多式联运经营人的责任与法律地位。

任务学习

一、国际多式联运经营人概念

国际多式联运经营人（Multimodal Transport Operator，MTO），或称契约承运人，是与货物托运人订立运输合同的人。根据《联合国国际货物多式联运公约》和《国际集装箱多式联运管理规则》对国际多式联运经营人所下的定义，国际多式联运经营人可以理解为：国际多式联运经营人是指本人或者委托他人以本人的名义与货主（托运人）订立一项多式联运合同，并以承运人身份承担完成此项合同责任的人。

二、国际多式联运经营人的特征

根据国际多式联运及国际多式联运经营人的定义，总结出下列特征。

1. 国际多式联运经营人只有一个

不管全程采取了多少种运输方式、多少种运输工具，分为多少个运输区段，只需要由一个国际多式联运经营人对货运全程负责。

2. 国际多式联运经营人具有双重身份

国际多式联运经营人作为事主，一方面与货主签订一份多式联运合同，承运人身份组织完成全程运输任务；另一方面，国际多式联运经营人会把全部或者部分任务委托给其他的承运人完成，货主身份与各区段承运人签订分运合同，通过各区段承运人完成全程联运任务。

3. 国际多式联运经营人是全程运输的承运人

可以把全部或者部分运输分段委托给其他的承运人完成，国际所以国际多式联运经营人可有运输工具，也可无运输工具；国际多式联运经营人可由参与某一运输区段的实际承运人担任，也可由不参加实际运输的经营人来担任。

4. 国际多式联运经营人负责货物全程运输

从与货主签订多式联运合同开始，从接收货物时起至交付货物时止，承运期间货物的灭失、损坏或延迟交付造成的损失均由国际多式联运经营人负赔偿责任（法责除外），但可向分承运人追偿。

三、国际多式联运经营人的法律地位

国际多式联运作为不同运输方式间的组合，由国际多式联运经营人、代理人、货主、各区段实际承运人等众多关系人组成的，其法律关系十分复杂。为此，国际多式联运确定国际多式联运经营人的法律地位，有利于各种法律关系的厘清。

1. 国际多式联运经营人是独立的法律主体

只要国际多式联运经营人与货主（托运人）签订货物的国际多式联运合同，国际多式联运经营人就必须负责整个多式联运的设计、组织、安排与协调，负责整个多式联运高效运输和各环节的成本控制，负责将货物安全及时地送到指定地点。

2. 国际多式联运经营人的责任期间

根据《联合国国际货物多式联运公约》和我国《国际集装箱多式联运管理规则》规定，国际多式联运经营人的责任期间为从接收货物时起至交付货物时止。期间货物的损坏、灭失和延迟交付造成的损失均由国际多式联运经营人承担赔偿责任（法责除外）。同时，国际多式联运经营人具有向造成实际货损的分承运人追偿的权利。

3. 国际多式联运经营人的赔偿责任基础

根据《中华人民共和国民法典》第838条规定：国际多式联运经营人作为承运人对全程运输负责，既要承担承运人的义务，也享有承运人的权利。国际多式联运经营人在享有承运人权力的基础上，也要承担承运人的义务，对发生在责任期间的损失（法律另有规定的除外）承担赔偿责任。

四、国际多式联运经营人的责任

国际多式联运经营人负责货物全程运输，对于发生在全程运输，包括各区段的货物损坏都承担赔偿责任。目前，依据国际多式联运业务开展，按照不同区段是否对应不同的调整规则，国际多式联运经营人的责任形式分为两种，见表5-2-2。

表5-2-2　国际多式联运经营人的责任形式

责任形式	责任	优缺点
统一责任制	货物的灭失或者损坏发生不分区段，国际多式联运经营人承担统一的全部责任、赔偿	优点：科学合理、手续简单 缺点：国际多式联运经营人承担风险责任更大
网状责任制	货物的灭失或者损坏发生于多式联运的某一运输区段，国际多式联运经营人的赔偿责任和责任限额，适用该区段运输方式的有关法律规定	优点：可减轻国际多式联运经营人的风险责任 缺点：不同区段所涉及的法律规范过多，容易产生分歧

目前，国际上采用网状责任制较多，中国也采用网状责任制。网状责任制也要求国际多式联运经营人负责全程运输，但按照发生货损货差的实际运输区段，对货损货差进行赔偿。例如，货损货差发生在海上，则按照海运的国际公约或海运法规办理；货损货差发生在公路、铁路、航空，则按照相应运输方式的国际公约或国内法办理，有效保护了国际多式联运经营人的利益，促进国际多式联运发展。

案例 5-2-1：

2022 年年初，原告 A 玻璃工艺股份有限公司与被告 B 物流有限公司订立《国际货物运输代理协议》一份，安排运输一批总价为 140 545.88 美元的钢化玻璃到墨西哥 SOLIGLASS SA DE CV 公司。按照协议约定，在被告 B 签发提单等运输单证的情况下，被告 B 应承担承运人的责任和法律地位。

被告 B 承运货物后，向中远海运集装箱运输有限公司订舱托运，并委托报关公司办理了货物出口通关手续，于 2022 年 4 月签发多式联运提单，并向原告 A 收取海运费 15 400 美元。2025 年 5 月 20 日，货物经过海运到达墨西哥，在后续铁路区段运输过程中，由于火车脱轨导致其中 5 个集装箱内的货物全部损坏。原告 A 提起诉讼，要求被告全额承担货损赔偿责任并赔偿海运费。

问题：（1）该案例采用了何种多式联运方式？（2）案例中的国际多式联运经营人是谁？（3）被告 B 要承担铁路运输路段的货物损失吗？（4）被告 B 可以向谁追偿？

案例 5-2-1 分析：

（1）本案例采用了国际多式联运，海铁联运。

（2）B 物流有限公司是国际多式联运经营人。

（3）B 物流有限公司负责履行或者组织履行多式联运合同，对全程运输承担承运人义务，对运输过程中货物灭失、损坏向货主 A 承担赔偿责任。据网状责任制，货损发生在墨西哥铁路运输路段，被告 B 的赔偿责任和限额适用墨西哥调整当地铁路运输的民商事法律来确定。

法院根据墨西哥《关于铁路服务的实施法》中的赔偿责任限额条款，计算出赔偿金额 19 662.93 元及利息（海运费主张不予支持）。

（4）B 物流有限公司可以向铁路运输承运人追偿。

案例 5-2-2：

A 公司与 B 公司签订了《海运一体化运输协议》，约定由 B 公司向 A 公司提供轿车散件、备件和设备从德国、日本至长春、成都及佛山的全程运输服务。为运输货物，B 公司接受后随即委托 C 公司进行运输。货物运抵上海后，再经陆路由上海运往成都途中，集装箱内的汽车零部件因运输车辆发生侧翻事故而严重受损。

问题：（1）该案例采用了何种多式联运方式？（2）案例中的国际多式联运经营人是谁？（3）由谁承担铁路运输路段的货物损失？

案例 5-2-2 分析：

（1）本案例采用了国际多式联运，海陆联运。

（2）B 公司是国际多式联运经营人，C 公司和 B 公司签定运输合同，C 属于实际承运人。

（3）B 公司负责履行或者组织履行多式联运合同，对全程运输承担承运人义务，对运输过程中货物灭失、损坏向货主 A 承担赔偿责任。根据网状责任制，对于发生在陆路区段的事故所造成的损失，应由 B 公司向 A 公司承担赔偿责任，B 公司向 A 公司承担责任，可依据 B 公司同 C 公司之间的运输合同向 C 公司进行追偿。

任务实施

业务员 Alan 给客户回复邮件，内容见表 5-2-3。

表 5-2-3　给客户的回复邮件

发送	发件人	Alan@ sdaline. com
	收件人	Sophia@ aaa. com
	抄送	
主题		责任咨询
附件		

Dear Sir,
　　根据《联合国国际货物多式联运公约》和我国《国际集装箱多式联运管理规则》，国际多式联运经营人负责货物全程运输，从接收货物时起至交付货物时止，承运期间货物的灭失、损坏或延迟交付造成的损失均由国际多式联运经营人负赔偿责任（法责除外）。
　　贵公司可以选择我们公司作为多式联运负责人。我们将竭诚为贵公司服务！
Yours faithfully,
Alan
地址：佛山市禅城区五峰三路 11 号口岸大楼一楼（佛山海关对面）
电话：1901234567
邮箱：Alan@ sdaline. com

任务测试　　参考答案　

任务评价

国际多式联运认知任务评价见表 5-2-4。

表 5-2-4　国际多式联运认知任务评价

序号	考核项目	考核内容	分值	自我评价	小组评价	教师评价	得分
1	知识测试	选择题	10				
		填空题	10				
		简答题	20				
2	技能训练	多式联运经营人	20				
		多式联运经营人责任	20				
3	职业素养	沟通交流	10				
		展示表达	10				

　　备注：得分＝自我评价 20%＋小组评价 40%＋教师评价 40%。

任务三　国际多式联运路线

知 识 目 标

掌握陆桥运输、海陆联运、海空联运、江海联运等多式联运组织

能 力 目 标

能设计国际多式联运路线

素 质 目 标

在学习国际多式联运路线中，培养学生的国家情怀和自主探究能力。

任 务 描 述

Alan 在向客户介绍国际多式联运优越性的时候，也一并向客户提供国际多式联运路线，供客户选择。

任 务 分 析

要完成该任务，需要掌握国际多式联运的组织形式与路线等知识。

任 务 学 习

国际多式联运采用了两种或两种以上不同运输方式进行联运，这种运输组织形式综合利用了海陆空等各种运输方式的优点，具有其他运输组织形式无可比拟的优越性。目前常见的国际多式联运组织形式有海陆联运、陆桥运输、海空联运、江海联运。

一、海陆联运

海陆联运是国际多式联运的主要组织形式之一，在远东—欧洲方向的国际多式联运中占据重要地位。这种组织形式以海运的船公司为主体，签发联运提单，与航线两端的内陆运输部门开展联运业务。目前组织和经营远东—欧洲海陆联运业务的主要有丹麦的马士基、中国远洋运输公司、中国台湾长荣航运公司和德国那亚船公司等。

海陆联运是由船舶和陆运工具相继完成的运输，可分为船舶与汽车、船舶与火车两种方式。由于汽车运费较高，经济运距较短，竞争力不如铁路。所以海陆联运主要是指海铁联运，竞争对手是陆桥运输。

二、陆桥运输

陆桥运输也是国际多式联运的主要组织形式，也是远东—欧洲多式联运的主要组织形式

之一，定义已在任务一中详细介绍。

目前从太平洋东部的日本，通过海运到俄罗斯远东沿海港口（纳霍德卡和东方港等），再经西伯利亚大铁路等陆上交通，横跨亚欧大陆直达欧洲各国或沿海港口，再利用海运到达大西洋沿岸各地，这类货物运输即为典型的大陆桥运输。

严格地讲，陆桥运输也是一种海陆联运形式。由于其在国际多式联运中的独特地位，故在此将其单独作为一种运输组织形式。

目前，国际多式联运主要有三座大陆桥：西伯利亚大陆桥、新欧亚大陆桥和北美大陆桥。

（一）西伯利亚大陆桥

西伯利亚大陆桥（Siberian Landbridge，SLB）是指使用国际标准集装箱，将货物由远东海运到俄罗斯东部港口，再经跨越欧亚大陆的西伯利亚铁路运至波罗的海沿岸，然后再采用铁路、公路或海运运到欧洲各地的国际多式联运的运输线路。

一般从日本、东南亚、中国等地运往欧洲、中东地区的货物由海运至俄罗斯的东方港或纳霍德卡后，经西伯利亚大陆桥运输到俄罗斯西部国境站，再经不同的运输方式到达欧洲各国。目前，经西伯利亚大陆桥进行运输的组织形式共有三种联运方式（表5-3-1）。

表5-3-1　经西伯利亚大陆桥运输的多式联运组织形式

1	海→铁→铁联运	货物由海运运至俄罗斯的东方港或纳霍德卡，再经西伯利亚大铁路运至俄罗斯西部国境站，后经伊朗、东欧或西欧铁路再运至欧洲各地
2	海→铁→海联运	货物由海运运至俄罗斯的东方港或纳霍德卡，再经西伯利亚大铁路运至莫斯科，再经铁路运至波罗的海的圣彼得堡、里加或塔林港，后经船舶运至西欧、北欧和巴尔干地区
3	海→铁→公联运	货物由海运运至俄罗斯的东方港或纳霍德卡，再经西伯利亚大铁路运至俄罗斯西部国境内，后再经公路运至欧洲各地

（二）新亚欧大陆桥

1990年，新亚欧大陆桥正式贯通，1992年正式投入国际集装箱运输业务，所经国家/地区见表5-3-2。

表5-3-2　新亚欧大陆桥运输路线

1	所经国家/地区	中国连云港→哈萨克斯坦→乌兹别克斯坦→吉尔吉斯斯坦→塔吉克斯坦→俄罗斯→白俄罗斯→波兰→德国→荷兰鹿特丹，途经等国，全长10 900 km
2	亚太地区运往欧洲、中东、近东地区的货物	货物经海运至中国连云港上桥，运至中国西部边境站阿拉山口后，进入哈萨克斯坦国境内边境站德鲁日巴换装，经独联体铁路运至其边境站、港，再通过铁路、公路、海运继运至西欧、东欧、北欧和中近东各国
3	欧洲、中东、近东各国运往亚太地区的货物	货物经铁路进入中国西部边境站阿拉山口换装，经中国铁路运至连云港后，再海运运至日本、韩国、中国香港、中国台湾和菲律宾、新加坡、泰国、马来西亚等国和地区

新亚欧大陆桥为亚欧开展国际多式联运提供了一条便捷的国际通道。远东至西欧经新亚欧大陆桥比经苏伊士运河的全程海运航线缩短运距8 000 km，比通过巴拿马运河缩短运距

11 000 km。远东至中亚、中东，经新亚欧大陆桥比经西伯利亚大陆桥，可缩短运距 2 700～3 300 km。该陆桥运输线的开通将有助于缓解西伯利亚大陆桥运力紧张的状况。

（三）北美大陆桥

北美大陆桥是指利用北美的铁路从远东到欧洲的"海陆海"的国际多式联运的运输路线。北美大陆桥是世界上最悠久、影响最大、服务范围最广的陆桥运输线，包括美国大陆桥运输和加拿大大陆桥运输（表5-3-3）。

表 5-3-3　北美大陆桥运输路线

1	美国大陆桥海陆海联运	货物经海运运至美国西部太平洋口岸，再经美国大陆桥陆运至美国东部大西洋口岸，全长约 3 200 km，后与大西洋海运相接
		货物经海运运至美国西部太平洋沿岸，再经美国大陆桥陆运至美国东南部墨西哥湾沿岸，全长 500～1 000 km，后与大西洋海运相接
2	加拿大大陆桥海陆海联运	货物经海运运至温哥华，再经铁路运到蒙特利尔或哈利法克斯，后与大西洋海运相接

传统的集装箱货从日本东京到欧洲鹿特丹港，采用全程水运，经巴拿马运河或苏伊士运河，通常需5～6周；采用北美大陆桥运输，海陆海联运，仅需3周左右。北美大陆桥运输大幅节省了时间，提高了运输效率，节约了成本。

（四）其他陆桥运输形式

北美陆桥运输除了北美大陆桥运输，还有小陆桥运输（Mini Bridge）、微桥运输（Micro Bridge）等运输组织形式（表5-3-4）。目前，我国运往美国东海岸和内陆的货物主要以小陆桥和微桥运输方式安排运输。

小陆桥运输与北美大陆桥运输相比，从运输组织方式上并无大的区别，只是北美大陆桥运输是海铁海的多式联运方式，而小陆桥运输是海铁多式联运方式；微桥运输与小陆桥运输相比，小陆桥运输货物的目的地为沿海港口，微桥运输的交货地点在内陆地区。

表 5-3-4　小陆桥运输、微桥运输运输路线

| 1 | 小陆桥运输海铁联运 | 货物由远东海运运至美国西部港口，再由西部港口经铁路运至北美东海岸和加勒比海区域 |
| 2 | 微桥运输海陆联运 | 货物由远东海运运至美国西部港口，在西部港口卸货后，经陆运运至美国内陆地区的城市 |

三、海空联运

海空联运又被称为空桥运输，是指货物由远东海运至美国西海岸，再通过航空运输运至美国内陆地区或欧洲各国等。海空联运的运输方式，运输时间比全程海运少，运输费用比全程空运便宜。

在运输组织方式上，空桥运输与陆桥运输有所不同，陆桥运输在整个货运过程中使用的是同一个集装箱（不用换装），而空桥运输的货物通常要在航空港换入航空集装箱。

海空联运以海运为主，只是最终交货运输区段由空运承担。目前，国际海空联运线主要有3条（表5-3-5）。

表 5-3-5　国际海空联运路线

1	远东—欧洲	货物由远东海运运至温哥华、西雅图、洛杉矶或者中国香港、曼谷、海参崴或者旧金山、新加坡，再经空运运至欧洲各国
2	远东—中南美	货物由远东海运运至迈阿密、洛杉矶、温哥华，再经空运运至中南美国家
3	远东—中东、近东、非洲、澳洲	货物由远东海运运至中国香港、曼谷，再经空运运至中东、近东、非洲、澳洲

一般情况下，运输距离越远，采用海空联运的优越性就越大，因为和单一采用海运相比，其运输时间更短；和单一采用空运相比，其费率更低。因此，从远东发往欧洲、中美洲以及非洲的货物，选择海空联运的多式联运方式更合适。

四、江海联运

江海联运也叫河海联运，是指货物不经中转，由同一艘船完成江河与海洋运输的全程运输方式。是能耗最低、污染最小的联运方式。江海多式联运把海运和内河运输连接起来，能方便地把货物运至内河水系的广大地区。

目前，世界范围最典型的江海联运是利用莱茵河进行的欧洲内河连通海运的多式联运。莱茵河发源于瑞士境内的阿尔卑斯山脉，总体流向东南至西北，途经列支敦士登、奥地利、法国、德国和荷兰等国，最终在荷兰鹿特丹注入北海。莱茵河是著名的国际航运水道，通航里程超过 800 km，其中有约 700 km 的河道可以通行万吨轮船，内河航运十分发达；而且莱茵河沿岸一些重要的工商业中心都通水路，并建设了先进高效的内河集装箱码头，也开通了各内陆工商业中心到鹿特丹、安特卫普等海港的定期航班。频繁发出的定期航班既缩短了货物在海港的滞留时间，又保证了运输时间，方便又高效。

任务实施

常见的国际多式联运组织形式有海陆联运、陆桥运输、海空联运、江海联运。不同的组织形式服务的线路有所不同（表 5-3-6）。

表 5-3-6　不同的组织形式服务的线路

多式联运组织形式	服务的线路
海陆联运	远东—欧洲
西伯利亚大陆桥	远东—欧洲
新亚欧大陆桥	亚太地区—欧洲、中东、近东
美国大陆桥	远东—欧洲
加拿大大陆桥	远东—欧洲
小陆桥运输	我国运往美国东海岸
微桥运输	我国运往美国内陆城市
海空联运	远东—欧洲，远东—中南美，远东—中东、近东、非洲、澳洲

（1）该票货物是从陕西西安—美国芝加哥，芝加哥属于美国内陆城市路线，建议选择微桥运输、海陆联运。

（2）启运地—西安货运站；目的站—芝加哥。

出口海港：天津、青岛、连云港、上海。

进口海港：西雅图、长滩、洛杉矶、旧金山。

如果只考虑海铁联运，从西安到芝加哥有 16 条线路；如果还考虑海公联运，就可能有 32 种选择方式。

任务测试 　　**参考答案**

任务评价

任务评价见表 5-3-7。

表 5-3-7　国际多式联运路线任务评价

序号	考核项目	考核内容	分值	自我评价	小组评价	教师评价	得分
1	知识测试	选择题	10				
		填空题	10				
2	技能训练	确定赔偿	20				
		赔偿原因	20				
		追偿依据	20				
3	职业素养	沟通交流	10				
		展示表达	10				

备注：得分＝自我评价 20%＋小组评价 40%＋教师评价 40%。

任务四　国际多式联运业务

知识目标

掌握国际多式联运业务的基本流程、单据和运价。

能力目标

能根据多式联运业务的特点和成本结构，制定具有竞争力的多式联运单一费率，并正确计算国际集装箱多式联运运价。

素质目标

在学习国际多式联运业务中，培养学生对国际多式联运业务的兴趣和热情，以及对国际贸易规则和惯例的敏感性和适应性，树立创新意识。

任务描述

Alan 在向客户提供国际多式联运路线的时候，也一并为他们提供了各路线的运输报价。

任务分析

要完成该任务，需要知晓国际多式联运费用的计收等知识。

任务学习

一、国际多式联运业务流程

在国际多式联运业务中，不同组织形式的业务路程会有所差异，但主要流程有几个环节，如图 5-4-1 所示。

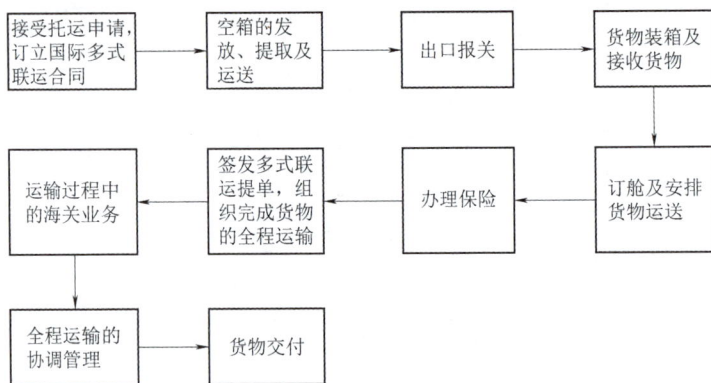

```
接受托运申请，          空箱的发                              货物装箱及
订立国际多式  ───→   放、提取及  ───→   出口报关   ───→   接收货物
联运合同              运送                                    │
                                                              ↓
运输过程中           签发多式联                              订舱及安排
的海关业务  ←───    运提单，组  ←───   办理保险  ←───      货物运送
   │                织完成货物
   │                的全程运输
   ↓
全程运输的
协调管理   ───→   货物交付
```

图 5-4-1 国际多式联运业务流程

1. 接受托运申请，订立国际多式联运合同

货主根据双方就货物交接方式、时间、地点、付费方式等达成协议填写场站收据（场站收据有 10 联，每联作用不一样，在项目三的任务三集装箱中已做详细介绍），并把场站收据送至联运经营人处编号，国际多式联运经营人编号后留下货物托运联，将其他联交还给货主。

2. 空箱的发放、提取及运送

多式联运中使用的集装箱一般由国际多式联运经营人提供。一般情况下拼箱的货主自行提取空箱、装箱，由国际多式联运经营人提取空箱、装箱。

3. 出口报关

一般情况下，货物出口报关由货主办理，也可委托国际多式联运经营人代为办理。报关时国际多式联运经营人配合货主提供场站收据、装箱单、出口许可证等有关单据和文件。

4. 货物装箱及接收货物

一般情况下，拼箱的货主提取空箱后，在工厂或者仓库自行装箱；装箱前完成报关工作，并在海关监装下装箱和铅封；装箱后自行安排送至指定集装箱堆场，国际多式联运经营人整箱接收货物。一般情况下，拼箱的国际多式联运经营人提取空箱，货主将货物运至指定的集装箱货运站，国际多式联运经营人接收货物、装箱。国际多式联运经营人接收货物后均须在在场站收据正本上签章并交给货主。

5. 订舱及安排货物运送

国际多式联运经营人在签定多式联运合同后，即可着手制定集装箱货物的运输方案。方案应包括货物的运输路线，区段的划分，各区段实际承运人的选择确定及各区段间衔接地点的到达、起运时间等内容。

国际多式联运的订舱指国际多式联运经营人要按照运输方案安排确定各区段的运输工具和实际承运人，订立各区段的分运合同。

6. 办理保险

对于货主而言，应投保货物运输险，一般由货主自行办理，国际多式联运经营人也可代为办理。货物运输险可以是全程投保，也可以分段投保。对于国际多式联运经营人而言，应投保货物责任险和集装箱保险，由国际多式联运经营人自行办理。

7. 签发多式联运提单，组织完成货物的全程运输

国际多式联运经营人收取货物后，向货主审核签发多式联运提单。

8. 运输过程中的海关业务

多式联运业务中的海关手续一般由国际多式联运经营人办理，也可由各区段的实际承运人代为办理。由此产生的全部费用由发货人或者收货人承担。

9. 全程运输的协调管理

（1）不同运输方式之间的转运。

国际多式联运是以至少两种不同运输方式组成的连贯运输，不同运输方式之间的转运衔接，是保证运输连贯性、及时性的关键。由于运输工具不同、装卸设备设施不同、转运点的选择不同以及各国的规定和标准不同，因此国际多式联运经营人或其代理人事前应有充分的了解，以便根据各种不同的具体情况和要求实现快速顺利的转运。

（2）各运输区段的单证传递。

国际多式联运经营人作为全程运输的总负责人，通常要与各运输区段实际承运人订立分运输合同，在运输区段发送地以托运人的身份托运货物，在运输区段的目的地又以收货人的身份提领货物。为了保证各运输区段货物运输的顺利进行，国际多式联运经营人或其代理人在托运货物后要将有关运输单证及时寄给区段目的地代理人。如果该实际运输区段不是最后一程运输，国际多式联运经营人的代理人在做好接货准备的同时，还要做好下一程运输的托运准备。

（3）货物的跟踪。

为了保证货物在多式联运全程运输中的安全，国际多式联运经营人要及时跟踪货物的运输状况，如通过电报、电传、EDI、互联网在各节点的代理人之间传递货物信息，必要时，还可通过 GPS 进行实时控制。

10. 货物交付

当货物运至目的地后，由目的地代理人通知收货人提货。收货人需凭多式联运提单换取提货单，国际多式联运经营人按合同规定收取收货人应支付的全部费用，收货人凭提货单到指定堆场和地点提取货物。

二、国际多式联运单据

（一）国际多式联运单据的概念及分类

国际多式联运单据（Multimodal Transport Document，MTD）是指证明多式联运合同及国际多式联运经营人接管货物并负责按照合同条款交付货物的单据。

国际多式联运单据一般分为可转让的和不可转让的两种形式。可转让的国际多式联运单据通常称为国际多式联运提单，一般用于第一程为海运的多式联运业务。不可转让的多式联运单据通常称为多式联运运单，一般用于第一程为陆运或空运的多式联运业务，与可转让的多式联运单据相比，最大的区别在于不具有流通性，因此收货人一栏必须是记名的。

（二）国际多式联运单据的性质与作用

国际多式联运单据与海上运输提单的性质和作用基本一致。

1. 国际多式联运合同的证明

从国际多式联运业务流程可见，在国际多式联运经营人接受托运时即与托运人签订多式联运合同。签发多式联运单据是国际多式联运经营人履行合同的一个环节，因此，多式联运单据不是运输合同，而只是运输合同的证明。

2. 国际多式联运经营人接管货物的收据

国际多式联运经营人向托运人签发多式联运单据，表明国际多式联运经营人已从托运人手中接管货物，并开始对货物负责。

3. 收货人提取货物的凭证

收货人在目的地必须凭多式联运单据正本才能换取提货单，也就是说国际多式联运经营人只能把货物交付给国际多式联运运单持有人。

（三）国际多式联运单据的流转

在实际业务中，国际多式联运单据和各区段实际承运人运单的缮制大多由国际多式联运经营人在各区段的分支机构或代理负责，国际多式联运经营人主要充当全面控制和发布必要指示的角色。

案例 5-4-1："海铁公"联运单据以及各区段分程运单的流转（图 5-4-2）。

1. 国际多式联运单据的流转

国际多式联运经营人起运地分支机构或代理缮制并签发全程多式联运单据，一般为一式四份，一份正本，三份副本。正本交给发货人结汇，收货人付款赎单后据以向国际多式联运经营人目的地分支机构或代理办理提货手续。三份副本其中一份交付国际多式联运经营人留底；另两份寄送目的地分支机构或代理，用于核对收货人的正本单据并交付货物。

2. 海运运单的流转

国际多式联运经营人始发地分支机构或代理把货物交第一程海运承运人后，海运承运人向其签发以国际多式联运经营人或其始发地分支机构或代理为托运人、以国际多式联运经营人或其第二站分支机构或代理为收货人的海运运单，海运运单上应注有全程多式联运单据的号码。国际多式联运经营人始发站分支机构或代理在货物出运并取得运单后将其寄交国际多式联运经营人第二站分支机构或代理，据以向海运承运人提货。

3. 铁路运单的流转

国际多式联运经营人第二站分支机构或代理收到海运运单后，据以向海运承运人提取货物，并将货物交付铁路承运人。铁路承运人收到货物后，签发以国际多式联运经营人或其第二站分支机构或代理为托运人、以国际多式联运经营人或第三站分支机构或代理为收货人的铁运提单，铁路运单上应注明全程多式联运单据号码。

第二站分支机构或代理在货物出运并取得铁路运单后将其寄交国际多式联运经营人第三站分支机构或代理，据以向铁路承运人提货。

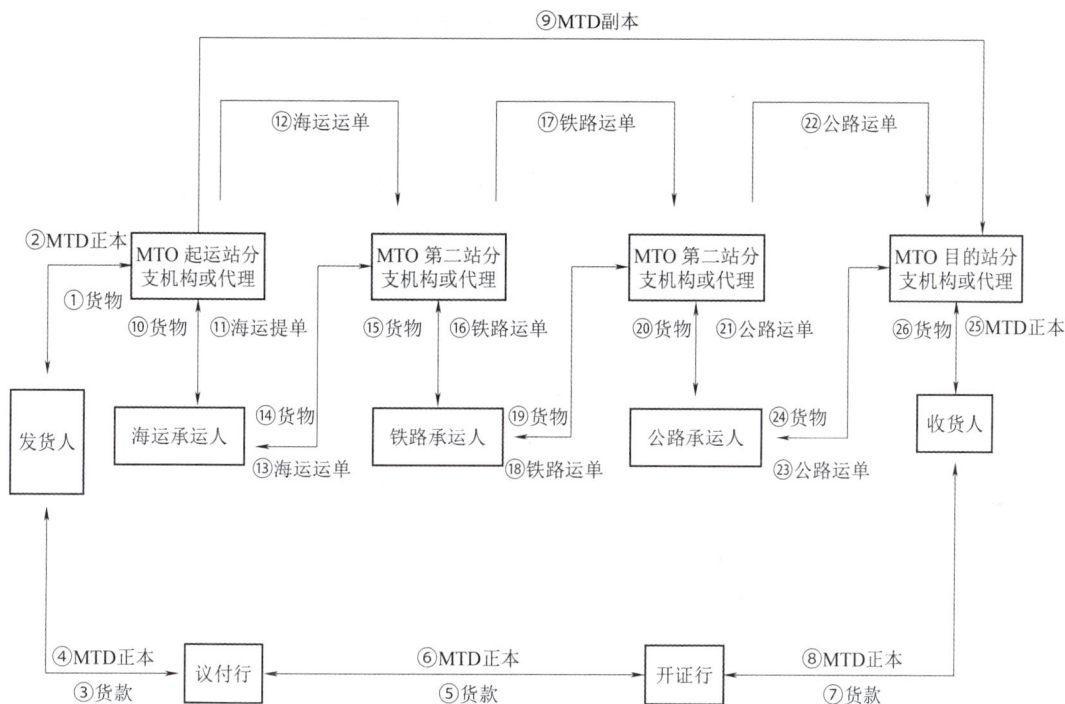

图5-4-2　国际多式联运单据流转

4. 公路运单的流转

国际多式联运经营人第三站分支机构或代理收到铁路运单后，据以向铁路承运人提取货物，并将货物交付公路承运人。公路承运人收到货物后，签发以国际多式联运经营人或其第三站分支机构或代理为托运人、以国际多式联运经营人或其目的地分支机构或代理为收货人的公运提单，公路运单上应注明全程多式联运单据号码。第三站分支机构或代理在货物出运并取得公路运单后将其寄交国际多式联运经营人目的地分支机构或代理，据以向公路承运人提货。

三、国际多式联运运费

（一）国际多式联运的单一费率

单一运费率即单一运价，指单位运量（集装箱）的全程统一费率，它是国际多式联运的主要特点之一。基于国际多式联运路线长、运输方式多、转运环节多、费用构成复杂，因此国际多式联运经营人在制定单一运费率时须细致剖析单一运费率的构成，并灵活运用其制定策略。

1. 单一运费率的构成

为了形象地反映出单一运费率的构成，以"公海公"联运为例进行阐述。

案例5-4-2："公海公"联运单一运费率的构成。

1）物流费用

根据交接方式不同，国际多式联运的物流费用构成也有所不同，具体物流费用构成如表5-4-1所示（■表示包括此项费用，□表示不包括此项费用）。

（1）内陆段公路物流费用。

①起点到起运港运输费用。

对于整箱货物以"门"为起点，则产生由"门"到起运港码头堆场的运输费用；以堆场为起点则不产生内陆物流费用；拼箱货以"货运站"为起点，产生从集装箱货运站到起运港码头堆场的运输费用。

表5-4-1 公海公国际多式联运的物流费用

交接方式		A. 内陆段公路物流费用		B. 海运物流费用			C. 境外段公路物流费用	
		起点到起运港运费	货运站中转费用	起运港中转费用	海上运输费用	目的港中转费用	目的港到终点运费	货运站中转费用
整箱货/整箱货	堆场/堆场	□	□	■	■	■	□	□
	堆场/门	□	□	■	■	■	■	□
	门/堆场	■	□	■	■	■	□	□
	门/门	■	□	■	■	■	■	□
整箱货/拼箱货	堆场/货运站	□	□	■	■	■	□	■
	门/货运站	■	□	■	■	■	□	■
拼箱货/整箱货	货运站/堆场	■	■	■	■	■	□	□
	货运站/门	■	■	■	■	■	■	□
拼箱货/拼箱货	货运站/货运站	■	■	■	■	■	■	■

②货运站中转费用。

拼箱货在集装箱货运站拼装箱，由此产生集装箱存放费和拼装费以及其他站内操作费用等。整箱货不产生在货运站的中转费用。

（2）海运物流费用。

①运输费用。

集装箱海运费用指集装箱从境内起运港至境外目的港的海上运输费用。

②中转费用。

中转费用包括在起运港产生的集装箱卸车费、集装箱堆存费、集装箱搬运费、集装箱装船费、港口费及其他附加费等以及在目的港产生的集装箱卸船费、集装箱堆存费、集装箱搬运费、集装箱装车费、港口费及其他附加费等。

（3）境外段公路物流费用。

①目的港到终点运输费用。

对于整箱货以"门"为终点，则产生从目的港码头堆场到"门"的运输费用；以堆场为终点，则不产生境外段公路费用。拼箱货以"货运站"为终点，产生从目的港码头堆场至内陆货运站的运输费用。

②货运站中转费用。

拼箱货在集装箱货运站拆箱，由此产生集装箱存放费、集装箱拆箱费及其他站内操作费用等。整箱货不产生在货运站的中转费用。

2）经营管理费用

①集装箱租赁费用。

集装箱租用费指由国际多式联运经营人提供的集装箱的租赁费用，该项费用一般按全程预计天数包干计算，全程预计天数一般从提箱算起至还箱结束。

②单证管理费用。

单证管理费用包括国际多式联运经营人及其分支机构或代理的单证成本和制单手续费用，以及国际多式联运经营人与货主、各分支机构或代理、实际承运人之间的单证传递费用。

③人员管理费用。

人员管理费用包括国际多式联运经营人及其分支机构或代理的管理人员和业务人员的费用，包括工资、奖金、福利等。

④保险费用。

保险费用包括国际多式联运经营人投保的集装箱保险费以及货物运输责任保险费。需要注意的是：货物运输保险一般由货主负责。对于全程运输中发生的报关手续费、申请监管运输手续费、报验手续费以及托运人委托的其他服务产生的费用要单独列出，不包含在单一费率内。

3）预期利润

预期利润是指国际多式联运经营人预期获得的利润，一般通过费用的一定百分比来确定。预期利润的确定既要结合企业内部的经营目标等内部因素，也要考虑市场竞争、行业标准、宏观经济情况的外部因素。

2. 单一运费率的制定

（1）成本定价与竞争定价相结合。

成本定价和竞争定价是制定运价的两大基本原则。成本定价指在成本的基础上加上预期利润，单一运费率＝（物流费用+运营管理费+预期利润）/货运量。

正常的业务通常采用这种定价方法。但在货源紧张、市场竞争激烈或开辟新线路、开拓新业务的情况下，一般还需要结合竞争定价的方法，在成本定价的基础上给予一定折扣。比如，根据运量多少给予优惠或折扣，根据不同地区给予优惠或折扣，根据不同商品给予优惠或折扣，以及根据双方合作关系给予优惠或回扣等。

（2）薄利多运。

在制定单一运费率时，有的业务环节可以计算利润，有的则只需计算费用而不用计算利润，也就是说不要对每一个业务环节都计算利润，从而导致费率过高。尤其在市场弹性较大的情况下，运费率稍高将会导致运量的大幅下降；相反，运费率降低则会带来很大的货运量，从而可以获取较高的经济收益。

（3）其他定价策略。

基于单一运费率制定的困难性，目前有的国际多式联运经营人从国内接收货物地点至境外目的国港口采用统一运费率，即单一费率中的费用只包括出口国国内段费用和海上费用，并向发货人收取预付费用，而从目的国港口至内陆目的地的费用另行计算，并向收货人收取到付运费。在实践中，这种做法是一种可取的过渡方法。

（二）国际集装箱多式联运运费

一般情况下，国际集装箱多式联运全程运费是由国际多式联运经营人向货主一次计收。实际上，国际多式联运运费的计收方式主要有单一运费制和分段运费制两种。

（1）按单一运费制计算运费。

单一运费制是指集装箱从托运到交付，所有运输区段均按照一个相同的运费率计算运费。在西伯利亚大陆桥运输中采用的就是单一运费制计费方式，采用了不分货种的以箱为计费单位的统一费率。陆桥运输开办初期，从日本任何一个港口到布列斯特（俄罗斯西部边境站）的费率为 1 385 卢布/TEU，陆桥运输的运费比班轮公会的海运运费低 20%~30%。

（2）按分段运费制计算运费。

分段运费制是按照组成国际多式联运的各运辖区段，分别计算海运、陆运（铁路、汽车）、空运及港站等各项费用，然后合计为多式联运的全程运费，由国际多式联运经营人向货主一次计收。各运输区段的费用，再由国际多式联运经营人与各区段的实际承运人分别结算。目前大部分多式联运的全程运费均采用这种计费方式，如欧洲到澳大利亚的国际集装箱多式联运、日本到欧洲内陆或北美内陆的国际集装箱多式联运等均采取分段运费制计收运费。

任务实施

为方便分析，只考虑海铁联运，出海港口只考虑青岛和上海，进口海港只考虑长滩。

①出口地的铁路运输成本（表5-4-2）。

表 5-4-2 西安—青岛线和西安—上海线收费项目比较

单位：元

收费项目	西安—青岛线		西安—上海线	
	20 in	40 in	20 in	40 in
铁路运价（注1）	2 016.47	3 942	2 486.55	4 867.86
短驳费（注2）	无		450	750
中转报关费	100 元/票		190 元/箱，优惠价50 元/箱	
大船装卸费（注3）	322	644	297.85	446.85
港务港建费	免费		80	120
空箱铁路运输费	1 067	2 138	1 328.95	2 665

注1：青岛按照铁道部一口价的基础上优惠25%计算，上海按照九折优惠。

注2：从上海港站到不同码头的短驳费各不相同，在此表中驳到外高桥码头的费率作为参考。

注3：上海港大船装卸费已按交通部费率打七折计算。1 美元 = 5 元。

②海运运费。

为了方便分析，此处均以长滩为目的港。其费用见表5-4-3。

表5-4-3　青岛—长滩和上海—长滩运费用比较

单位：美元

比较项目	青岛—长滩		上海—长滩	
	20 in	40 in	20 in	40 in
班轮运费	1 200	2 200	1 000	1 800
THC	40	70	35	60
订舱费、换单费	20	20	20	20
燃油附加费	100	180	80	150

③进口国铁路费用。

北美大陆桥为了鼓励海峡联运的发展，给出国际物流运输方案。凡是采用国际物流联运方式的运费，均享受政府补贴。表5-4-4给出了长滩到芝加哥铁路运输的费用。

表5-4-4　长滩—芝加哥铁路费用比较

单位：美元

比较项目	长滩—芝加哥		比较项目	长滩—芝加哥	
	20 in	40 in		20 in	40 in
国际物流运费	1 500	2 800	换单费	50	50
长滩转运费	200	350	港口费	30	50
长滩码头操作费	40	70	附加费	100	180

④根据以上的比较和分析，国际多式联运经营人给出的报价见表5-4-5。

表5-4-5　多式联运报价

单位：美元

项目		西安—青岛—长滩—芝加哥		西安—上海—长滩—芝加哥	
		20 in	40 in	20 in	40 in
出口服务费	短驳费	0	0	60	90
	港建费	0	0	10	15
	装卸费	40	80	28	56
	码头操作费	40	70	35	60
	订舱费、换单费	20	20	20	20
运费	出口铁路运费	400	790	496	980
	海运运费	1 300	2 380	1 080	1 950
	进口铁路运费	1 500	2 800	1 500	2 800
进口服务费	长滩转运费	200	350	200	350
	长滩码头操作费	40	70	40	70
	换单费	50	50	50	50
	港口费	30	50	30	50
	附加费	100	180	100	180
合计		3 720	6 840	3 649	6 671

⑤从经济角度出发，选择集装箱从上海出发，选择西安—上海—长滩—芝加哥路线。

任务测试  参考答案

任务评价

国际多式联运业务作业任务评价见表5-4-6。

表5-4-6 国际多式联运业务作业任务评价

序号	考核项目	考核内容	分值	自我评价	小组评价	教师评价	得分
1	知识测试	选择题	20				
		填空题	20				
2	技能训练	运费计算	20				
		方案比较	20				
3	职业素养	沟通交流	10				
		展示表达	10				

备注：得分=自我评价20%+小组评价40%+教师评价40%。

参 考 文 献

［1］黄建辉，夏爱玲. 国际货运代理实务［M］. 北京：北京理工大学出版社，2023.

［2］陈彩凤. 国际货运代理［M］. 北京：北京交通大学出版社，2019.

［3］苏兆河. 货运代理（世界技能大赛项目实训指导书）［M］. 北京：中国劳动社会保障出版社，2021.

［4］黄玉芳，沈静芳，倪兴平. 国际货运代理［M］. 成都：电子科技大学出版社，2020.

［5］中国物流与采购联合会，中国物流技术协会，全国物流标准化技术委员会秘书处，等. 中华人民共和国国家标准：物流术语（GB/T 1354—2006）［M］. 北京：中国国家标准出版社，2006.